中国社会科学院创新工程学术出版资助项目
中国哲学社会科学学科发展报告·当代中国学术史系列

当代中国拉丁美洲研究

STUDY ON LATIN AMERICA AND THE CARIBBEAN IN CONTEMPORARY CHINA

中国社会科学院拉丁美洲研究所 编

中国社会科学出版社

图书在版编目（CIP）数据

当代中国拉丁美洲研究／中国社会科学院拉丁美洲研究所编．
—北京：中国社会科学出版社，2017.6
ISBN 978－7－5161－9261－0

Ⅰ.①当… Ⅱ.①中… Ⅲ.①拉丁美洲—研究 Ⅳ.①D773

中国版本图书馆 CIP 数据核字(2016)第 266505 号

出版人　赵剑英
责任编辑　张　林
特约编辑　文一鸥
责任校对　周　昊
责任印制　戴　宽

出　　版　中国社会科学出版社
社　　址　北京鼓楼西大街甲 158 号
邮　　编　100720
网　　址　http://www.csspw.cn
发 行 部　010－84083685
门 市 部　010－84029450
经　　销　新华书店及其他书店

印刷装订　北京君升印刷有限公司
版　　次　2017 年 6 月第 1 版
印　　次　2017 年 6 月第 1 次印刷

开　　本　710×1000　1/16
印　　张　16.5
插　　页　2
字　　数　269 千字
定　　价　76.00 元

《中国哲学社会科学学科发展报告》
编辑委员会

《当代中国拉丁美洲研究》
编辑委员会

总　序

当今世界正处于前所未有的激烈的变动之中，我国正处于中国特色社会主义发展的重要战略机遇期，正处于全面建设小康社会的关键期和改革开放的攻坚期。这一切为哲学社会科学的大繁荣大发展提供了难得的机遇。哲学社会科学发展目前面对三大有利条件：一是中国特色社会主义建设的伟大实践，为哲学社会科学界提供了大有作为的广阔舞台，为哲学社会科学研究提供了源源不断的资源、素材。二是党和国家的高度重视和大力支持，为哲学社会科学的繁荣发展提供了有力保证。三是“百花齐放、百家争鸣”方针的贯彻实施，为哲学社会科学界的思想创造和理论创新营造了良好环境。

国家“十二五”发展规划纲要明确提出：“大力推进哲学社会科学创新体系建设，实施哲学社会科学创新工程，繁荣发展哲学社会科学。”中国社会科学院响应这一号召，启动哲学社会科学创新工程。哲学社会科学创新工程，旨在努力实现以马克思主义为指导，以学术观点与理论创新、学科体系创新、科研组织与管理创新、科研方法与手段创新、用人制度创新为主要内容的哲学社会科学体系创新。实施创新工程的目的是构建哲学社会科学创新体系，不断加强哲学社会科学研究，多出经得起实践检验的精品成果，多出政治方向正确、学术导向明确、科研成果突出的高层次人才，为人民服务，为繁荣发展社会主义先进文明服务，为中国特色社会主义服务。

实施创新工程的一项重要内容是遵循哲学社会科学学科发展规律，完善学科建设机制，优化学科结构，形成具有中国特色、结构合理、优势突出、适应国家需要的学科布局。作为创新工程精品成果的展示平台，哲学社会科学各学科发展报告的撰写，对于准确把握学科前沿发展状况、积极推进学科建设和创新来说，是一项兼具基础性和长远性的重要工作。

中华人民共和国成立以来，伴随中国社会主义革命、建设和改革发展的历史，中国特色哲学社会科学体系也处在形成和发展之中。特别是改革开放以来，随着我国经济社会的发展，哲学社会科学各学科的研究不断拓展与深化，成就显著、举世瞩目。为了促进中国特色、中国风格、中国气派的哲学社会科学观念、方法和体系的进一步发展，推动我国哲学社会科学优秀成果和优秀人才走向世界，更主动地参与国际学术对话，扩大中国哲学社会科学话语权，增强中华文化的软实力，我们亟待梳理当代中国哲学社会科学各学科学术思想的发展轨迹，不断总结各学科积累的优秀成果，包括重大学术观点的提出及影响、重要学术流派的形成与演变、重要学术著作与文献的撰著与出版、重要学术代表人物的涌现与成长等。为此，中国社会科学出版社组织编撰“中国哲学社会科学学科发展报告”大型连续出版丛书，既是学术界和出版界的盛事，也是哲学社会科学创新工程的重要组成部分。

“中国哲学社会科学学科发展报告”分为三个子系列：“当代中国学术史”“学科前沿研究报告”和“学科年度综述”。“当代中国学术史”涉及哲学、历史学、考古学、文学、宗教学、社会学、法学、教育学、民族学、经济学、政治学、国际关系学、语言学等不同的学科和研究领域，内容丰富，能够比较全面地反映当代中国哲学社会科学领域的研究状况。“学科前沿研究报告”按一级学科分类，每三年发布，“学科年度综述”为内部出版物。“学科前沿研究报告”内容包括学科发展的总体状况，三年来国内外学科前沿动态、最新理论观点与方法、重大理论创新与热点问题，国内外学科前沿的主要代表人物和代表作；“学科年度综述”内容包括本年度国内外学科发展最新动态、重要理论观点与方法、热点问题，代表性学者及代表作。每部学科发展报告都应当是反映当代重要学科学术思想发展、演变脉络的高水平、高质量的研究性成果；都应当是作者长期以来对学科跟踪研究的辛勤结晶；都应当反映学科最新发展动态，准确把握学科前沿，引领学科发展方向。我们相信，该出版工程的实施必将对我国哲学社会科学诸学科的建设与发展起到重要的促进作用，该系列丛书也将成为哲学社会科学学术研究领域重要的史料文献和教学材料，为我国哲学社会科学研究、教学事业以及人才培养作出重要贡献。

王伟光

序　言

拉美距中国万里之遥，但中拉之间的相互往来却历史悠久。从新中国成立开始，中国对拉美的系统性关注和研究树立了优良的学术传统与传承，成果丰硕。伴随着学界前辈们的辛勤耕耘和新一代学人的不懈努力，进入新世纪之后，中国拉美研究迎来了繁荣发展的新机遇。

中国拉美研究与国际政治经济形势的变化、中拉关系的发展和中国自身的发展进程密切联系，是对发展中国家现代化进程理论与实践的建设性补充。1949 年新中国成立之后，冷战格局之中，随着与古巴建交，中国对拉美的研究有了更明确的意识形态的指向。20 世纪 70 年代中美关系破冰之后，一些拉美国家开始与中国建交，更多的拉美国家和区域组织的发展受到关注，政治、经济、社会、文化、外交等各领域的情况与变化成为研究的主要内容。中国启动改革开放进程是中拉关系发展的新起点。世界经济的全球化、区域化趋势为拉美自身及中拉关系的研究开辟了新的视角。作为发展经济学思想与案例的重要来源之一，拉美经济发展模式及经济增长的跌宕起伏、工业化过程的艰难求索、对外经贸合作的潜力与方向、拉美经济改革与市场环境变化趋势等成为研究的新关键。随着中拉经贸往来的迅速增多，拉美在中国能源资源、农产品等需求中地位凸显，中拉经贸关系成为研究热点。同时，作为比较政治学的重要研究对象，对于拉美政治思潮、政治发展、政党政治、可治理性，以及现代化和民主化进程的观察与思考不仅引导和深化了对拉美地区政治体制的认识，也为中拉关系和中国的改革开放提供了研究的新维度。当前，中国等新兴经济体都面临着经济社会可持续发展问题，拉美在谋求经济社会发展的努力中积累了丰富的理论和实践，对拉美区域的针对性研究不仅丰富了中国拉美研究的内涵，而且为中国全面建成小康社会提供了有益的借鉴。

中国的拉美研究在长期的发展过程中，形成了较为鲜明的研究传统与特色，产生了大量为党和国家的政治、经济、社会、文化和外交事业作出积极贡献的研究成果。这与学界前辈们呕心沥血的艰苦努力分不开。记得苏振兴学部委员曾讲起在改革开放初期，为了促进拉美经济学科的发展，他们诚挚邀请国内世界经济学界的名家来所授课、交流。精心栽下的学术之树，经过多年的浇灌、施肥、修枝，才能够发芽、开花、结果，一代代人的辛勤汗水都写在丰硕果实的笑靥上。

前辈的创造与奉献对我们是无言的榜样和鞭策。目前呈现的这本书是中国社科院拉美所一些年轻学者对中国拉美研究历程的观察与思考。他们满怀着对拉美研究的热情，受过良好的学科训练，具有语言优势，而且勤于思考、勇于创新，代表着中国拉美研究的未来一代。

中国拉美研究学科是中国拉美学界共同耕耘的精神家园。中国拉美研究发展的每一步都留下了中国社科院拉美所与其他高校和机构拉美研究部门并肩奋斗的足迹。在本书成书过程中，他们也分享了宝贵的文献资料和写作建议。最后一章将介绍一些拉美机构和学人，但实际上只是其中一小部分。这里特向为中国拉美研究事业做出贡献的各界人士致敬！

感谢在本课题立项之初时任拉美所所长的郑秉文研究员对课题组的信任、支持与督促。

感谢苏振兴、张森根、曾昭耀等教授的悉心指导。感谢苏振兴、袁东振、贺双荣、刘维广、房连泉、赵雪梅（对外经贸大学）、常福良（北京外国语大学）等诸位教授和专家，他们认真审阅了本书全稿，并提出了中肯而宝贵的修改意见。根据这些意见，课题组进行了多轮仔细修改和完善。

感谢中国社科院拉美所吴白乙所长、王立峰书记对本课题的大力支持。感谢刘东山老师在课题协调和出版组织方面付出的努力。

限于水平，不足之处敬请批评指正。

柴　瑜

中国社科院拉美所

2016 年 3 月 14 日

目　　录

第一章

国际拉美研究的建立及其与中国拉美研究的关系[①]

第一节　国际拉丁美洲研究的建立

一　定义拉美研究

作为现代学科的拉丁美洲研究，是一门旨在研究与拉美国家和拉丁美洲人相关的各种现象与问题的学科，是区域研究的一个分支，西班牙语表达为 Estudios latinoamericanos，英文为 Latin American Studies，缩写为 LAS。正如现代其他区域研究学科一样，拉美研究是一门跨越传统知识门类的交叉新学科。以世界上参与人数最多的拉美研究学术组织——美国的拉丁美洲研究协会（Latin American Studies Association）为例，其中不仅包含经济学、政治学、历史学、人文学、地理学、社会学、人类学、国际关系学等传统学科，甚至也囊括媒体研究、性别研究、城市规划等新兴学科分支。这一跨学科特征决定了拉丁美洲研究势必囊括了多种研究视角，能够同时调动多角度、多层面的学术分析工具。鉴于“拉丁美洲”本身就是一个变动不居的概念[②]，因此拉美研究也呈现出开放性的特征，不断借鉴、吸收与之相关的研究亚门类，如拉丁裔研究（Latino Studies）、跨大西洋研究等等。

---

① 本章第一、二节执笔：魏然，文学博士，中国社科院拉美所助理研究员。

② “拉丁美洲”是一个以文化认同为基础的命名，因此不能完全依照地缘位置来判定，譬如古巴被认为是重要的拉丁美洲国家，而地理位置接近的加勒比英语国家与大陆西、葡语国家的关系就较为松散；又如身处美国的奇卡诺人群，仍旧与墨西哥、中美洲保持密切关系，因此有学者主张应将其纳入拉美研究的范畴。

实际上，现代拉美研究出现之前，关于拉丁美洲的论著已颇为丰富。譬如德国科学家、博物学家洪堡（Alexander von Humboldt）就曾出版过与拉美区域地理、经济与地缘政治相关的大量著述，早期的拉美本土学者和重要作家，如委内瑞拉政治家、文学家安德烈斯·贝略（Andrés Bello）、古巴革命家何塞·马蒂（José Martí）、乌拉圭思想家何塞·恩里克·罗多（José Enrique Rodó），都曾对拉美进行理论性思考，并留下了研究拉丁美洲的基础性文献。然而，这些研究与著述尚不能被称为"现代拉美研究"。实际上，"拉丁美洲学"（Latin Americanism）一词，直到20世纪才被广泛使用，而且主要出现在欧美学人的表述中。因此，需要特别指出的是，我们所讨论的"拉美研究"并非指涉所有谈论拉丁美洲的著述，而是特指作为现代学科的区域研究（Area Studies）分支的拉丁美洲研究。

根据阿尔瓦雷斯（Sonia Álvarez）和阿里亚斯（Arturo Arias）等人的研究，作为区域研究之一的拉美研究可追溯到20世纪初，但狭义的拉美研究诞生于20世纪50年代，冷战是国际拉美研究诞生的大背景。50年代美国的拉美研究曾是区域研究中资金最雄厚、人员最齐备的分支学科。[①] 冷战之后的90年代，失去了政府和基金会的支持，拉美研究曾一度遭遇危机；美国学界曾展开广泛讨论，有学者认为包括拉美研究在内的区域研究理应消失。但20年之后，由于拉丁美洲表现出的发展活力和历史文化魅力，加之区域研究学科的自我更新，主张取消这一学科的呼声消失了，拉美研究蒸蒸日上，日益成为国际研究中的显学。

二　海外拉美研究的兴起

虽然区域研究全面勃兴发生在二战之后，但实际上，美国拉美研究的源头（特别是加勒比研究）始于美西战争。美西战争之后，美国迫切需要加强对前西班牙殖民地古巴的了解。杜兰大学的罗杰·泰勒·斯通中心（Roger Thayer Stone Center）是美国最悠久的研究机构，该中心建于1924年，是学科发展的历史象征。美国第一个拉美研究

① Sonia Alvarez, Arturo Arias and Charles Hale, "Re-visioning Latin American Studies," in *Cultural Anthropology*, *Vol.* 26, *Issue* 2, *pp.* 225—246.

中心出现在杜兰大学绝不是偶然，因为大学的赞助人泽穆雷（Samuel Zemurray）就是著名的联合果品公司（United Fruit Company）的总裁。[①] 正是在泽穆雷的扶持下，杜兰大学建立了中美洲研究系，并最早建立了大型专门图书馆和中美洲考古陈列馆。随着美国和拉美的经济依附关系的深化，1931 年，佛罗里达大学也建立了拉美研究中心；1940 年德州大学奥斯丁分校建立了拉美研究所，该所目前仍是美国国内最大的拉美研究实体机构。

二战后，在美国及西方学术界，跨学科的区域研究一度成为显学。原本在战前，美国仅有少数大学设有教授非西方国家现状的课程；战后，为了应对来自苏联和亚洲社会主义国家的挑战，处理亚洲、非洲普遍爆发的去殖民运动（Decolonial Movement），洛克菲勒基金和福特基金等重要学术赞助方召开了一系列会议，提出美国需要投资国际研究的设想。参加讨论者大都认为，美国需要培养大批了解其他国家和地区的政治学家和经济研究专家，由他们组成资政的智库，服务于美国在海外的利益。[②]

福特基金会是主张在美国发展区域研究专业的主要推手。[③] 1950 年，基金会设立了优厚的区域研究奖学金（FAFP），从 1953 年到 1966 年，共计向 34 所大学的区域研究和外语研究院系提供了 2.7 亿美元

---

① 泽穆雷（1877—1961）是俄裔美国商人，绰号“香蕉人山姆”，他和联合果品公司在中美洲具有巨大的政治影响力。譬如到 20 世纪 50 年代早期为止，联合果品公司拥有危地马拉 70% 的私有土地，但只有 15% 的土地被用于种植农作物，其他土地被囤积起来，预备种植经济作物。阿本斯总统执政后，签署了一项征用撂荒土地的法令，这一情况促发中情局和泽穆雷联手在 1954 年策动政变，推翻阿本斯政权。联合果品公司的恶名早已随着《百年孤独》而为世人所知，几乎成了经济剥削的代名词。关于泽穆雷与中美洲政治及杜兰大学的关系，可参见 Rich Cohen, *The Fish That Ate the Whale: The Life and Times of America's Banana King, New York: Farrar, Straus and Giroux*, 2012。

② 但对于如何组成资政智库，基金会和学界也有不同设想：有人认为不仅应该推广西方模式，社会科学家也应该注重世界各个地方历史化的知识，了解不同本土的文化与生活方式，这就要求社会科学家与人文学者紧密合作。但也有呼声，主张发展一种宏观历史性的理论，以之涵盖不同地域下不同国家的各个发展阶段。前者就导向了区域研究，后者则导向了现代化理论。

③ 参见 Ellen Condliffe Lagemann, *The Politics of Knowledge: The Carnegie Corporation, Philanthropy, and Public Policy, University of Chicago Press*, 1992。

的资助。[①] 正如其他区域研究学科一样，拉美研究也在此时获得政府的大力扶持。

紧随福特基金会的倡议，1957 年美国国会通过了国防教育法案（Title Ⅵ of the National Defense Education Act，NDEA），通过全国资源中心项目（National Resource Center programs）的名义，向 125 个大学区域研究机构提供资金，也直接为外语和区域研究的研究生提供奖学金。1965 年这一法案更名为高等教育法案（Higher Education Act）。在英国，1965 年的“佩里报告”（Parry Report）起到了类似的效果。自此，英国国家与私营部门也自愿兴建了一大批拉美研究中心或院系。[②]

50、60 年代，区域研究兴盛一时，各种研究中心纷纷成立，描述这一表象之后，我们还应分析其背后的意识形态基础，即发展话语的形成。20 世纪 40、50 年代，西方主流社会开始推崇这样的信念，即“无论以怎样的社会、文化和政治成本为代价，现代化是唯一能够摧毁陈旧的迷信的、必然的进步之路。只有通过物质的发展，才能实现社会、文化和政治的进步。”[③] 发展与资本形成过程又需要多种因素，如技术、人口与资源、货币与财政政策、工业化与农业发展、商业与贸易等。此外，还涉及教育和培养现代文化价值观的工作。我们不应忘记，世界银行和货币基金组织成立于 20 世纪 40 年代，联合国也在此时成立了众多专业机构，其中就包括总部设在智利的联合国拉美经委会（CEPAL）；其后，60 年代在美国进步联盟（Alliance for Progress）的推动下，众多拉美国家针对这些要素成立了一批国家规划机构。阿图罗·埃斯科瓦尔提醒我们，上述要素本身并无太大新意，新的情况在于“发展是这些要素、机构和实践之间建立了关系后的结果，是将这些关系系统化为一个整体的结果。由于这些关系，构成发

① David L. Szanton, “The Origin, Nature and Challenges of Area Studies in the United States,” in *The Politics of Knowledge: Area Studies and the Disciplines*, *ed. David L. Szanton*, *University of California Press*, 2004.

② Bulmer-Thomas, ed., *Thirty Years of Latin American Studies in the United Kingdom* 1965—1995, *London*: *Institute of Latin American Studies*, 1997.

③ 阿图罗·埃斯科瓦尔：《遭遇发展：第三世界的形成与瓦解》，汪淳玉等译，叶敬忠译校，社会科学文献出版社 2011 年版，第 43 页。

展话语的不是它范畴内可能存在的事物的罗列，而是一种方式。”[①] 发展话语对这些要素进行分组安排，并赋予它们总体性。而建立体系的过程，也就是为游戏制定规则的过程：谁拥有发言权，从哪些角度发言，根据什么专业标准来判断等等。简言之，发展话语造成了发展的专业化。

还有几个概念与区域研究的形成关系密切，其中就包括“欠发达”和“第三世界”这两个关键词。伴随着“欠发达”和“第三世界”等发展主义概念的提出，西方学界重建了与世界其他地域（主要是亚非拉）、“富国”与“穷国”之间的关系，这种逻辑是区域研究形成的基础。正是由于这种新观念，原本不相干的传统学科（历史学、政治学、经济学、社会学、人类学、外国语言文学等）才可能聚合在一起，训练研究第三世界的专业人员。

如果说 1957 年国防教育法案的颁布，保障了美国政府对于拉美学科的资金支持，那么来自拉美的政治动向才是刺激研究者灵感的源头。1959 年古巴革命胜利对于西方的激进知识分子和保守主义者都带来了深刻的刺激。实际上，20 世纪 60 年代整个拉丁美洲都处在政治亢奋状态，人们普遍相信古巴革命的热浪将席卷整个地区，带来剧烈的社会变革。正是在这种判断的激励下，许多顶尖学人将自己的专业划定在拉美研究。1968 年的学生运动激励美国激进大学生前往拉美革命现场，同时 60 年代美国科研经费相对宽裕，也为一大批研究生前往拉美做田野调查提供了经费。可以说，60 年代出现了第一次美国大学研究生前往“全球南方”（Global South）的浪潮。其中一批人经由这些经验，完成了思想上的“左倾”化或激进化。这批学院左派在 70 年代后开始了他们的学者生涯，早年的经历使他们普遍支持西半球的底层运动和左翼政治，并经常以学术或言论的方式，对抗美国政府的某些对拉政策。

三　后冷战时代拉美研究的危机与转型

实际上，自学科创立之初，包括拉美研究在内的区域研究就受到诟

① 同上书，第 44—45 页。

病，批判之声甚至来自研究者内部。人们指责区域研究与冷战关系甚密，实际上分担了 CIA 或 FBI 等军情部门的任务，研究者在某种意义上可以说是国家情报人员。① 就某种层面而言，美国拉美研究的学科设置就是以美国的全球霸权为依托的，其研究难免落入“拉美提供经验、第一世界学院提供理论”的窠臼与循环，冷战时代的拉美研究也难以抹去帝国管制的色彩。因此批评者认为，鉴于其设立初衷，区域研究难免以美国国家利益为优先考虑，这就限制了学科的思考空间。②

但对拉美研究更大的打击来自整体学术氛围的变化。东欧剧变之后，慈善基金会和科研机构普遍削减了对区域研究的支持，转而强调跨区域的课题，如“发展与民主”等等。原先美国政府资助区域研究的实际动力是防范美国的传统势力范围“共产主义化”，但冷战结束后，实际威胁已经消失。美国社会科学研究委员会（Social Science Research Council）和美国学会理事会（American Council of Learned Societies）进行大规模的学科调整，关闭了相当数量的区域研究单位，这也意味着国际研究的整体气候发生了变化。

伴随着 1989 年柏林墙的倒塌，冷战体系解体，原先以发展主义为基本逻辑的拉美研究，已经不符合后冷战时代的需求。同时，全球化的深入，后现代思潮的冲击，笼统地以区域（包括 33 个国家的拉丁美洲）为对象的研究也受到了性别研究、媒体研究等新学科的诟病。区域研究在 20 世纪 60—80 年代都无法成功地嵌入传统大学的教学框架，遭遇后冷战的新情况之后，学科合法性的问题立刻显现出来，研究者和教师纷纷回到自己原属的传统专业。新自由主义大学改革的浪潮，造成专业教育要为商业市场服务，区域研究只能谋求转型，从政府以外的其他渠道寻找资助。

面对冷战到后冷战的转变，当代的美国大学和研究机构的拉美研究所

---

① 参见 Bruce Cumings，“Boundary Displacement：Area Studies and International Studies during and after the Cold War，” in Bulletin of Concerned Asian Scholars 29，1997. http：//www.mtholyoke.edu/acad/intrel/cumings2.htm。

② 此外，政治学和经济学当中兴起的理性选择理论，是区域研究面临的重要挑战之一，用加州大学伯克利分校中国研究中心和日本政策研究所的前主席查尔莫斯·约翰逊（Chalmers Johnson）的话来说，那便是“假如通过理性选择理论可以预判日本政客和官员的行为，那我们何必要研究日本的历史和文化呢？”Chalmers Johnson and E. B. Keehn，“A Disaster in the Making：Rational Choice and Asian Studies，” *The National Interest* 36，1994，pp. 14 – 22.

或研究中心逐渐形成了几个重要特征。

第一，由于研究资助与政府政策脱钩，拉美研究学者与美国政府及主流社会看待拉美的立场不尽相同，在许多重要时刻，拉美研究学者可能集体反对美国政府的对拉政策，如从20世纪60年代开始，他们几乎集体反对美国的古巴政策，80年代集体反对美国对中美洲的政策，90年代以来普遍支持墨西哥南方原住民起义。就学术圈与主流社会的关系而言，美国的拉美研究与美国的中国研究[①]决然不同。就此，我们不能将美国拉美研究机构视为纯粹为美国执政者决策服务的智库，而应看作代表不同利益集团观点的学术共同体。

第二，冷战后，人文学与批判思想的引入改造了区域研究的传统模式。1989年，哥伦比亚大学著名拉美学者珍妮·弗朗戈（Jean Franco）成为拉美研究协会历史上第一位来自人文学的学会主席。从她这一届开始，人文学者开始大量进入LASA。1990年，95%的LASA成员来自社会科学领域，但仅十年之后，人文学者就占到LASA注册会员的40%。人文学者主张对传统区域研究的发展主义持批判色彩，他们或推崇拉美原住民社会的组织方式与生存模式，或呼吁实践另类的发展模式。

第三，后冷战时代，拉美研究从以南北为轴线的纵向研究，转向了以南南为轴线的横向研究。所谓纵向研究，是指以美国政府及跨国公司的利益趋向和经费支出为指引，从北方发达国家的视角研究南方“欠发达”国家的经验，以促使后者进行体制改革，推广北方国家的模式。而南南研究是指以拉美学者或具备社会影响力的机构为主体，直接与美国相关领域展开合作，把原先“关于拉美的研究”变成“来自拉美的研究”。实际上，20世纪70、80年代，拉美经历了“肮脏战争”（Guerra sucia），许多学者、知识分子流亡到美国，人员的流动也助推了美国学院的内部更新。目前，拉美底层运动的代表或原住民人士也能经常加入全球学术对话，而

① 美国的中国研究包括中国学和汉学研究两个部分，前者偏向现代中国研究，而后者主要关注古典学。但整体而言，中国研究圈内，很少有学者公开赞誉中国革命的成就或激烈反对美国的对华政策。近年来，中国研究对此已经进行了许多反思，可参见柯文的《在中国发现历史：中国中心观在美国的兴起》（中华书局2002年版）和董玥编著的《走向区域研究：西方中国近代史论集萃》（社会科学文献出版社2013年版）。

这些新情况都是冷战时代无法想象的。①

第二节　现代化理论与中国拉美研究的兴起

一　从“革命范式”到“现代化范式”

德里克在讨论美国中国学编史学时，提出了两种范式（“革命范式”与“现代化范式”）的转型，这一点对于理解当代中国拉美研究的兴起也具有启示意义。德里克认为20世纪60、70年代主导美国中国学近现代史的研究模式可称为“革命”范式，而80年代中期以后的变化，他将其概括为“现代化范式”对“革命范式”的取代。事实上，这一范式的转换也影响了中国本土的历史研究。

20世纪80、90年代，当代中国拉美研究的变化，就是印证这一范式转换的例证。北京大学历史系教授林被甸总结道，70、80年代拉美史研究的成果主要体现在拉美通史的编纂上面②，而另一位研究者曾昭耀教授进一步指出，彼时该领域的指导思想来自美国共产党著名领导人、美国著名历史学家福斯特的《美洲政治史纲》③。80年代以前的拉美史著作完全遵循着福斯特的“革命史观”，集中研究、凸显拉美历史上的独立运动和“五大革命”④。

然而，进入20世纪90年代后，几乎所有的研究著述都与现代化理论相关。90年代中期至2005年，以现代化和发展问题为核心，出现了一系列研究著作：在罗荣渠主编的《各国现代化比较研究》系列中，林被甸撰写了《拉丁美洲国家对自主性发展道路的探索》，而曾昭耀编写的《政

① 关于拉美地区原住民运动（特别是安第斯地区）加入学术对话的情况，可参见Robert Andolina, Nina Laurie, Sarah A. Radcliffe, *Indigenous Development in the Andes: Culture, Power, and Transnationalism*, *Duke University Press*, 2009。

② 林被甸：《当代视野下的拉美史学新探索——近10年来我国拉美史研究概述》，《世界历史》2005年第3期。

③ 曾昭耀：《忆中国拉丁美洲学科创始人罗荣渠老师——难以忘却的35年师生情》，载《求索者足迹——罗荣渠学术人生》，商务印书馆2007年版。此文作者回忆说，“（《美洲政治史纲》是）我们所能读到的唯一一部关于拉丁美洲史的马克思主义著作。”

④ 所谓拉美史上的“五大革命”是指1910—1917年的墨西哥革命、1945年的危地马拉革命、1952年的玻利维亚革命、1959年的古巴革命、1979年的尼加拉瓜革命。

治稳定与现代化——墨西哥政治模式的历史考察》，被认为是我国学者研究拉美现代化的第一部学术专著；江时学的《拉美发展模式研究》考察了拉美发展模式的历史演变，提出四大关系（经济发展与稳定，国家干预与市场调节），并把拉美模式与东亚模式进行对比；苏振兴与袁东振合写的《发展模式与社会冲突》，突出发展中的社会问题，强调社会公平的发展模式。拉美经济史研究中“现代化理论”的色彩更为浓厚：韩琦的《拉丁美洲经济制度史论》、陆国俊主编的《拉丁美洲资本主义发展》、苏振兴的《拉丁美洲的经济发展》、郝名玮的《外国资本与拉丁美洲国家的发展》、董国辉的《劳尔·普雷维什经济思想研究》，都以专题形式深化了拉美现代化进程这一核心主题。因此，可以说，这一鲜明的范式转换现象在学科内部是十分突出的。

需要特别指出的是，这里的“现代化范式”取广义的“现代化”的含义。中文语境中，我们通常将“现代化”理解为“近代资本主义兴起后的特定国际关系格局下，经济上落后的国家通过大搞技术革命，在经济和技术上赶上世界先进水平的历史过程。”① 但在这里，我们所说的“现代化”研究指的是，那些特别瞩目于近代以来，人类群体急剧变动的研究，那些将经济、政治、社会的发展视为一个动态的脱离“传统”而获得“现代性”之进程的研究。从这种视角来看，这一进程不仅包括政治的民主化、法制化，经济上的工业化、信息技术化、城市化，社会政策层面的福利化、社会阶层流动化、教育普及化，等等，甚至还涵盖了思维和意识形态上的诸多变化。可以说，统摄在“现代化范式”下的研究大致等于发展研究。

这一转变过程酝酿于20世纪80年代中期。1986年北大历史系“七五”计划将“现代化进程研究”确立为重点研究项目是这一转换的启动标志，1987年“北京大学世界现代化进程研究中心”成立，为现代化范式提供了体制依托，最终，1993年，作为核心文献的《现代化新论》一书面世，现代化研究范式的替代与转换宣告完成。

在比较世界现代化进程的研究中，拉丁美洲被认为是现代化实验的重要场地，而且拥有丰富的现代化经验，因而始终被列为学科重点。此领域

---

① 罗荣渠：《现代化新论》，北京大学出版社1993年版，第9页。

学者将这层意思表述得非常直白："从发展角度来看，世界各国的现代史实际上就是这些国家现代化的历史。研究拉美史也不例外，其任务就是要研究拉美各国如何走向现代化的历程，找出其中的规律，启发我们的民智，指导我们自己的现代化实践。"①

二　拉美研究对诸种"发展理论"的甄别与选择

拉美史学这一现代学科的变革与确立，始终与已故著名历史学家罗荣渠密切相关，他不仅是中国现代化理论的最初讨论者，也被认为是拉美史学科的奠基人。

1981 年 6 月 19 日在家信中，罗荣渠给同样从事学院研究工作的妻子介绍了他最近的阅读经验："我现在正在读一些有关现代化问题的书，很有兴趣。目前在国外这已成为一门新的学问。这门学问的特点是对世界历史进行综合比较研究，与我的兴趣最为切合。我想在中国应加以介绍和推广。"② 此时的罗荣渠，正在美国密歇根大学中国研究中心受邀访学。20 世纪 80 年代初期便获得了赴美游学机会，这使得罗荣渠成为国内较早地直接接触现代化理论的学者之一。

1980 年赴美前夕，他曾将此次出国计划描述为"求知识于世界"，那么很明显，此行得来的"知识"便是现代化理论。事实上，他此时接受到的现代化理论既包括美国最初的现代化理论，也涵纳了 20 世纪 60 年代以来对现代化理论的激进批评。因此，罗荣渠将"现代化理论"描述为一个十分宽泛的研究领域：既包括 1960 年代初以罗斯托（《经济成长的阶段——非共产党宣言》）为代表的美国现代化理论，又容纳了 1966 年之后以布莱克为代表的比较现代化研究，以及弗兰克等依附论者对现代化理论的历史性批判著作，所涉及的学科也跨越了社会学、经济学、政治学，等等。面对丰富的理论话语，罗荣渠的甄别、选择与判断是一个非常值得思考的现象。

首先，他批判了罗斯托的"美国中心式"的现代化理论，明白无误

---

① 曾昭耀：《忆中国拉丁美洲学科创始人罗荣渠老师——难以忘却的 35 年师生情》，载《求索者足迹——罗荣渠学术人生》，商务印书馆 2007 年版，第 228 页。

② 罗荣渠：《北大岁月》，商务印书馆 2006 年版，第 667 页。

地指认出它的冷战意识形态色彩；但是这一解说的落脚点，更多的是要说明为什么在20世纪60—70年代中国国内无法听到现代化理论的声音。[①]反对罗斯托给出的单一现代化演进路线之后，罗荣渠又将此命题与“五四”以来的“欧化”、“西化”等观念联系起来，将它描述为“全盘西化的老路”。我们发现在冷战格局中，罗荣渠十分明确地批判了“美国至上论”，虽然在《现代化新论》中，他反复声明不应该以意识形态差异而完全排斥作为西方先进理论的“现代化理论”。随后的拉美史学论说始终保持着贬抑罗斯托命题的研究姿态，譬如林被甸在《拉丁美洲国家对自主性的发展道路的探索》一文的结论中写道：“拉美等欠发达国家与早期现代化国家的区别，并非如罗斯托所说的那样，仅仅是同一条道路上不同阶段的区别，赶不上这趟车，可以等下一趟，早晚都会奔向现代化。事实上，它们不是在同一起跑线上走向现代世界的。”[②] 美国初期现代化理论在拉美富于霸权主义和殖民色彩的政治经济实践，对于20世纪80年代的中国拉美史研究者而言，是比较容易辨识出来的。

随之而来的问题是，罗荣渠及其追随者相信美国学院体制内部对初期现代化理论的自我修正能力，以及中国学者接受这一理论时的“解毒”能力。他认为1966年以后，现代化研究的两种趋向是“横向研究”（各国比较研究）与“纵向研究”（即现代化怎样“化”的问题），而那些将两者综合起来的研究方法是比较具有科学性的，其代表人物就是普林斯顿大学教授布莱克。布莱克的研究角度不同于罗斯托的经济学模式，而是从社会学功能主义的层面入手，来探索政治现代化这个议题。他阐述的现代化定义也带有功能主义的印记：“（现代化）反映着人控制环境的知识亘古未有的增长，伴随着科学革命的发生，从历史上发展而来的各种体制适应迅速变化的各种功能的过程。”[③] 在这一定义中，“适应”是关键词，社

① 《现代化新论》一书梳理了国内“现代化”这一语词的历史，更指出它与列宁思想的渊源。20世纪60年代“现代化理论”曾透过日本现代化研究（箱根会议）而进入中国视野之内，国内讨论中将其称之为“近代化”，这一译名自然是受日本“近代”一词的影响，同时也避免了与列宁思想中的“现代化”可能发生的混淆。

② 林被甸：《拉丁美洲国家对自主性的发展道路的探索》，载罗荣渠主编《各国现代化比较研究》，陕西人民出版社1993年版，第265—266页。

③ 布莱克：《现代化的动力》，段小光译，四川人民出版社1988年版，第11页。

会各因素面对现代性情景时的动态过程是布莱克试图把握并描述的对象。罗荣渠强调1966年出版的《现代化的动力》一书与此前罗斯托等人研究不同，并非帕森斯社会图示的翻版。这一社会学式的现代化研究方法表面上便具有一种非政治经济学的姿态，一方面它不容易与马克思主义政治经济学产生直接对抗，第一方面它也显现出“超越”、“突破”政治经济学话语的另类学术语言。布莱克对于罗斯托命题的反思与批评，促使罗荣渠相信美国现代化理论内部已经基本上完成了去冷战意识形态的任务。

选择了布莱克的现代化理论之后，罗荣渠也提出了他的批判。他认为此时美国现代化理论最大的症结在于从经济学、政治学等专门领域展开研究，显得过于细碎，故而应当呼唤一种以宏观史学为基础的现代化论述。再者，现代化的第三次浪潮在东亚及中国正处于进行时，从中国视角做进一步论述是应有之义。在此意义上，作者所谓《现代化新论》之“新”，也是相对于美国现代化理论而言的。

三　现代化理论对中国拉美研究的塑造

《现代化新论》对于现代论理论的“修正”之一，便体现在加入了苏联现代化模式，即承认另类现代化模式的存在，强调现代化道路是多种多样的。作者虽然指出那些完成了现代化进程的成熟现代社会，即具有了现代性的社会，往往呈现出一些相似的特征，但应当如何理解这些特征，此书基本上存而不论。作者仅仅强调了现代化不是以西方社会为样板的“千年王国”，而是一个终将被超越的历史阶段。作为现阶段现代化进程的目标，作者又将它落实到“高度发达的工业社会”这一层面，并临时约定似的，将工业化视为现代化的本质与衡量标准。

值得注意的是，作为拉美史学者，罗荣渠及其追随者与现代化理论一道，内在接受了世界体系论对于“中心/边缘”的论述，并富于洞见地指出世界体系论与拉美发展主义思潮、进口替代工业化、依附论的经济文化实践的传承关系，譬如普雷维什经济思想及由他率先使用的“中心/边缘”等概念对于世界体系论者的启示。他们将依附论与其他激进理论视为现代化理论中的一支，或者是内包于其中的对初期现代化理论的批判。

然而，中国拉美史学者始终宣称他们的“双批判”立场，即一方面批判以罗斯托为代表的“美国至上论”的现代化理论，另一方面也反对主张非联系的、“脱钩”的激进思潮。其理论证明是20世纪60年代之后，进口替代工业化在拉美实践的全面失败，以及外向型经济在东亚的成功。这种中庸立场的“双批判态度”给当代中国拉美史研究涂上了某种实用主义的色彩。

获得了现代化的理论话语之后，拉美研究界几乎全面扫清了“革命史观”及“暴力动力观”。当罗荣渠重新讲授研究生讨论课“拉丁美洲史”，并涉及“18世纪以来西班牙殖民统治危机和印第安人大起义”时，他明确指出革命的动因不在于贫困，而在于生产力的发展，因为此历史阶段正处于殖民地经济繁荣时期。[①] 这一研究范式转变的原因根源于他对“暴力动力论”的排斥，以及对“越穷越革命”的革命史观的批判。

无可否认，罗荣渠率先引入现代化理论的思考，促进了当代中国拉美研究的兴起，他所倡导的跨学科式的研究路径也整体提高了学科的研究水准。《现代化新论》一书的出现，对此前中国的现代化论述进行理论化的同时，依旧将高度现代化、工业化视为“人类历史发展的大趋势”。特别是在随后的拉美研究中，现代化的核心标准“工业化水平”在一定程度上成了衡量某一特定拉美社会的最重要的准则。这在一定程度上，也可能会贬抑拉丁美洲内部出现的其他多元的发展观念。

第三节　民国时期的拉美研究[②]

一　中国拉美研究学科的雏形

民国时期是中国拉美研究学科形成的萌芽阶段，也是考察中国拉美研究学科发展不可忽视的逻辑起点。在这一时期，中拉在各个领域联系的逐步加强促进了中国人民对南半球这片遥远大陆的了解，我国的拉丁美洲研究——作为国际问题研究的分支，也开始生根发芽。晚清时期，中国已同秘鲁（1874年）、巴西（1881年）、墨西哥（1899年）、古巴（1902年）

① 曾昭耀：《忆中国拉丁美洲学科创始人罗荣渠老师——难以忘却的35年师生情》，载《求索者足迹——罗荣渠学术人生》，商务印书馆2007年版，第226页。

② 本节执笔：李慧，西语硕士，中国社科院拉美所助理研究员。特别感谢北京大学董经胜教授为本节内容的撰写提供了宝贵的研究素材。

和巴拿马（1910 年）建立了正式外交关系，签订了各类《通商条约》，华工问题是双边关系的主要内容。[①] 进入民国后，中国与拉美国家的往来逐步增多，建交国家从清末的 5 个增加到 13 个，分别是智利、玻利维亚、尼加拉瓜、危地马拉、多米尼加共和国、哥斯达黎加、阿根廷和厄瓜多尔。尤其 1939 年—1945 年第二次世界大战及战后几年，中拉关系发展迅速，多米尼加（1940）、哥斯达黎加（1944）、厄瓜多尔（1946）、阿根廷（1947）都是在这短短几年内相继订约建交的[②]。这一时期的拉美问题研究以时事热点为主，在各类报纸、刊物上可屡见拉美相关的文章。这些研究和评述多为当时的国际问题研究专家所撰写，比如许家庆、甘作霖、育干（或为笔名）和幼熊（或为笔名）、潘伦等。民国时期的《东方杂志》刊登关于拉美的文章有近百篇，《时事月报》三百余篇（采用检索工具统计，可能个别文章被重复计算）。此外，《世界知识》、《青年杂志》、《新青年》、《国闻周报》、《中国杂志》等杂志也能找到拉美国家相关的文章[③]。除了“当代研究”之外，这一时期也出版了多本有关拉美的译著，如蔡元培参与主编、葛绥成翻译的《拉丁亚美利加史》。这些成果为后来的拉丁美洲研究以及拉美学科的建立与发展奠定了重要的基础。

二　民国时期的“当代拉美研究”

民国时期的拉美研究呈现出鲜明的时代特征。辛亥革命的爆发、一战后反帝反封建的五四运动、第二次世界大战…我国的拉美问题研究追随着历史的浪潮时起时伏。这一时期研究成果较为集中于民国的初期与末期，几本主要刊物对拉美发生的重大问题大多进行了评述，尤其是有关民族解放运动的内容。

（一）民国初期以墨西哥革命与巴拿马运河问题研究居多

民国初期的拉美研究中，墨西哥革命和巴拿马运河问题的研究占了较大比重。众所周知，当时的国际关系体系是西方国家统治世界的国际秩

① 王士皓：《晚清外交近代化的天然试验场：对拉丁美洲国家的外交事件》，《拉丁美洲研究》2008 年第 5 期；

② 张振鹍：《〈中国和拉丁美洲关系简史〉：有关“立约建交”若干问题的商榷》，《世界历史》1992 年第 5 期。

③ 王晓德：《中国拉丁美洲史研究回顾》，《历史研究》2000 年第 5 期。

序，而中国是一个弱势国家。19 世纪末，内忧外患下，1911 年爆发了推翻清王朝的资产阶级民主革命——辛亥革命；1910 年，同为弱势国家的墨西哥不堪美帝国主义的压迫，也爆发了资产阶级民主革命（于 1917 年结束）。远在彼岸的墨西哥革命引起了国内知识分子的关注与共鸣，这一时期国内的各大期刊刊登了大量墨西哥革命的文章①，比如刊登于东方杂志的《纪墨西哥之革命》《墨西哥之内乱与美墨之交涉》《美墨交涉论》《墨西哥革命失败》《墨西哥又演一次革命》《墨西哥临时系统之更迭》《美国将承认墨西哥》等等。

这一时期，我国学者也十分关注巴拿马运河问题。巴拿马运河位于中美洲的巴拿马，是连接太平洋和大西洋的重要航运通道。挖掘运河是拉美各国人民向往已久的事，而欧洲各国的殖民者为了方便掠夺，纷纷企图开凿运河以占领主权。19 世纪 20 年代美国《门罗宣言》发表后，开始参加争夺和控制中美地峡运河②。我国学者跟踪巴拿马运河问题的进程与走向，发表了多篇与之相关的文章，比如《巴拿马运河问题之外交》《日纸之巴拿马运河谈》《游巴拿马运河记》《巴拿马运河案之通过》等等。

（二）民国后期，我国的拉美研究题材更为多样化

涵盖了民族革命运动、拉美国际关系、国别研究、地区争端、华工问题、经贸等多方面内容。除了报道与评论以外，还有大量的译文。

革命运动题材的文章围绕中美洲和南美洲的革命浪潮展开，尤其以 30 年代拉美大革命的成果居多。1930 年中南美各国为实现民主政治，用武力驱逐专政特权及独裁统治而掀起了一场规模空前的民主革命运动。《拉美的革命运动》《中南美的革命潮》《1930 年拉美革命风潮之原理》《一九三零年拉丁美洲革命风潮之原因》《巴西革命》《南美各国的革命与现势》等文章对玻利维亚、秘鲁和阿根廷的三国革命进行了详细阐述和剖析，同时描述了巴西、古巴和智利等国的革命运动。此外，较为典型的文章还有《拉丁亚美利加的学生运动》《拉丁亚美利加的民族运动》《拉丁美洲之帝国主义与反帝国主义的斗争》《论南美洲巴列维亚共和国之开放》等等。

---

① 王晓德：《中国拉丁美洲史研究回顾》，《历史研究》2000 年第 5 期。

② 姜德昌：《美国夺取巴拿马运河的历史丑剧》，《吉林师大学报》1963 年第 6 期。

拉丁美洲的国际关系研究以美拉关系和日拉关系为主。愈之 1927 年发表于《东方杂志》的《拉丁亚美利加——美国的外府》一文中，对拉美的国际关系做了系统的阐述。在美拉关系方面，他从美国对拉美的经济和政治两方面的侵略进行剖析，并且阐述了门罗主义对拉美的影响。这一时期较为典型的成果还有《美国从拉丁美洲排挤英国》《美国拉丁美洲政策之探讨》《拉美各国对于美国所负之债务》《拉美反对美国扩张政策》《积极入侵拉美之日本势力》《拉丁美洲之日本移民》《拉美日美贸易战之开展》《日本人在拉美的活动》《日本海洋政府与拉美移民价值》，译文《美国与拉丁美洲》《日本对拉丁美洲贸易》等等。

国别方面主要集中于墨西哥、巴西和古巴问题研究，以时事叙述为主。比如《墨西哥的宗教问题》《墨西哥新总统被刺》《新奇的墨西哥新法律》《巴西圣保罗叛乱事件—军人打算推翻政府》《巴西退出国际联盟》《巴西之国情与日本移民之状况》《巴西城外之基督巨像》《古巴举行国际移民大会》《全世界学者向古巴政府抗议》《第三次的古巴政变》《古巴政治经济现状鸟瞰》等等。

此外，还有研究区域争端的文章，如《拉美各国边境之纠纷》《智利秘鲁争端之解决》《巴拉圭与玻利维亚又起争端》《哥秘争案》；研究华工问题的文章，如《华人在墨西哥之渔业》《墨西哥及南洋荷属排华情形》《墨西哥排华事件》《墨西哥排斥华侨》；以及经贸方面的文章，如《拉丁美洲工业化》《拉丁美洲之产业地位》《日本对拉丁美洲贸易》。

三　民国时期中国的拉美史研究①

民国时期拉美研究的另一个重要组成部分是拉美史的研究，以译文或译著居多。1934 年由商务印书馆出版，蔡元培参与主编，葛绥成翻译的《拉丁亚美利加史》是我国翻译的第一部拉丁美洲通史著作；1937 年，肖亚伯发表于《国际言论》的《拉丁美洲现状》一文以简短的篇幅对拉丁美洲及其主要国家的概况进行了介绍；梁抚在《美洲最古的土人及其文化》中阐述了古代印第安文化；陈之佛在《古代墨西哥及秘鲁艺术》中介绍了美洲印第安人历史文化的发展；金溟泽翻译的《世界文明史》中

---

① 王晓德：《中国的拉丁美洲史研究回顾》，《历史研究》2000 年第 5 期。

有专章介绍拉美的古代文化；董希白翻译的《种族与历史》介绍了美洲印第安种族的起源与发展；吴泽霖翻译的《印第安人兴衰史》描述了美洲土著民族遭受西方殖民者奴役和剥削的历史；此外，还有论证“中国人发现美洲的”著作，这一提法是法国汉学家歧尼在1752年提出的，成为国际学术界关注的未解之谜。

四　总结

顺应了这一时期的历史需求，我国在民国期间的拉美研究日益丰富，范围日趋广泛，对个别主题的研究如墨西哥革命具有一定的深入性。但总的来说，这个阶段的拉美研究缺乏系统性和专业性，我们可以看到，当代研究以时事叙述为主，历史研究以翻译成果为主。然而正是这些萌芽阶段星星点点的科研成果，开拓和丰富了中国人民的视野，加深了对拉丁美洲大陆的了解，成为后来我国的拉丁美洲研究学科发展的一块重要基石。

第二章

拉美政治研究[①]

第一节 拉美政治学科的创建与发展

新中国成立至今，随着世界格局的变化，国家的发展强大、国际地位的提高以及对外联系的不断加强，中国与拉丁美洲的关系呈累积到跨越式发展趋势。20世纪50年代，第三世界的人们把二战后的一段时期视为反殖民主义和反帝国主义运动的全球性时机。拉丁美洲的民族民主运动渐趋活跃，尤其是古巴革命的胜利为中国与拉丁美洲的关系开启了新篇章。1960年9月中古两国建交，古巴成为第一个与新中国建交的拉丁美洲国家。20世纪70年代，随着中美关系的解冻和中国在联合国的合法地位得到恢复，拉美对第三世界的地位开始逐渐认同，中国与拉美步入建交高潮。外交关系的建设与国内发展息息相关。中国和拉美在探索发展模式上作出不同的选择。中国的改革开放确立了经济现代化的发展道路，并在20世纪90年代推进经济市场化，这不仅是经济改革的起点，也缔造了对外政策调整的新起点。而拉美国家从20世纪70年代和80年代，逐渐掀起政治民主和经济自由化的改革浪潮，并在90年代进一步巩固和深化。随着冷战结构的彻底破除，全球化趋势的加强，中国和拉美建立了长期稳定的外交关系。进入21世纪，全球联系的加强推动了世界政治真正走向多样化发展。中国综合国力大幅度提升并迅速跃升世界经济大国，拉美地区作为一支新兴力量加速崛起，中拉关系不仅进入跨越式发展新阶段，而且成为改变世界格局的重要力量。这也体现了发展中国家在各自发展道路

---

① 本章执笔：李菡，政治学博士，中国社科院拉美所助理研究员。

上取得的阶段性成果。然而，面对社会力量的发展、非传统安全问题凸显，提高政府的治理能力成为中国和拉美共同面临的问题。目前，拉美在实现选举民主和市场自由化过程中的经历，在界定国家的社会经济职能以及处理国家、市场和社会的关系上取得的经验将对中国的发展具有重要借鉴意义。

拉美政治研究在西方政治学中属于比较政治学。比较政治学是政治学的一门分支学科，研究内容涉及政治学的各个领域，主要研究不同政治体系的政治发展、政治文化、政治过程、政治参与等问题，其主要特点是不受国家、地区等行政区划的地理限制，进行跨国别、跨地区研究。19世纪末至20世纪初，西方政治学形成相对独立的学科框架，完成由传统政治研究向现代政治科学的转变。20世纪中期，行为主义及后行为主义政治学成为西方政治学的主导范式，其兴衰过程经历了大半个世纪，比较政治学在这一时期有了重要突破，以研究政治发展为中心，各种研究理论激增，其方法论包括历史主义与实证主义两种范式，涉及宏观、中观、微观三个研究层次。政治发展研究兴起的背景是新独立国家自身的需求、以美国为首的西方国家和全世界开始关注第三世界国家的发展问题。发展理论经历了现代化理论、中心—外围理论、依附论、世界体系论和民主化理论，而拉美成为发展理论研究的主要对象，并且提出中心—外围理论、依附论替代西方理论。西方政治学界有关政治发展的主要理论流派或谱系中有现代化理论、精英转型理论、社会结构理论、政治文化依附理论、散播效应等。这些理论大致可以分为两类，一类强调结构性因素，一类强调政治参与者的行为选择。世纪之交的西方政治学出现了政治经济整合研究、政治学现实性增强、政治哲学复兴、由国家焦点向全球视野的转变等新趋势。西方政治学的发展促进了发展中国家的学科研究，而中国和拉美之间的联系日益紧密也推动了学术研究的与时俱进。

中国和拉美各自的发展历程以及双边关系的深入拓展构成了中国拉美政治学科发展的内在逻辑。拉美政治学科研究建立于1961年，其背景是，基于我国外交工作的需要，领导人多次指出加强对亚、非、拉国家问题的研究。拉美政治学科发展50余载，历经几代学者努力，逐渐实现了由以译介为主向以研究为主、由以基础性研究为主向以理论性和综合性研究为主的转变，逐步实现了重大理论问题研究与对策性研究并重，基础性研究和学术性研究并重，国别研究与综合研究并重的局面，从注重意识形态的政治学（politics）转向同时注重科学因素的政治科学（political sciences）。研究领域不断扩展，研究深度不断加强，研究队伍不断扩大。为此，拉美政治学科发展主要分为以下三个阶段：

一　基础研究建设阶段（1961—1969）

从俄国十月革命到冷战结束，社会主义同资本主义的对立是意识形态冲突的主线。马克思主义、社会主义思想及其他思潮在拉美不断传播与发展、泛拉美主义呈现出替代泛美主义之势。当时拉美政治研究关注的重点问题包括拉美地区的民族民主运动；对拉美地区性组织的介绍；对帝国主义及其拉美政策的批判；声援古巴革命；对拉美国家国内政治情况、阶级关系等的一般介绍等。

由于受到当时历史环境和政治形势的制约，国内学术界对拉美地区的认识处于模糊认知阶段。国内从 50 年代末开始刊发一系列介绍拉美基本情况、论述拉美民族民主运动基本形势以及拉美地区人民群众反对独裁专制统治的文章，翻译和译介是这一时期拉美政治研究中的主要工作。此外，拉美政治研究工作带有浓厚的意识形态特色，关注的问题适应当时国际政治斗争的需要，对许多问题的分析带有批判的特征，研究和认识问题的范围和深度也带有一定的历史局限性。

二　综合研究深化阶段（1977—20 世纪 90 年代末）

自 1978 年以来，整个世界政治经历了巨大变化，政治自由化和经济市场化成为世界政治的基本趋势，拉美国家迎来了大众政治时代的到来。从安第斯、南椎体到中美洲和墨西哥，民主体制相继确立。从 20 世纪 50 年代到 70 年代，基于西方视角研究拉美国家的政治发展理论经历了从理想主义的简单化到悲观主义的现实分析，而 70 年代末以来拉美国家政治体制的转型则引发了民主化进程的讨论。90 年代全球化迅猛发展，个人自由、个人权利、思想多元、文化多元的观念深入世界的每一个角落，世界政治走向多样性和同一性共同发展的局面。

这一时期，拉美政治研究发生了一些新的标志性变化：研究的领域和范围不断扩展，研究的深度不断加强。从以译介为主逐渐转向以研究为主；意识形态色彩不断消退，学术性研究的特点明显增强；除了对主要国家进行跟踪研究外，理论性和综合性研究明显增多。随着改革开放进程的深入，国内学者学习和引进国外同行的大量研究成果，特别是研究方法。中国学者同时关注欧美学者和拉美学者在政治研究问题上的争论和对话，从不同观察视角和分析方法上了解拉美政治研究的发展趋势。这一时期的研究重点问题包括：拉美的政治理论和政治思潮、拉美的政治现代化道路与民主化进程、拉美国家的政治体制与政治制度、拉美国家的政治改革、腐败与反腐败斗争。

三 学术与对策研究并重阶段（21世纪初至今）

世纪之交，中国和拉美国家迎来了重要的战略发展机遇，双边关系取得了全方位的提升，在政治、经贸、科技、文化等各个领域的合作成效显著，为拉美研究工作提供了前所未有的机遇和条件。在新时期，中国和拉美作为新兴经济体成为世界发展的重要一极。国内学界拉美政治学者立足于“中国”，从发展中国家的角度横向观察政治现象脉络与趋势。这一时期，拉美政治研究既注重重大理论问题的研究，又注重对策性研究；既注重基础性研究，又注重对具有前沿性学术问题的研究，特别注重对我国社会主义现代化建设事业具有借鉴意义的拉美重大问题的研究。这一阶段的主要研究包括：

（一）拉美国家政府和执政党执政能力与经验研究

21世纪初期，在中国政治学界最为引人注目的学术术语是“治理”一词。治理引起学者们的关注，归因于中国经历三十年的改革开放后，政府传统的管理手段和管理方法已无法有效解决社会多元化的诉求。中国的拉美政治学者从对中国现实的关注出发，重视拉美国家政党执政经验与教训的研究。学者们认为，拉美国家的治理危机，主要归因于政府和执政党未能从根本上解决各自国家发展过程中面临的各种问题，缺乏化解政治体制脆弱和政治稳定难题的能力，缺乏克服经济与社会脆弱性难题的能力，缺乏有效治理腐败难题的能力，缺乏营造安定社会环境的能力。

（二）重视拉美政治发展的新变化和新趋势

在21世纪初第一个十年里，左派力量处于“出人意料的良好状态”。拉美左派取得选举胜利、积极参与本国和地区的社会政治生活的崛起态势引起拉美政治学界的广泛关注。学者们对拉美左派重新崛起的原因、社会背景和发展趋势进行了全面探讨。此外，还包括拉美地区的一系列政治热点问题，如委内瑞拉局势、海地和玻利维亚政治形势、墨西哥恰帕斯危机、哥伦比亚和平进程、洪都拉斯政变等。

（三）重视拉美政治重大理论和现实问题的研究

近一个时期以来，拉美国家的政治发展出现重大变化。近30年来，拉美国家启动并基本完成了民主化进程，除了古巴以外，所有拉丁美洲国家已在形式上实现了多党民主制。拉美国家的政治结构和政治体制更加开放、民主，因而也更具代表性和合法性。但是，由于任何政治体制的生长都需要一个漫长的过程，民主化进程和政治制度的局限和缺陷日益暴露，所以拉美在巩固民主制度及使民主本土化方面仍然面临严峻的考验。在这种背景下，与此相关的一系列拉美政治重大理论和现实问题研究成为拉美政治研究的重点。研究拉美民主化问题的成果众多，既有对墨西哥、巴西、智利、阿根廷、委内瑞拉、玻利维亚、海地、巴拉圭等国家的个案研究，也有对拉美地区民主化进程的综合研究。

拉美政治学科发展的历程体现出该学科的发展趋势是研究对象从宏观层面逐渐向微观层面转移。即从整个拉美地区转向区域性组织、国家层面。主要包括政治制度、政治结构、政治权力分配、政策决策机制等，甚至将非政府组织都纳入研究视野。这也体现了拉美政治学科的发展是一个逐步细化和专业化的过程。拉美政治研究的关键词也发生了很大变化。改革开放前的关键词是解放、革命、阶级、帝国主义、民族民主运动等，而现在的关键词变为政治发展、政治参与、合法性、选举、公民文化、稳定、治理和全球化等。

综上所述，拉美政治研究经过几代学者孜孜不倦的耕耘和努力，取得了丰硕的成果。拉美政治研究也是持续学习和积累的过程。在新时期有利的国内外环境下，中国学者们在理论和方法创新、学术交流与成果上将不断有新的突破，拉美政治学科也会迎来新的发展局面。

第二节　拉美政治思潮研究

政治思潮是指在特定历史条件下形成的、具有共同政治倾向和较为广泛影响的重大政治思想潮流。[①] 拉美是政治思潮活跃的地区，丰富多彩的政治思潮是拉美新旧世界更替时代的产物。它的兴起根源于拉美的民族民主革命。对拉美国家政治和社会发展影响较大的两类思潮主要是共产主义运动中的各类理论思潮和民族主义理论思潮[②]。

共产主义运动中的各类理论思潮的主要研究包括马克思主义、社会主义思想及其他思潮在拉美的传播与发展[③]、基督教民主主义和民主社会主义思潮在拉美的地位和作用[④]、泛美主义和泛拉美主义的联系与区别[⑤]。民族主义理论思潮的研究主要是对拉美地区具有代表性和影响较大的民族主义思潮的案例研究[⑥]。关于两类思潮的早期研究成果问世于 20 世纪 80 年代，为后来对拉美政治思潮进行更深入的研究打下了坚实基础。

进入 21 世纪以来，对拉美政治理论和政治思潮的研究得到最新发展，主要成果是《拉丁美洲现代思潮》[⑦]。该书将民众主义思潮和社会主义思潮列为研究重点，其中涉及阿普拉主义、庇隆主义、瓦加斯主义、桑地诺主义、革命民族主义与新民族主义、职团主义、官僚威权主义、拉美第三条道路、玻利瓦尔主义、古巴社会主义、格瓦拉思想、马里亚特吉思想、智利社会主义、合作社会主义、新社会主义、拉丁美洲社会民主主义、拉丁美洲基督教社会主义、拉丁美洲的无政府工团主义、拉丁美洲的托洛茨

---

① 徐大同主编：《当代西方政治思潮》，天津人民出版社 2001 年版。

② 肖楠等编写：《当代拉丁美洲政治思潮》，东方出版社 1988 年版。

③ 舒吉昌：《马克思主义在拉丁美洲早期传播概况》，《拉丁美洲丛刊》1983 年第 2 期；白凤森：《秘鲁早期马克思主义者马里亚特吉》，《拉丁美洲丛刊》1983 年第 2 期；祝文驰：《19 世纪后期拉美的社会主义宣传运动》，《拉丁美洲研究》1989 年第 5 期；刘承军：《实证主义思潮在拉丁美洲》，《拉丁美洲研究》1990 年第 2 期。

④ 李在芹：《拉丁美洲基督教民主主义浅析》，《拉丁美洲丛刊》1982 年第 5 期；张森根：《社会党国际在拉丁美洲的扩张》，《世界经济与政治内参》1982 年第 9 期；徐世澄：《拉丁美洲的民主社会主义与工会运动》，《拉丁美洲研究》1993 年第 4 期。

⑤ 刘德、李和：《泛拉美主义取代泛美主义的新趋势》，《拉丁美洲丛刊》1983 年第 4 期；刘德：《泛拉丁美洲主义浅析》，《拉丁美洲丛刊》1985 年第 1 期；焦震衡：《泛美主义的由来和实质》，《拉美史研究通讯》1994 年第 29—30 期合刊。

⑥ 祝文驰：《当代拉丁美洲的民族主义思潮》，《拉丁美洲丛刊》1985 年第 6 期；曾昭耀：《论桑地诺思想》，《拉丁美洲丛刊》1984 年第 1 期；徐宝华：《民众主义在哥伦比亚：盖坦运动的历史地位》，《拉丁美洲研究》1987 年第 2 期；王绪苓：《新形势下墨西哥民族主义的内涵》，《拉丁美洲研究》1992 年第 2 期。

⑦ 徐世澄：《拉丁美洲现代思潮》，当代世界出版社 2010 年版。

基主义和拉美新左翼等。除上述成果外，国内学者的研究重点主要包括以下几个方面：

第一，在拉美共产主义运动中思潮研究方面，有学者从拉美国际共产主义运动发展的角度，系统研究了社会主义理论和思想在拉美的传播、白劳德主义和游击中心主义等在拉美的影响、“智利道路”的理论，以及尼加拉瓜桑解阵革命斗争的理论及其影响等[①]。

第二，民众主义。民众主义是20世纪拉美政治史上十分突出的政治现象，关于它的含义众说纷纭。有学者对这一概念含义的演变进行了研究，总结出早期现代化理论学者和依附论学者强调民众主义概念的社会经济特征和历史阶段性特征，西方自由主义经济学界将民众主义界定为一种特定的经济政策。20世纪80年代以后，这种界定方式受到实证与理论上的挑战，于是，有的学者将民众主义界定为一种政治策略。应该说，这一修正使得此概念可以用来解释80年代以后拉美政治发展的新现实，因而是有价值的[②]。此外，该学者把拉美民众主义分为三个发展阶段：早期民众主义（20世纪初）、经典民众主义（20世纪30—60年代）和新民众主义（70年代后期以来），并在此基础上对拉美民众主义的历史演进和在现代化进程中的作用进行了探讨与评价。他认为，拉美民众主义对于“推动拉美民主政治的建设是有贡献的”，而90年代以后拉美民众主义与新自由主义的“联姻”，是拉美民众主义者“顺应时代潮流的选择”[③]。有学者将这种“联姻”称作“一种从经典民众主义到衰败的混合型民众主义的周期性反复现象”，认为“民众主义形式与新自由主义内容的折中和勉强结合正是80年代末期以来拉美民主制度发展的新特点”[④]。还有学者认为，就民众主义与市场经济的关系而言，市场资本主义的倡导者对经典民众主义的看法基本上是负面的，而90年代新民众主义自由派则得到了充分肯定。就民众主义与民主政治的关系而言，学界对民众主义促进民主抑或主张不民主甚至反民主的政治实践存有不同意见[⑤]。

---

① 祝文驰、毛相麟、李克明：《拉丁美洲的共产主义运动》，当代世界出版社2002年版。

② 董经胜：《拉丁美洲研究中的民众主义：概念含义的演变》，《史学月刊》2004年第1期。

③ 董经胜：《拉丁美洲现代化进程中的民众主义》，《世界历史》2004年第4期。

④ 曾昭耀：《民主化巩固时期拉美政治发展的特点》，《拉丁美洲研究》2001年第5期。

⑤ 张凡：《当代拉丁美洲政治研究》，当代世界出版社2009年版。

第三，“第三条道路”。国内学者认为，早在20世纪30年代拉美就出现了“第三条道路”的主张和理论[①]。冷战时期，处于美苏两霸和社会主义与资本主义两个阵营夹缝中的许多拉美国家更是选择了介于社会主义和资本主义之间的“第三条道路”。1999年查韦斯执政后又提出第三条道路的主张，即一种“市场机制与国家作用相结合、充分利用本国比较优势、实行合理开放的发展模式”，强调民族主义旗帜的重要性，强调政权的权威性，主张实行“中央集权和自由主义相结合”的政治制度。查韦斯的“第三条道路”虽然与拉美历史上的第三条道路思想有“显然的继承关系”，但两者的背景和内容有很大差别；而且它不同于西方发达国家某些领导人提出的“第三条道路”。查韦斯的“第三条道路”是资本主义经济全球化趋势下拉美形势和世界形势发展趋势的一种反映，不管其成功与否都会“对拉美及至广大发展中国家今后的战略选择产生深远的影响”[②]。另有学者通过对庇隆主义的考察，认为“具有中间道路特征的”欧洲职团主义对庇隆主义有深刻影响，“同欧洲职团主义的生成条件一样，在阿根廷也有适宜于职团主义生长的土壤，这就是阿根廷的民族主义。”但第三世界国家在全球化或世界现代化进程中面对两难选择，“既要公正又要效率，既要参与又要秩序，这两对矛盾的存在也许正是第三条道路鲜有成功的原因”[③]。

第四，“21世纪社会主义”。自2005年2月起，查韦斯提出了“新社会主义”和“21世纪的社会主义”的主张，2006年1月，玻利维亚总统莫拉莱斯提出“社群社会主义”的印第安社会主义思想。这两种主张一经提出，便引起相关学者的关注。根据中国知网的期刊文章统计，2006年—2010年，有关“21世纪社会主义”的文章约30篇。

有学者认为，21世纪社会主义思想的核心是以“玻利瓦尔和平民主革命”替代“新自由主义改革”，以“新社会主义”替代“资本主义”，以“美洲玻利瓦尔替代方案”替代“美洲自由贸易区计划”。“印第安社

① 曾昭耀：《查韦斯与查韦斯“第三条道路”》，载李明德主编、高川副主编《拉丁美洲和加勒比发展报告（2000—2001）》，社会科学文献出版社2001年版，第251页。

② 曾昭耀：《查韦斯的‘第三条道路’与委内瑞拉政变》，载江时学主编、高川副主编《拉丁美洲和加勒比发展报告（2002—2003）》，社会科学文献出版社2003年版，第271—286页。

③ 夏立安：《拉丁美洲的第三条道路——庇隆主义》，《拉丁美洲研究》2000年第4期。

会主义”的主要内含是：实现社会正义，主张参与民主，以印第安文明和价值为根基建立“拉美大祖国”，反对新自由主义的新殖民主义政策，捍卫主权、经济主权和发展权，建立“公社社会主义”①。

关于委内瑞拉的“21世纪社会主义”，有学者指出其基本内涵是：保留现行的代议制民主体制和多党竞争，同时鼓励、扩大基层民众的政治参与；加强国家对经济的干预和调控，对资本和市场进行一定限制，建立一种注重实效、私营经济与国有经济并存的混合经济；改善社会福利，倡导社会公正；追求国际关系民主化，反对霸权主义。在建设21世纪社会主义过程中，查韦斯政府修改宪法，颁布一系列新法律，重视扩大非私有制形式的生产资料所有制，促进参与式民主的发展，开展社会主义教育运动，实施一系列社会使命，倡导建立国际合作新模式，强调第三世界特别是拉美国家的团结合作②。

有学者对玻利维亚的“社群社会主义”所做的解释是“主张实现社会正义，以人为本，建立参与式民主和社群民主，改善教育和医疗卫生条件，捍卫处于贫困和边缘地位民众的权益等。‘社群社会主义’在政治、经济和社会领域已取得了重要进展，但由于政府与反对派在地区自治等问题上存在分歧，在很大程度上取决于莫拉莱斯及其政府政策的持续性”③。

有学者指出，在厄瓜多尔“21世纪社会主义”在理论上具有与传统社会主义不同的特点。“它不是某种模式，而是由许多原则构成，尚未形成系统的理论。在实践上，科雷亚政府通过新宪法，扩大总统职权，打破传统上高地与海岸对立的局面，重新划分省区，经济上回归国家干预主义，进行议会改革，限制议会权力，把推进地区一体化作为外交政策的优先目标等，力图实现国家的全面改革”④。

国内学者对拉美“21世纪社会主义”的基本评价是，拉美“21世纪社会主义”不仅包括拉美学者提出的所谓“21世纪社会主义”思想

① 徐世澄：《拉丁美洲的几种社会主义理论和思潮》，《当代世界》2006年第4期。

② 王鹏：《论委内瑞拉“21世纪社会主义”思想和实践》，《拉丁美洲研究》2009年第4期。

③ 范蕾：《玻利维亚的“社群社会主义”》，《拉丁美洲研究》2009年第4期。

④ 杨建民：《厄瓜多尔的“21世纪社会主义”》，《拉丁美洲研究》2009年第3期。

和理论，也包括查韦斯、科雷亚等拉美国家领导人的社会主义信仰和思想，还包括委内瑞拉、厄瓜多尔等国家所谓建设“21 世纪社会主义”的实践活动。它们之间虽有一定联系，但有本质区别，不可混为一谈。所谓“21 世纪社会主义”只是拉美社会主义思想和实践长河中特定的思想理论和政策主张，以及少数拉美国家的实践活动。就查韦斯和科雷亚“21 世纪社会主义”思想和实践而言，其影响目前还局限在少数拉美国家，在拉美还不具有主流思想和实践的特性；无论在理论上还是在实践上，所谓拉美的“21 世纪社会主义”还不成熟；无论是查韦斯、科雷亚还是莫拉莱斯等，都没有对“21 世纪社会主义”进行系统性的诠释；在某种程度上说，他们的“21 世纪社会主义”正在探索的过程中。学术界和政界在关于“21 世纪社会主义”的许多基本问题上存在不同认识甚至是争论。因此，目前对拉美“21 世纪社会主义”理论和实践的现实意义应谨慎估计，不宜将其上升到世界社会主义复兴重要标志的高度。①

第三节　拉美政治发展研究

拉美政治发展是国内拉美政治研究的关注重点。学者们主要关注 20 世纪至今拉美政治的变迁过程，研究的重点是拉美的民族民主运动、政治现代化和民主化，以及政治改革等问题。

一　拉美的民族民主运动

第二次世界大战后，拉美的民族民主运动蓬勃发展，在反对帝国主义和霸权主义、维护世界和平的斗争中发挥了巨大作用；由于拉美国家政治经济发展的不平衡性，阶级矛盾程度不同，各地区的民族民主运动的发展趋势也不相同；拉美的民族民主运动呈现出自己的特点。在对战后拉美民族民主运动的研究过程中，古巴革命、尼加拉瓜革命、资产阶级改良主义运动、游击中心运动、中美洲国家的民族民主运动、加勒比地区的民族独

① 袁东振：《拉美社会主义思想和运动：基本特征与主要趋势》，《拉丁美洲研究》2009 年第 3 期。

立运动、工会和教会等社会组织的变化等问题占有重要地位①。

二 拉美的政治现代化和民主化

政治现代化和民主化是从20世纪至今研究拉美政治发展的重要理论。20世纪30年代以后，拉美国家从寡头政治秩序向大众政治社会转变，政治现代化研究成为这一时期研究议程的焦点。70年代末以来拉美国家政治体制的转型围绕着“民主化”进程，政治民主化被视为当代拉美政治研究的中心问题。国内学者不仅深入研究现代化和民主化理论，而且对拉美大国进行案例分析。政治现代化和民主化的研究内容涉及政治现代化的含义和内容、拉美政治现代化的起点与阶段、拉美民主化进程及其特点、经济发展与政治现代化的关系、全球化与拉美民主政治发展的关系、现代化进程中的军人政权问题等许多方面。

（一）政治现代化的定义、起点与发展阶段

国内外学者在界定政治现代化的含义与内容上存在很大差异。有学者认为，政治现代化进程就是政治发展进程，即“由传统政治向现代政治转化”，“抛弃专制制度、建立一种新的民主政治秩序的过程”②。另有学者指出，20世纪60年代，“政治发展”几乎成为“政治现代化”的同义语。政治现代化具有多重含义。对于政治社会学家来说，现代化意味着结构分化和功能专门化；对于政治学家而言，现代化是政治结构和制度的演进和成熟；而很多学者直接将政治现代化与民主化等同起来，其蓝本是欧美国家的政治进程和制度设置③。

此外，对拉美现代化起始点的认定也存在不同观点，主要有19世纪后半叶说、20世纪30年代说和20世纪下半叶说。在近年来的研究中，大多数学者赞同采用拉美现代化起步于19世纪70年代的观点。有观点进一步指出，不宜把拉美1870年—1930年的工业发展笼统地称为“工业化”，而主张使用“早期工业化”的提法，因为当时工业化还没有成为国

---

① 关达等编著：《第二次世界大战后拉丁美洲政治》，中国社会科学出版社1987年版，第170—265页。

② 张宝宇：《巴西现代化研究》，世界知识出版社2002年版，第171—198页。

③ 张凡：《当代拉丁美洲政治研究》，当代世界出版社2009年版，第5页。

家发展的主导战略①。对巴西现代化起始点则有 19 世纪末 20 世纪初和 20 世纪 30 年代两种较普遍的说法②。有学者根据“资产阶级政治统治的确立，就是政治现代化的开始”这一标准，把 1930 年革命视为巴西政治现代化进程的开始，并把巴西政治现代化进程分为寡头政治、现代化政治体制的确立、政治民主化与民众主义、军事制度、再民主化 5 个阶段③。也有学者持不同观点，认为巴西政治现代化进程始于 1842 年建立君主立宪制，其政治现代化进程可划分为民主制萌芽、民主制初步发展、民主化进程首次断裂、民主化试验、民主化进程再度断裂和再度民主化 6 个阶段④。在墨西哥政治现代化问题方面，有学者认为墨西哥现代政治体制形成于 20 世纪上半叶，但墨西哥政治现代化的进程却可追溯到墨西哥独立革命的时候⑤。有学者从政治稳定和制度选择的两者关系的角度出发，认为墨西哥能维持长达半个多世纪的政治稳定，其根本原因是墨西哥“总统集权、一党执政、职团主义”的政治结构能够产生一种强大的协调功能；而墨西哥“独特的政治模式”是从本国实际出发创造出来的，是符合本国现代化需要的，它是一种“本土民主制度”，而不是西方“程序民主”制度的移植⑥。

（二）拉美的民主化问题

从 20 世纪 70 年代末开始，在世界范围内掀起了一股政治转型的浪潮。拉美告别威权主义政治，实行民主化。20 世纪 90 年代以来，民主化问题开始主导政治发展的研究议程。拉美政治发展相继经历民主过渡和民主巩固时期，因此政治民主化问题成为拉美政治研究长久不衰的课题。在研究拉美民主化问题的众多成果中，既有对墨西哥、巴西、智利、阿根廷、委内瑞拉、玻利维亚、海地、巴拉圭等国家的个案研究，也有对拉美

① 苏振兴主编：《拉美国家现代化进程研究》，社会科学文献出版社 2006 年版。

② 张宝宇：《巴西现代化的起始与社会转型》，《拉丁美洲研究》2003 年第 5 期。

③ 张宝宇：《巴西现代化研究》，第 171—198 页，世界知识出版社 2002 年版。

④ 吴洪英：《巴西现代化进程透视——历史与现实》，时事出版社 2001 年版。

⑤ 聂运麟：《政治现代化与政治稳定》，湖北人民出版社 2000 年版，第 14 章。

⑥ 曾昭耀：《政治稳定与现代化——墨西哥政治模式的历史考察》，东方出版社 1996 年版；曾昭耀：《论墨西哥的政治现代化道路：墨西哥如何从考迪罗主义走向现代宪政制度》，《拉丁美洲研究》1993 年第 1—2 期。

地区民主化进程的综合研究①。

国内学者认为独立以来拉美政治发展经历三个“乱—治”的循环过程②。多数学者认为，从拉美整体而言，第三次民主化进程没有出现“逆流”的可能。这不仅归因于国际形势有利于拉美的民主巩固，而且拉美国家的各党派和民众都希望维护民主体制，资产阶级政党在政策取向上也呈现趋同性，拉美国家政局将处于一个相对稳定的时期；与此同时，拉美各国政局的发展将呈现出明显的不平衡性，拉美国家资产阶级民主体制的制度化将要经历一个长期、反复的过程③。

尽管拉美目前已普遍建立选举民主制度，但民主体制的巩固和质量却受到各种挑战。有学者认为，民主体制的确立和存续取决于政治因素，但民主巩固涉及民众的政治态度、政党与政党制度、总统制、经济挑战与社会债务、军人问题、腐败与法治、公民身份与权利，以及各种结构性因素④。还有学者指出，全球化与区域经济一体化对拉美地区政治民主化进程产生了积极影响，但经济与社会变革加深社会的不稳定与两极分化的事实则削弱了民主政治的社会基础，为反对民主

① 祝文驰：《步履艰难的玻利维亚民主化进程》，《世界经济与政治内参》1984 年第 6 期；李在芹、沈安：《试论阿根廷的民主化进程》，《拉丁美洲丛刊》1983 年第 4 期；石瑞元：《为什么委内瑞拉会发生政治危机》，《世界经济与政治》1993 年第 3 期；安建国：《拉美民族资产阶级与拉美当代政治进程》，《拉丁美洲研究》1986 年第 4 期；焦震衡：《试析智利巴拉圭的民主化进程》，《拉丁美洲研究》1986 年第 6 期；陈芝芸、龚宗曦：《评当前海地的政治前景》，《拉丁美洲研究》1986 年第 6 期；王晓燕：《斯特罗斯纳的垮台和巴拉圭的民主前景》，《拉丁美洲研究》1989 年第 3 期；毛相麟：《海地在民主化的道路上缓慢前进》，《拉丁美洲研究》1990 年第 1 期；张森根：《从政局发展看拉美当前的政治和社会问题》，《拉丁美洲研究》1993 年第 1 期；袁东振：《拉美政治民主化面临的主要挑战》，《拉丁美洲研究》1994 年第 1 期；曾昭耀：《论拉美发展模式的转换和政治民主化》，《拉丁美洲研究》1996 年第 2 期。曹琳：《智利民主化进程中的困难和希望》，《拉丁美洲研究》1996 年第 4 期。张凡：《巴西政治体制的特点与改革进程》，《拉丁美洲研究》2001 年第 4 期。董经胜：《自上而下的民主与现代威权主义——巴西 1964 年军事政变的政治根源》，《安徽史学》2002 年第 1 期。古莉亚，《社会运动与智利的民主转型》，《拉丁美洲研究》2003 年第 4 期。边振辉：《巴西民主化进程及其特点》，《高校社科信息》2004 年第 3 期。杨建民：《政治参与和政治稳定——关于当前拉美国家政局经常出现局部动荡的一种解释》，《拉丁美洲研究》2006 年第 6 期。

② 曾昭耀：《政治体制的变革与发展》，载苏振兴主编《拉美国家现代化进程研究》，第 328—408 页，社会科学文献出版社 2006 年版。

③ 苏振兴：《拉美国家政治局势的前景》，《拉丁美洲研究》1992 年第 6 期。

④ 张凡：《当代拉丁美洲政治研究》，当代世界出版社 2009 年版。

政治和要求独裁的宣传留下了活动空间，出现“军事化民主制”或称“看守民主制”的倾向，因此拉美民主政治依然面临着经济全球化大潮的洗礼①。有学者认为，民主与专制周期性交替现象之所以发生，并不是因为统治阶级不愿意采用民主的方法进行统治，而是因为民主阶段进程的发展与民主成果的巩固是各派政治力量较量的过程，统治阶段的统治方法不得不随着力量对比的变化而变化②。他在总结拉美三次现代化浪潮中政治发展的历史经验后，得出的结论是西方的代议制民主并不符合拉美国家现代化建设的需要，拉美国家现代化的目标不应是移植西方民主制度而应是创造符合本国国情的、有足够政治优势来实现国家现代化的新的民主制度③。另有学者在研究巴西现代化进程时也得出类似结论。他认为，在一定历史时期内，发展中国家的经济现代化并不是与政治民主和社会公正同步实现的，而是相互之间存在矛盾、相互排斥的，因而其现代化道路也不是像西方发达国家那样“和谐的”和“直线式”的道路，西方的道路是走不通的④。

（三）军人干政问题

在拉美政治发展中，拉美军人干政的传统历史悠久。拉美大规模军人干政现象发生在20世纪60年代中期至70年代，导致了拉美政治民主化发展进程的中断。2009年，洪都拉斯发生政变，唤起了人们对拉美军人干政传统的再次思考。国内学者对军人干政的相关理论、原因、模式、特点及其影响做了深入研究。

一方面，他们介绍了一系列理论，包括西方的现代化理论、中产阶级军人政变理论、政治文化理论、官僚独裁主义理论和军队新职业化理论等。此外，他们在指出这些理论的缺陷的同时，也肯定了这些理论在揭示拉美军人政权产生的根源、军政权的政策特点等诸多问题上所具有的启发

① 韦幼苏：《全球化与区域经济一体化对拉美民主政治发展的影响》，《文史哲》2001年第4期。

② 曾昭耀：《跨世纪的拉丁美洲政治》，载李明德主编《拉丁美洲和中拉关系——现在与未来》，时事出版社2001年版，第2章，第200页。

③ 曾昭耀：《拉美政治现代化进程新探》，《拉丁美洲研究》2003年第1期。

④ 董经胜：《现代化进程中的民主与威权——对巴西1964年军事政变经济根源的个案研究》，《史学月刊》2002年第2期。

价值，其观点与研究视角都值得我们借鉴。[①]

另一方面，学者们以巴西、秘鲁、乌拉圭、洪都拉斯等国为案例，具体分析军人政变的特点。有学者将20世纪60年代和70年代的军政权分为三种类型：1. 以巴西和阿根廷军政权为代表，其特点是“经济政策上是保守的，在政治上是威权的”；2. 以秘鲁贝拉斯科军政权、巴拿马托里霍斯军政权和厄瓜多尔军政权为代表，民族主义为其特点，主张对“经济结构进行改组，保护民族和人民的利益”；3. 南锥体国家的军人政权，其特点是“既是激进保守的，又是镇压更残酷的”。此外，有学者以巴西为例，从政治经济因素和军人职业化角度分析军人政变的原因，还有学者对巴西军人政权的三个基本特点（即高度的集权、严厉的压制和专家治国）进行分析[②]。另有学者在分析2009年洪都拉斯政变时，指出在拉美政治发展进程中，政变有“模仿效应”和“传染效应”，而多党体制下的“左”“右”政党的轮替过程中，“左”与“右”政党的争斗为军人干政提供了机会，尽管拉美政党体制的新发展有助于化解军人干政的风险，但洪都拉斯政变则证明了政党制度的固有缺陷仍可能导致军人干政[③]。

军人干政对20世纪的拉美政治发展产生了重要影响。有学者表示，20世纪末的拉美，尽管民主政治取得进展，但以军人干政为主要特征的普力夺社会（Praetorian Polities，此概念由亨廷顿提出，意指政治制度化程度低的社会）残余依然存在，这不仅为军人重返政坛留下了空间，而

---

① 董经胜：《试析巴西1964年政变的军队内部原因》，《拉丁美洲研究》1990年第3期。《60至80年代拉美军人政权的产生及其特点》，《山东师范大学学报》（社会科学版）1991年第6期。《拉美军队的新职业化与军人参政——20世纪六七十年代巴西、秘鲁之比较研究》，《拉丁美洲研究》2000年第4期。《现代化进中的民主与威权——对巴西1964年军事政变经济根源的个案研究》，《史学月刊》2002年第2期。《拉美军人与政治：理论与范式的演进》，《史学理论研究》2003年第3期。《拉美军人与政治：一项历史的考察》，《拉丁美洲研究》2004年第3期。《拉美国家现代化进程中的军人政权》，《江汉大学学报（社会科学版）》2004年第2期。参见裴培《乌拉圭军事独裁政治的产生及特点》，《拉丁美洲研究》1990年第3期。参见尹保云《巴西与韩国的官僚-威权主义比较》，《拉丁美洲研究》1998年第5期。

② 吴洪英：《巴西现代化进程透视——历史与现实》，时事出版社2001年版。

③ 袁东振：《从拉美政治传统变迁透视洪都拉斯“6·28政变”》，《当代世界》2009年8月。

且不利于民主政治的全面发展[①]。进入21世纪，学者对这一政治现象的整体评价是，总体而言，拉美国家军队非政治化问题尚未解决。在21世纪初叶的历史时期，军人干政已很少见，但这主要是由于这一时期并不具备军人卷入政治的充分条件，例如严重的经济危机和政治动乱，或其他牵动主要政治行为体切身利益的事件。假如这些社会条件再次出现，军人就有可能回到政治舞台中心[②]。

（四）国家、政府、非政府组织的相关研究

政府、公民个人以及介于两者之间的政党和各类社团一般都被视为政治行为体。理解政治生活的权力关系和权利关系离不开分析政府与社会及其两者关系。新世纪以来，学者们深入研究了政府的职能、作用与改革和非政府组织的发展。

1. 政府职能与作用：在拉美国家现代化进程中，政府的职能与作用几经变迁。自20世纪80年代以来，拉美国家发展模式发生了从国家主导到市场导向的改革，政府干预的内容和形式都进行了调整。学者们专门研究政府职能的调整、存在的问题及其作用。

有学者认为，20世纪80年代以来，政府在直接生产领域、经济管理和调控以及社会政策领域的作用发生了深刻的变化。这些领域的政府干预措施让位于市场机制。拉美国家政府作用的变迁既是其社会经济发展内在逻辑的要求，也是国际政治形势和经济思潮变化的结果[③]。政府作用的变化是“对此前约半个世纪政府在社会和经济生活中地位不断强化趋势的一种反动”，是经济发展模式转型和经济发展战略更新的“标志”和“体现”。然而，拉美国家却陷入了“调整困境”，即：第一国家的作用在逐步撤退，第二，改革的推动又“需要一个强有力的国家政权”；第三，市场机制的完善和国家与社会关系的重建所需要的体制转换和创新只能由一个强政府来推动和实现。拉美国家要建立能将经济增长和社会公正结合起来的新型的发展模式，政府必须“发挥应有的和必要的作用”。通过以阿

---

① 刘文龙：《关于20世纪末拉美政治民主化独特性的再思考》，《拉丁美洲研究》2002年第2期。

② 张凡：《当代拉丁美洲政治研究》，当代世界出版社2009年版。

③ 张凡：《关于拉美国家政府干预及其演变问题的思考提纲》，《拉丁美洲研究》2001年第3期。

根廷经济发展进程中政府干预变化为案例进行研究，他还指出，政府作用的重新定位问题还没有真正解决①。还有学者通过对拉美和东亚现代化进程中政府作用的比较分析，指出“强有力的政府干预无疑是现代化进程起步和向纵深发展重要的推动力量。但是政府干预本身往往也蕴含了一些容易导致失误的因素，而且干预的力度越强，失误的可能性就越大”②。

此外，另有学者总结发展中国家推进现代化进程的实践经验并对当前正在流行的“全球治理论”进行的分析后，指出现代化进程是个庞大而复杂的系统工程，只靠市场经济规律而没有政府干预势必造成无序和失控，政府职能只能强化而不能弱化；在全球化背景下，国家在外交方面的职能也只能强化不能弱化。但这并不意味着主张重新回到过去国家过分干预经济的老路上，而应由各国决策者审时度势，有针对性地去强化必须强化的职能，从“各国国情出发制定出适应新形势需要的发展战略”，并从“体制、制度、政策和机制等层面上强化政府的职能”，才能“确保国家现代化持续、健康和快速地发展”③。

2. 政治改革。20 世纪 80 年代末期以来，随着经济发展模式的转变和社会结构的变化，以及民主化进程的推进，拉美国家的传统政治制度面临着严重挑战。

学者们主要分析了拉美国家政治改革的原因、方式与类型、内容与成效。改革原因可归为以下方面：冷战结束后世界格局的变化直接推动拉美一些国家（如古巴）进行政治改革；拉美国家的民主制度逐渐暴露出选举不民主、总统权力过大、总统与议会矛盾重重、司法不独立等问题；经济改革的深入提出了进行政治改革的要求；新的政治力量要求通过政治改革分享政治权力；传统政治体制的许多方面日益不适应新经济体制的需要，丧失了维持政治稳定的功能，宪制危机频频出现；广大民众对现行政治制度出现信任危机；许多国家的政府不能在现有政治体制框架内解决重

① 张凡：《发展进程与政府作用：阿根廷实例研究》，《拉丁美洲研究》2001 年第 6 期。

② 娄晓黎：《东亚、拉美发展模式对发展中国家现代化进程中政府干预的启示》，《当代经济研究》2003 年第 6 期。

③ 洪国起：《浅析现代化进程中发展中国家政府职能的定位——以拉丁美洲研究为例》，《拉丁美洲研究》2003 年第 1 期。

大政治和社会问题，出现了可治理危机①。

这一时期，拉美国家的政治改革主要是制度改革，包括政治制度和国家结构。具体改革包括：宪法改革、选举制度改革、调整和完善国家权力机构机制、调整中央和地方关系、完善政党制度和国家公务员制度、以加强司法独立为核心的司法制度改革、加大反腐败斗争的力度、调整和重新定位国家的职能和作用等。

学者们基本肯定了政治改革的成效。他们认为，虽然各国政治改革的成效不同，但从总体上看是积极的，促进了选举制度更加公开、公正和民主，有利于理顺三权的关系、促进政党制度的成熟、推进政府的廉洁、理顺中央与地方的关系，司法机构得到加强，政策的制定更公开、更民主。有学者指出，除选举制度改革基本完成外，拉美国家其他方面的改革仍任重道远，改革还没有从根本上消除政治制度原有的缺陷，没有从根本上消除威胁社会和政治稳定的各种隐患（如社会不平等、收入分配不公、民众的不满情绪、治安状况恶化和社会冲突等），因此在一个相当长的时期内，政治改革将是拉美国家面临的重要任务。

3. 非政府组织与政府的关系：拉美非政府组织已成为政府和市场的有力补充，而政府对非政府组织的管理以及两者的关系成为学者们的研究关注点。有学者认为，非政府组织发展至今已呈现出制度化、专业化、网络化、一体化等趋势，而合法性缺失与自治能力不足是其发展的两大瓶颈，同政府的良性互动还有待进一步磨合②。在非政府组织与政府的关系上，有学者认为非政府组织与政府主要有“合作和互补”、“监督和制

---

①　主要成果包括：吕银春、周俊南：《巴西克服国家机构官僚化的尝试》，《拉丁美洲丛刊》1982 年第 2 期；杨仲林：《萨利纳斯执政后墨西哥的政治改革》，《世界经济与政治》1993 年第 8 期；杨茂春：《墨西哥国家职能的转变》，《拉丁美洲研究》1993 年第 4 期；宋晓平：《梅内姆全力以赴修改宪法》，《拉丁美洲研究》1994 年第 1 期；刘新民：《论近年来拉美国家的政治改革》，《拉丁美洲研究》1994 年第 6 期；张凡：《关于拉美国家政府干预及其演变问题的思考提纲》，《拉丁美洲研究》2001 年第 3 期；石瑞元：《查韦斯改革的成效、问题和前景》，《拉丁美洲研究》2002 年第 1 期；袁东振：《当前拉美国家的政治改革》，载《拉丁美洲和加勒比发展报告（2002—2003）》，中国社会科学出版社 2003 年版；刘维广：《墨西哥国家行动党的渐进式改革以及党政关系的非传统模式》，《拉丁美洲研究》2005 年第 2 期。一些专著也涉及拉美的政治改革问题，如李明德主编：《拉丁美洲和中拉关系：现在与未来》，时事出版社 2001 年版，第 77—100 页。

②　贺钦：《拉丁美洲非政府组织问题初探》，《拉丁美洲研究》2009 年第 3 期。

约”、“对立和对抗”等几种关系模式[①]，另有学者总结拉美政府管理非政府组织的经验，认为拉美地区非政府组织与政府的关系也逐渐从过去的不信任甚至对立转向相互接近、交往与合作。为引导和规范非政府组织的发展，拉美国家在立法、行政管理、资金支持、实践引导等各环节采取措施，加大对非政府组织的管理和监督，力图最大限度地发挥这种组织在政治、经济和社会发展中的积极作用，同时抑制其不良影响[②]。

三　21世纪的政治发展

进入21世纪以来，拉美政治发生了一些重大变化。拉美国家在发展方向上明显出现两种不同趋势。一部分国家，如智利、墨西哥、秘鲁、哥伦比亚和哥斯达黎加等国，实现政治民主和治理体系的现代化转变；而另一部分国家，如委内瑞拉、阿根廷、巴西、厄瓜多尔、玻利维亚等国，民众主义和国家干预主义色彩仍较为强烈。政治发展具体表现为政治制度上代议制民主的巩固和政党政治的变化，包括社会民主主义政党的势力和影响扩大、左派政党崛起、传统政党衰落、多党联合执政的趋势加强、拉美政党的地区性和国际性组织的活动日趋活跃。此外，拉美的政治热点问题成为学者们的研究重点，主要体现在关注国家形势方面，比如委内瑞拉海地和玻利维亚政治形势、墨西哥恰帕斯危机、哥伦比亚和平进程、巴西大选等[③]。

学者对当前拉美政治发展的总体评价是：一方面，政治进程继续保持平稳有序的基本趋势，一些左翼政府的执政地位进一步稳固，民主政治体

① 范蕾：《拉美非政府组织与政府的关系模式》，《拉丁美洲研究》2010年第4期。

② 袁东振：《拉美国家管理非政府组织的基本经验》，《拉丁美洲研究》2010年第4期。

③ 焦震衡：《查韦斯为何取得公决的胜利》，赵重阳：《海地政治危机述评》，范蕾：《墨西哥恰帕斯危机十周年》，齐峰田：《乌里韦执政以来的哥伦比亚政治形势》，贺双荣：《梅萨总统执政以来的玻利维亚政治形势》，方旭飞：《基什内尔总统上台后的阿根廷形势》，均载江时学主编、高川副主编：《2004—2005年：拉丁美洲和加勒比发展报告》，社会科学文献出版社2005年版；张凡：《巴西政坛腐败案与巴西政治形势》，王鹏：《巴斯克斯执政以来的巴拉圭形势》，载苏振兴主编、蔡同昌副主编《2005年：拉丁美洲和加勒比发展报告》，社会科学文献出版社2005年版；杨建民：《厄瓜多尔政治危机：古铁雷斯总统缘何下台》，载李慎明主编《2005年：世界社会主义跟踪研究报告》，第242—248页；张宝宇：《巴西大选与卢拉政府的政策走向》，《拉丁美洲研究》2007年第1期；周志伟：《2010年巴西大选、政治新格局及未来政策走向》，《当代世界》2010年第12期。

制依然表现出脆弱性；另一方面，右翼力量的影响明显回升，左右争夺加剧，政策多变的风险增加，政治发展出现一些新动向[①]。

第四节　拉美左派研究

20世纪90年代中后期以来，拉美左派政党重新成为拉美政治舞台上非常活跃的政治力量。一些拉美左派政党相继走上执政地位，许多左派政党和群众组织也积极参与本国和地区的社会政治生活，在拉美政治发展和社会进步中发挥重要作用。这种政治现象引起拉美政治学界的广泛关注，相继发表了一批学术论文，对拉美左派重新崛起的原因、社会背景和发展趋势进行了全面探讨。主要学者的观点如下。

从广义而言，有学者认为，在拉美现实中，一般意义上的或广义的左派力量，涵盖了十分广泛的对现状不满，期望变革现状的社会阶层，包括左派政党，如共产党、工人党、社会党等政党；左派群众组织，包括工会、农会、妇女组织、青年组织以及知识阶层、小资产者、自由职业者等。[②] 另有学者认为，拉美左派应该包括左派党（共产党、一部分社会党或社会民主党、一部分民族主义政党）、一些左派政府（古巴、委内瑞拉、巴西、厄瓜多尔和阿根廷）、一些左派社会运动（组织）和一些独立的左派人士。[③]

其中，关于左派政党的定义，有学者认为，那些主张在拉美国家中建立社会主义制度，反对帝国主义，代表劳动大众利益，主张维护国家和民族利益，主张与社会主义国家建立关系，主张建立平等、公正和社会正义的政党为拉美左派政党。左派政党又分激进的和温和的两类。激进的政党主张采用武装斗争的方式，推翻资本主义制度，进行土地改革，建立社会主义制度；温和的改良派的政治理念依然是维护当时的政治制度，主张采用非暴力手段，通过议会政治等温和的改良来修正现行国家制度。[④]

---

① 袁东振：《拉美政治发展的特点与基本趋势》，《拉丁美洲研究》2010年第1期。

② 张新生：《关于当前拉美左派运动重新“崛起”的几点看法》，《拉丁美洲研究》2004年第5期。

③ 徐世澄：《拉丁美洲左派》，《拉丁美洲研究》2004年第5期。

④ 吴志华：《巴西左派政党的现状与发展趋势》，《拉丁美洲研究》2004年第5期。

拉美共产党的历史可追溯到20世纪20—50年代，在俄国（苏联）共产党、共产国际的帮助下先后成立。到20世纪60年代初，拉美地区有22个共产党。由于苏共二十大造成国际共运的严重混乱和由此引起的国际共运大论战的影响，在20世纪60—70年代初，拉美大部分国家的共产党都形成一国有数个共产党并存的局面。20世纪90年代，拉美共产党依然是该地区政治舞台上一支有一定影响力的政治力量。有学者撰文分析了拉美各国共产党对自身方针政策的调整措施：①继续坚持马列主义和社会主义，团结人民群众，积极壮大自身力量和影响；②批评既往制定的政策，照搬外国模式，转而树立根据国情独立自主地制定政策的思想。③主张实行混合经济体制，提倡计划经济与市场经济相结合。④制定符合社会大众需求的社会政策，以增强党的号召力。⑤批判统战工作中的宗派主义，扩大统战范围。不再标榜自己是唯一的革命力量，呼吁全世界所有左派力量实现广泛和形式多样的团结，提出以所有关心推动民族发展计划、实现社会公正和民族解放的联盟代替资产阶级的跨国化阶层和国际资本的联盟。⑥斗争形式趋于多样化，近年来一些党重又出现重视武装斗争的趋向。为扩大统治范围而采取的措施：借助大选之机同其他进步政党和政治力量联合，建立选举阵线。参加“圣保罗论坛”已经成为拉美各国共产党联合其他左翼政党、组织和进步力量的一种统战工作形式。⑦提出符合国家和民族利益以及顺应全世界人民共同愿望的和平外交政策，以赢得人心。[①] 整个拉美共产主义运动的进展将是缓慢的。但不能排除有的共产党及其所在国的共产主义运动在一定的条件下可能得到较快的发展。[②]

21世纪以来，拉美左派趋向温和化，与传统左派存在一定的区别。有学者认为，当前拉美的左派政府是相对于20世纪90年代积极推行新自由主义的政府而言的。该学者将拉美左派分为“新兴左派”和“老左派”，认为“老左派”既不是保持原有政治立场，更不是进一步激进化，而是转向“温和化”。因此，这些左派都被定性为资产阶级阵营中的左翼，其中又可分为“激进”与“温和”两种类型。[③] 另有学者认为，传

① 李锦华：《拉丁美洲共产党的现状与走势》，《当代世界社会主义问题》1994年第4期。

② 同上。

③ 苏振兴：《拉美左派崛起与左派政府的变革》，《拉丁美洲研究》2007年第6期。

统的拉美左派力量主要是指以反对资本主义、反对美国霸权为目标的社会主义者和共产主义者，而今天人们在观察左派现象时作为主要参考标准的是对待社会公正和平等的态度：对新自由主义经济改革持批判态度，主张通过社会改革实现更大的社会公正，反对西方主导的全球化，要求建立更为平等与合理的国际秩序，是当今拉美左派占主导地位的政治理念和政策主张。[①] 拉美左派和右派虽然在一系列问题上有分歧，但它们不是分歧越来越大，而是共同点越来越多，拉美地区左派不左，右派不右的倾向不仅已经初步显现，而且会进一步发展，左派和右派在许多问题上的立场在接近[②]。

拉美左派力量的崛起有着深刻的国际和国内背景。学者们普遍认为，经济衰退导致人心思变和选民对传统政党失去信心是左派政党在拉美国家上台执政的主要原因，拉美地区的反全球化运动、"第三条道路"理论、新自由主义改革的负面影响、广大民众要求变革的呼声等也是拉美左翼力量重新崛起的重要因素[③]。有学者认为，首先，经济全球化的冲击，拉美的不适应症，使拉美左派力量改变了对世界发展的看法。其次，自由主义模式的局限和缺陷致使拉美人寻求新发展道路。再次，拉美左派顺时而变、顺势而为，走议会民主道路。最后，美国单边的霸权主义，造成拉美人民以及其他地区的人民对西方主导和强行推销的新自由主义的反抗。[④] 还有学者认为，传统政党推行多年的"新自由主义"经济政策没能使大多数拉美国家走上富强的道路，反而加剧了贫富分化和社会不公，广大民众对传统政党失去了信心，这为拉美左翼力量的重新崛起创造了有利条件。民众主义为左翼力量的发展奠定了坚实的群众基础，民众主义运动和普选制的结合把拉美左翼力量推上了执政地位。拉美左翼政府在经济、社

① 刘纪新：《拉美左派的现状与发展趋势》，《拉丁美洲研究》2004 年第 5 期。

② 袁东振、刘纪新：《拉美 2006：大选之年孕育新变化》，《中国社会科学院院报》2006 年 2 月 21 日。

③ 刘纪新：《拉美左派的现状与发展趋势》，徐世澄：《拉丁美洲左派》，焦震衡：《拉美左派执政的国家为何越来越多》，贺双荣：《乌拉圭的左派政党》，载《拉丁美洲研究》2004 年第 5 期；谌园庭：《拉美左派崛起浅析》，《拉丁美洲研究》2005 年第 3 期；徐世澄：《拉丁美洲左派的近况和发展》，载李慎明主编《低谷且听新潮声：21 世纪社会主义前景》，社会科学文献出版社 2005 年版。

④ 吴洪英：《对拉美左派重新崛起的初步评析》，《拉丁美洲研究》2004 年第 5 期。

会方面的成功实践为左翼力量连续执政打下了坚实的基础，也为左翼政党在其他国家赢得大选起到了示范和鼓舞作用。

在不同的国家，左派领导人在大选中获胜的原因是各不相同的。有学者认为，在委内瑞拉，传统政党内腐败丑闻层出不穷，治理国家的能力不断减弱，而左派政治家则能够在竞选活动中提出许多令人振奋的口号和纲领，从而吸引了大量低收入阶层的选民。在智利，左派政治家历来有较好的政治业绩，因此选民不希望来之不易的美好生活发生变化。在玻利维亚，20 世纪 90 年代以来实施的经济改革带来了巨大的社会成本，选民希望左派政治家改变这种状况，使社会发展与经济改革并进。在厄瓜多尔，政治上的"钟摆"现象十分突出，因此昨天的"右转"被今天的"左转"取而代之是不足为怪的。[①] 此外，还有学者重点研究了卡斯特罗和查韦斯[②]两位具有代表性的左派政治人物，阐释了领导者对政治进程产生的重要影响。

由于圣保罗论坛和社会论坛的创立被认为是拉美左派崛起的重要标志之一，而巴西共产党在卢拉执政后成为参政党，有学者对这些拉美国家左派崛起的标志性问题做了具体的个案研究。[③] 巴西共产党 1922 年建党，长期活跃在巴西政治舞台上。自从 1985 年取得合法地位以来，巴西共产党在国内政治中的地位提高，政治影响力不断扩大。在卢拉政府中，巴西共产党作为参政党在一定程度上参与国家政治事务的决策。巴西共产党在国家立法机构中也有一定地位。学者认为，就其国内地位而言，在 20 世纪初，该党正处于 1922 年建党以来的最好时期。[④]

2003 年 1 月 1 日，卢拉总统就任。有学者认为，巴西劳工党的建立在巴西左派政党发展史上具有里程碑意义。巴西左派政党在巴西成为执政党，反映了左派政党所倡导的改革和社会理念已经成为巴西当今社会的主

① 江时学：《论拉美左派东山再起》，《国际问题研究》2007 年第 3 期。

② 徐世澄：《卡斯特罗评传》，人民出版社 2008 年版；《查韦斯传》，人民出版社 2011 年版。

③ 宋晓平：《圣保罗论坛及其基本政治主张》，白凤森：《世界社会论坛面面观》，载江时学主编、高川副主编《拉丁美洲和加勒比发展报告（2002—2003）》，第 82—92 页，第 93—112 页，张宝宇：《巴西共产党目前的政治地位》，《拉丁美洲研究》2004 年第 5 期；范蕾：《圣保罗论坛的替代色彩》，《拉丁美洲研究》2005 年第 3 期。

④ 张宝宇：《巴西共产党目前的政治地位》，《拉丁美洲研究》2004 年第 5 期。

流思潮，对未来巴西社会的发展具有深远影响。[①]

乌拉圭左派政党的力量不断壮大。左翼阵营的进步联盟——广泛阵线候选人塔瓦雷·巴斯克斯在2004年10月的总统选举中获胜，从而打破乌拉圭自独立以来两大传统政党长期轮流执政的政治格局。有学者认为，乌拉圭左翼政党执政后，与巴西和阿根廷的左派政府加强合作，对南美地区的政治及地区一体化合作产生重要影响。[②]

对拉美左派党的发展前景，有学者认为拉美左派党还只是在一部分拉美国家中得势，拉美地区不会出现整体向左转的局面。但古巴将坚持并进一步巩固社会主义；拉美左派力量将会继续壮大，拉美左派力量和新社会运动的崛起将为拉美国家的发展提供新的选择。拉美左派就纷纷上台执政，导致拉美地区政治版图的大改组。[③]

第五节 拉美国家政治制度研究

政治制度是组织和安排政治生活、规范和约束政治行为的一系列规则。在拉丁美洲研究领域，对拉美政治制度的研究一直是国内学者关注的问题，研究的领域和深度均不断扩展。

从20世纪80年代开始，就有学者对二战以后拉美的政治制度进行了初步研究与介绍[④]。随着民主化进程的启动和展开，选举和政党制度、行政与立法制度、联邦制度等一度成为研究的中心议题。目前，对拉美政治制度的研究主要体现在三个层次，即综合研究、实例研究和具体制度研究。

一 综合研究

国内有几位学者系统研究了拉美政治制度。他们对拉美政治制度的形

① 吴志华：《巴西左派政党的现状与发展趋势》，《拉丁美洲研究》2004年第5期。

② 贺双荣：《乌拉圭的左派政党》，《拉丁美洲研究》2004年第5期。

③ 徐世澄：《拉丁美洲左派》，《拉丁美洲研究》2004年第5期。

④ 袁兴昌：《阿根廷政府机构与人事制度》，人民出版社1984年版；祝文驰：《浅谈拉丁美洲国家的政体》，《拉丁美洲研究》1996年第5期；关达等编著：《第二次大战后的拉丁美洲政治》，中国社会科学出版社1987年版，第42—66页；刘纪新：《试析巴西军人政权时期的统治方式》，《拉美史研究通讯》1990年第21—22期。

成、发展及当前的改革进行了历史的综合研究，系统分析了拉美政治制度本身的发展演变，深入探讨了拉美政治制度的独特传统和历史渊源、主要特征及近期变化，同时提出“对传统和历史渊源的分析是正确理解和把握拉美国家政治制度基本特征的关键”，并得出结论，即拉美国家政治制度“与欧洲和美国有类似之处但又有很大不同”，在发展过程中“呈现出多样性”，有“不同的类型和模式”。随着民主化进程的不断深入，许多拉美国家资产阶级民主政治得到进一步巩固，程序民主进一步完善①。

二 实例研究

不少学者对巴西、墨西哥等拉美主要国家的政治制度进行个案分析，对这些国家政治制度的形成、基本特点、主要运行机制等进行了研究②。

有学者分析巴西现代政治制度的形成过程，认为巴西现代政治制度的基本结构直到1946年才得以确立。这种演变经历了三个时期：君主立宪制下的孕育发展；第一共和国时期联邦共和政体的建立；瓦加斯时期对政治制度的制约和发展。在这一过程中，新旧土地寡头势力和以新兴资产阶级为首的变革势力是重要的政治力量。它们的力量对比和斗争结局，直接影响到巴西政治制度的变化和发展③。另有学者认为巴西政治体制的特点是，总统是巴西政治体制的核心，有广泛的立法权力和行政权力。虽然巴西总统拥有广泛的权力，却必须面对多党制和联邦制的制约。而以总统制为代表的权力集中趋势与以多党制和联邦制为代表的权力分散机制及其相互关系对再民主化后民选政府的稳定计划和改革方案产生了深刻的影响④。

国内研究墨西哥总统制的学者认为，墨西哥总统制是1917年宪法的

① 袁东振、徐世澄：《拉丁美洲国家政治制度研究》，世界知识出版社2004年版。袁东振：《民主化进程中拉美国家政治制度面临的主要挑战》，《拉丁美洲研究》2003年第4期。

② 曾昭耀：《现代化与政治稳定：墨西哥政治模式的历史考察》，东方出版社1996年版；马小平：《试析巴西现代政治制度的形成》，《拉丁美洲研究》1996年第4期；马小平：《巴西1988年宪法的出台及其特征》，《拉丁美洲研究》1997年第6期；张凡：《巴西政治体制的特点与改革进程》，《拉丁美洲研究》2001年第4期；张伟：《简析墨西哥总统制的演变》，《拉丁美洲研究》2006年第2期。

③ 马小平：《试析巴西现代政治制度的形成》，《拉丁美洲研究》1996年第4期。

④ 张凡：《巴西政治体制的特点与改革进程》，《拉丁美洲研究》2001年第4期。

产物。总统的宪法权力具体表现为总统不仅拥有宪法赋予的诸多特别权力，还获取了大量超宪法权力。墨西哥总统的超宪法权力来源于革命制度党，而革命制度党能够在墨西哥一党垄断、长期执政的原因在于它建立在职团主义之上。总统制正是以这样一个组织严密、纪律严明的政党为基石，并由此获得了超乎宪法的巨大力量。有学者指出，不能简单地论断总统制和议会制孰优孰劣。近代以来的墨西哥百年历史证明，总统制为墨西哥民主政治和社会发展做出了重要贡献。尽管如此，墨西哥总统制是特定历史环境下的产物，随着社会经济的发展，政治参与加快，墨西哥革命制度党不可避免要受到左、右翼政党的挑战。墨西哥总统制是建立在一党制基础之上的，它也必将随着一党制时代的结束而寿终正寝①。还有学者认为，墨西哥总统制自 1917 年建立以来便处于不断变化中。总统候选人的选任经历了总统候选人选任无序化—总统指定候选人—总统候选人预选制三个阶段；总统与议会的关系则处于对抗—依附—调整的转变中；最高法院的权力得到重新确认，地位得到提升，并逐渐摆脱总统的制约，但总统与最高法院的关系却处于变化之中②。

三　对某个具体制度的研究

如政党制度、议会制度、立法制度、司法制度、选举制度等的专题研究③。

（一）总统制

有学者专门研究了拉美的总统制，认为总统制是拉美国家政治制度的

---

①　夏立安：《墨西哥总统制剖析》，《拉丁美洲研究》1999 年第 4 期。

②　张伟：《简析墨西哥总统制的演变》，《拉丁美洲研究》2006 年第 2 期。

③　祝文驰：《拉丁美洲国家的联邦制概述》，《拉丁美洲丛刊》1984 年第 5 期；徐世澄：《浅谈拉美国家的议会制度》，《国外政治学》1988 年第 2 期；杨仲林：《墨西哥的联邦议会制度》，《拉丁美洲研究》1990 年第 4 期；杨仲林：《墨西哥的地方政府》，《国外政治学》1989 年第 3 期；刘新民：《拉美国家总统的立法权及其影响》，《拉丁美洲研究》1995 年第 2 期；徐世澄：《浅谈拉美国家的立法制度》，《拉丁美洲研究》2000 年第 3 期；江时学：《拉美政党政治的新变化》，《世界经济与政治》2004 年第 1 期；吴国平、杨仲林、吕银春、杨建民：《拉美三国议会》，中国财政经济出版社 2005 年版；杨建民：《拉美国家的司法制度研究》，《拉丁美洲研究》2010 年第 6 期；林安民：《拉美刑罚制度初探》，《拉丁美洲研究》2007 年第 1 期；谢小瑶：《拉美与美国立宪主义分型探源》，《拉丁美洲研究》2010 年第 1 期；张伟：《萨利纳斯执政时期选举制度改革原因探析》，《拉丁美洲研究》2007 年第 4 期。

核心。与美国宪政的权力分立与制衡的设计思想不同，拉美国家总统制确立和发展的原动力是对强有力的政治领导体制的追求。在拉美总统制安排中，行政部门对立法机构的影响力远远大于立法机构对行政部门的影响力。在民主体制下，拉美不同国家、不同时期的总统制安排及其运作呈现出多样纷繁的景况，既存在自觉、有效地将制度框架调适并运用于民主政治的实例，也存在这一方面并不成功的许多尝试，更有一些十分引人注目的传统人格主义政治压制宪政原则的情况。民主化以来，拉美多数国家对总统制进行改革，调整内容包括大选的门槛、总统选举与国会选举的时间安排、总统的任期和连选连任规则等内容。总统制改革对民主体制的稳定和运转以及政治规则的效率和合法性产生着直接的影响①。

另有学者通过分析总统的立法权，探讨拉美国家总统的立法权及其影响。该学者从总统的否决权、法案引入权、命令立法权、紧急状态立法权来分析拉美国家总统的立法权，并依照大小将拉美国家分成三类，并得出以下结论。第一，政局常保持稳定的国家其总统的立法权比较弱小，总统往往无较大较多的非正常立法权；政局不太稳定甚至动荡的国家其总统立法权很大，总统拥有较大较多非正常立法权。第二，总统所拥有的很难被推翻的否决权，特别是部分否决权，经常造成议会与总统的冲突。因此，对拉美总统立法权改革的看法是，有关调整总统与立法机构关系的改革应着重于削弱总统的立法权。立法权应当主要划归议会，应降低议会推翻总统否决权，特别是部分否决权所需的条件，废除总统的排他性法案引入权或缩小其范围，对总统的命令立法权应有更严格的限制②。

(二) 议会制度

随着民主化进程的发展，拉美国家资产阶级代议制逐渐巩固，议会作为国家机器的重要组成部分和资产阶级民主制的核心，其功能也得到加强。有学者对墨西哥进行案例分析，认为自20世纪60年代以来，通过一系列旨在推动政治生活多元化和民主化的改革，议会在国家政治生活中的作用大大加强。由于政治改革的不断深入，议会不仅开始全面履行宪法所赋予的各种职责，并且努力推动国家政党政治、民主政治和议

① 张凡：《当代拉丁美洲政治研究》，当代世界出版社2009年版。

② 刘新民：《拉美国家总统的立法权及其影响》，《拉丁美洲研究》1995年第2期。

会政治的发展进程，使议会不但成为国家民主的象征，而且更成为民主的保障①。

（三）选举制度

在民主化过程中，政治家只能采取一些措施（主要是选举制度）来影响政党制度。选举制度包括选区划分、计票方法等内容，计票方法主要有4类：过半数一轮决胜制、多数票两轮决胜制、比例代表制（方法各异）、单记可转让或不可转让选票的制度等。小选区一般采用前面两种方法，大选区只采用比例代表制。绝大多数拉美国家采用比例代表制。有学者认为，选举制度的改革应促进政党的民主化和政党制度的成熟。提名制度先公开化、政党决策的民主化以及扩大政治参与等改革对政党的民主化、密切政党与选民的联系会产生积极作用。在比例代表制下，政党制度的成熟确实有很大难度，但抬高进入议会的“门槛”，在议席分配上向大党作适度倾斜，限制政治候选人的提名数量，加强政党的纪律，仍可起到很大作用。值得注意的是，拉美国家的政党民主化虽有较大进展，但一些国家的政党制度却在弱化。②

（四）立法制度

有学者专门介绍拉美的立法制度。该学者指出，目前，在拉美33个国家中，有19个国家采用总统制（大多数是原西班牙或葡萄牙殖民地），1个国家（秘鲁）采用混合制（半总统制），12个国家采用议会制，1个国家（古巴）采用全国人民政权代表大会制。从立法机构的组织结构形式上看，拉美有19个国家采用两院制，14个国家采用一院制。

在19个总统制国家中，采用两院制的有10国；采用一院制的有9国，秘鲁采用一院制，古巴也可算是一院制。在采用议会制的12个国家中，有9个国家采用两院制，3个国家采用一院制。

拉美主要国家（如阿根廷、墨西哥、巴西、智利、哥伦比亚等）均采用两院制，采用一院制的，一般是比较小的国家。该学者还指出，尽管拉美议会制国家的宪法规定，议会在立法、制定财政政策和监督政府方面

① 杨仲林：《墨西哥的政治改革及其对议会的影响》，《对外经济贸易大学学报》2003年增刊。

② 刘新民：《试论拉美民主化过程中政治结构的选择》，《拉丁美洲研究》1994年第5期。

有广泛的权利，但实际上其权利是有限的[①]。

（五）宪法

有学者以巴西1988年宪法为例，分析该宪法的出台及其主要特征。该学者认为，巴西1988年宪法是在巴西由军政府“还政于民”向政治民主化转变初期制定的。从1986年3月立宪议会开始正式讨论和起草新宪法，到1988年7月正式通过新宪法，巴西1988年宪法制定过程历时16个月。在巴西地域辽阔、地区发展极不平衡、政治力量分散的背景下，军队各派和政党出于自身利益考虑而在立宪大会通过了总统制的议案。此外，该学者认为，巴西1988年宪法恢复了1964年军事政变后被取消的议会在国家立法和决策方面的权力，明显削弱了总统和联邦政府的职权，相应扩大了州、市地方政府的自治权，改革了选举制度，被誉为“公民宪法”。然而，1988年宪法也具有妥协的性质。这部宪法在以国民主权、三权分立、代议制为指导思想方面与政治民主化进程是一致的，但它的特点却是议会制原理与总统制原理的妥协。它避开了抽象的理论，致力于根据各派政治力量的实际需要来修订具体的条款。结果正如上文所述，原则上巴西立宪议会正式通过的是“中间派”联盟提交的宪法草案，实际上是把“中间派”联盟草案与体制委员会草案合二为一。一方面，进步联盟在经济、政治权利等领域取得了胜利；另一方面，撤退的传统精英们的重大利益也受到了保护。1988年宪法反映了政治民主化的趋势，然而也暴露了巴西政治制度的矛盾现象：政治参与的扩大是与权力分散同时进行的，而议会权力的扩大只是简单地作为社会势力强大的一种表面现象，而不是政治制度的加强。因此，1988年宪法的妥协性和折中性未能提供一个较先进的政治制度[②]。

另有学者从比较研究的角度，探究了拉美与美国立宪主义不同的原因。该学者认为，在历史上，拉美与美国相继推行立宪主义，但二者却是貌合神离。美国借由立宪实现了宪政，拉美虽有立宪之名却无宪政之实。从宪法根基这一维度来考量拉美与美国两种立宪发展中的分型。拉美采取了以政治精英为主轴、始终脱离民众的立宪逻辑，美国则将宪法根基深植

① 徐世澄：《浅谈拉美国家的立法制度》，《拉丁美洲研究》2000年第3期。

② 马小平：《巴西1988年宪法的出台及其特征》，《拉丁美洲研究》1997年第6期。

于民众。拉美和美国立宪主义的分型表明，立宪是多种制度要素之间的合理搭配，需要妥当安置常态政治与宪法政治、大传统与小传统、同意与代表等制度要素之间的关系①。

（六）司法、刑罚制度

国内学者对拉美司法制度的研究，主要是对拉美国家的法律渊源和司法传统进行历史考察，指出拉美国家的法律体系和司法传统不仅受到欧洲大陆法系的重要影响，还吸收借鉴了前殖民地时期印第安人的法律制度和习惯。当前拉美大陆主要国家的司法传统属于大陆法系，尤其是法国民法典对拉美主要国家司法传统的影响比较显著，美国宪法和西班牙宪法对拉美国家的政权组织和司法制度的建立也有着重要的影响，而加勒比地区的非西班牙语国家则主要受到英美法系的影响。拉美国家独立以前形成的等级法律体系一直延续至今，成为司法改革必须解决的问题。当今拉美国家司法机构的组织原则包括三权分立和司法独立等，主要的司法机构有审判机关、检察机关和司法行政机关等。此外，陪审制度也是拉美国家司法制度的重要组成部分②。

还有学者对刑罚制度进行初步研究，认为随着拉丁美洲社会经济文化水平的发展，其法制也得以呈现出现代化发展趋势并逐步一体化，以《拉丁美洲标准刑法典》为代表的刑罚规定就在很大程度上反映了这种趋势。拉美的刑罚主要包括监禁、罚金以及作为附加刑的剥夺资格三种，很少有死刑的规定，而且各国监禁的期限比较短暂，这反映了其轻刑化的现代刑法发展趋势。与此同时，在适用刑罚时贯彻了预防犯罪的思想，对行为人的处罚以预防犯罪为主要目的，不仅规定了想象竞合犯的一罪从重处罚、数罪处罚时的从重处罚原则，规定了缓刑、假释、累犯等制度，还规定了保安处分和复权等制度，以预防行为人的犯罪。这些刑罚适用的轻重有别制度，充分体现了罪刑相适用的现代刑法原则。此外，在量刑时表现出刑罚个别化的现代刑法趋势，甚至允许以罚金替代监禁③。

① 谢小瑶：《拉美与美国立宪主义分型探源》，《拉丁美洲研究》2010 年第 1 期。

② 杨建民：《拉美国家的司法制度研究》，《拉丁美洲研究》2010 年第 6 期。

③ 林安民：《拉美刑罚制度初探》，《拉丁美洲研究》2007 年第 1 期。

第六节　拉美国家的政党和政党政治研究

拉美政党和政党政治研究在拉美政治研究中一直占有非常重要的地位。拉美国家的政党建立和政党制度是发展中世界最早的地区。我国学者对拉美政党的研究比西方国家起步晚，研究力量相对薄弱。20 世纪 80 年代以前，拉美政党的研究重点是拉美国家政党的一般情况介绍和主要国家主要政党的个案分析。前者包括主要政党的历史、基本主张和政治倾向、主要群众基础、组织情况及主要领导人等①。后者研究了这些政党的基本主张及其在国家政治发展中的作用等问题②。

自 20 世纪 90 年代以来，一些传统政党相继衰落，传统政党制度出现危机，一些新生政党和政治力量异军突起，极大地改变了拉美地区的政治力量对比，对拉美未来的政治发展方向产生了重大影响。学术界及有关部门对拉美各国政党的研究日趋深入，研究论著不断问世，成果颇丰。政党和政党制度的新变化成为拉美政治研究关注的重点问题。这些研究成果大致涉及以下三个方面：

一　政党对民主化进程的作用和政党政治发展趋势。

自 20 世纪 70 年代末以来，拉丁美洲各国普遍经历了“第三波民主化浪潮”。在这一进程中，拉美各国政党都起了重要作用。学者们通过案例分析政党在民主过程中的作用。在 2000 年 7 月 2 日墨西哥大选中，由反对党国家行动党和墨西哥绿色生态党组成的变革联盟候选人福克斯赢得了大选，从而结束了革命制度党长达 71 年的统治。还有学者对墨西哥 2000 年大选③，以及巴西、委内瑞拉、尼日利亚民主化进程进行实证分析，讨

---

① 拉丁美洲研究所编：《拉丁美洲各国政党》，上海人民出版社 1980 年版。

② 研究这一问题的主要成果包括：徐世澄：《试论拉丁美洲民族主义政党》，徐壮飞：《桑地诺民族解放阵线》，祝文驰：《阿根廷正义党》（均载于姜士林、郭德宏编：《当代社会民主党与民族主义政党论丛》，中国展望出版社 1986 年版）；李在芹：《墨西哥革命制度党为什么能长期执政》，《拉丁美洲丛刊》1982 年第 3 期；杨仲林：《70 年代以来墨西哥左翼政党和组织的发展》，《墨西哥政党政治的发展及其前景》，《拉丁美洲研究》1990 年第 3 期；汤小棣：《尼加拉瓜桑解阵何以转向民主社会主义》，《拉丁美洲研究》1992 年第 5 期。

③ 徐世澄：《拉美政党在民主过渡中的作用——墨西哥的经验》，《太平洋学报》2002 年第 1 期。

论了政党共识对民主化的影响，认为“强有力的政党体系既是良好民主绩效的反映，又是实现良好民主绩效的必不可少的前提条件：而弱化的政党体系预示着低劣的民主绩效”。①

拉美政党政治经历了1个多世纪的发展，已成为拉美政治的主体形式②。进入21世纪，有学者认为拉美政党政治呈现以下发展态势：1. 随着代议制民主的进一步确立和巩固，占主导地位的竞争性政党体制呈扩大之势，拉美国家的政党政治将日趋成熟。2. 左中右政党的意识形态中间化和政策主张趋同倾向有所加强，党派之间的妥协与合作将不断加强，多党联合执政趋势加强。3. 各类政党都有其发展的空间，能否保持经济的持续发展和具有解决社会问题的能力，是决定今后政党政治生命和选民政治取舍的关键因素。4. 传统政党遭逢“第三党”和独立派力量的挑战，衰退趋向已初露端倪。5. 党政领导人的年龄结构呈年轻化趋势，追求连选连任的现象有蔓延趋向。6. 拉美政党的地区性和国际性组织的活动日趋活跃，协调交流增多。③ 除此之外，还有学者认为，拉美社会民主主义政党势力和影响不断扩大；一些国家原游击队组织已放下武器，成为合法政党或组织，参加本国选举，成为本国政治舞台上的一支重要力量；一些新党崭露头角，其力量和影响不容忽视；拉美左派党正在恢复发展，左派党之间的联系加强。④

国内学者认为，拉美政党政治的缺陷在于拉美国家的资产阶级政党制度具有明显的脆弱性，一些国家政党林立，组织很不稳定，政党不断分化组合；一些政党缺乏明确的政纲和思想体系，受国际上某些思想变化的影响较大；许多政党成为“裙护主义机器”，主要用来谋取政府职位⑤。还有学者认为拉美许多国家的政党制度还不是很成熟。政党制度的问题在于政党本身，即政党自身的民主化。拉美一些政党的某些特征（如裙护主义

---

① 王庆兵：《论政党共识对民主化绩效的影响——关于巴西、委内瑞拉和尼日利亚的实证比较》，《云南行政学院学报》2003年第6期。

② 杨斌：《拉丁美洲的政党政治》，《拉丁美洲研究》1993年第3期。

③ 周余云：《世纪之交的拉美政党政治》，《拉丁美洲研究》1999年第1期。

④ 徐世澄：《拉美政党新趋向》，《当代世界》2000年第7期。

⑤ 徐文渊主编：《走向21世纪的拉丁美洲》，人民出版社1993年版，第58—77页；刘新民：《从90年代初的政治发展看拉美民主化问题》，《拉丁美洲研究》1994年第2期。

和权威主义的特征）妨碍了政党制度的发展，也危害了政党的合法性[①]。

二 拉美政党执政经验和制度建设。

国内学界注重对拉美各国执政党的研究，尤其是主要大国的执政党。

（一）墨西哥革命制度党

①墨西哥革命制度党是拉丁美洲的第一大政党，连续执政71年后在2000年总统大选中落败，革命制度党的兴衰成败引起国内学者的高度关注。根据中国知网的期刊成果统计，2000—2010年，有关革命制度党的学术文章达20多篇。这一时期研究成果相对集中，而最具代表性的著作是《革命制度党的兴衰》[②]。学者们针对墨西哥革命制度党的执政特点、经验教训和下台原因从以下几个方面进行了分析。

从政党意识形态的角度，有学者指出，革命制度党的意识形态是一个发展中国家为了生存和发展而实行的一种实用主义的意识形态。革命制度党的意识形态有两个重要特点：一是民众主义和民族主义性质；二是灵活性、开放性和兼容性。墨西哥革命制度党的这种具有广泛历史进步意义的民众主义和革命的民族主义的意识形态，明显地反映出把近代西方自由主义和社会主义传统结合起来的社会民主主义意识形态的特点。革命制度党的理论家常把这种意识形态称为“墨西哥革命的原则”或“墨西哥革命的意识形态”。[③] 这是其长期保持执政地位的一个重要原因。其他学者认为该党放弃革命民族主义，实现新自由主义的意识形态变化是导致该党失去执政地位的一个重要因素[④]。

从政党组织体系的角度，学者们肯定了职团组织体系对革命制度党的

---

① 刘新民：《试论拉美民主化过程中政治结构的选择》，《拉丁美洲研究》1994年第5期。

② 徐世澄：《墨西哥革命制度党的兴衰》，世界知识出版社2009年版。

③ 曾昭耀：《试论意识形态与稳定发展的关系——墨西哥执政党意识形态的特点和作用》《拉丁美洲研究》1996年第3期。

④ 么素珍：《墨西哥革命制度党连续执政70年浅析》，《拉丁美洲研究》2000年第1期。刘昌雄：《墨西哥革命制度党长期执政及其下台的原因剖析》，《探索》2001年第4期；马也：《墨西哥革命制度党为何丧失政权》，《决策与信息》2004年第11期；郭珍果：《墨西哥革命制度党的历史兴衰》，《领导之友》2006年第2期；耿仁胜：《墨西哥革命制度党兴衰探源及对我党的启示》，《湖北行政学院学报》2007年第3期；胡小君：《墨西哥革命制度党为何丧失政权》，《今日南国》2006年第8期。

重大作用，对职团组织的结构、功能和运行机制加以分析[①]。他们认为，以工人部、农民部和人民部这三大职业部门构成的职团组织体系是一种利益代表制度，是革命制度党对墨西哥主要社会阶级实现联合的重要渠道。墨西哥革命制度党的垂直领导制、党内协商制、党领袖决断制和总统一任制度是该党长期执政的基础。职团组织体制的僵化、基层组织的瓦解和精英的腐败是该党执政失败的主要因素之一。

从政党执政政策的角度，学者们认为德拉马德里、萨利纳斯和塞迪略三届总统执行的新自由主义经济政策导致收入分配不均，贫富差距拉大。新自由主义经济模式的弊端是过分强调经济自由，缺乏对社会问题的重视，导致财富过于集中在少数人手中和社会贫困化日益加剧[②]。此外，还有学者指出革命制度党为实行经济改革而转变政治策略，与反对国家行动党合作[③]。

从政治体制和政治改革的角度，有学者指出该党丧失政权的主要原因包括：指导思想发生动摇，使党的理论基础大大削弱；官僚主义和腐败引起人民的不满；经济社会政策失当导致社会矛盾加剧；党内派系斗争激烈；美国等西方国家支持反对派。高度集中并缺乏党内外严格监督的“一党执政总统”模式也是导致其下台的主要原因[④]。还有学者认为，革命制度党推行的政治改革使反对党的地位不断加强，自己难以利用执政地

① 李在芹、沈安：《墨西哥革命制度党为什么能长期执政》，《拉丁美洲研究》1982 年第 3 期；曾昭耀：《论墨西哥的政治现代化道路：墨西哥如何从考迪罗主义走向现代宪政制度》，《拉丁美洲研究》1993 年第 1 期；刘德威：《墨西哥革命制度党的历史兴衰》，《当代世界社会主义问题》2000 年第 1 期；李国伟：《墨西哥革命制度党失去政权的原因》，《当代世界与社会主义》2005 年第 3 期；谭融：《墨西哥革命制度党的兴衰及给我们的启示》，《南开大学学报》（哲社版）2005 年第 4 期；宋薇、何科君：《从“职团体系”视角解析墨西哥革命制度党的兴衰》，《上海党史与党建》2007 年第 12 期。

② 王志先，《墨西哥革命制度党失去政权剖析》，《理论参考》2002 年第 8 期；冯秋婷：《墨西哥革命制度党失去长期执政地位的教训》，《瞭望》2004 年第 3 期；李建中：《印度国大党与墨西哥革命制度党盛衰根源比较研究》，《江苏行政学院学报》2005 年第 3 期。

③ 张伟：《萨利纳斯执政时期革命制度党政治策略的转变》，《拉丁美洲研究》2010 年第 2 期。

④ 徐世澄：《连续执政 71 年的墨西哥革命制度党缘何下野》，《拉丁美洲研究》2000 年第 5 期；徐世澄：《墨西哥政治经济改革及模式转换》，世界知识出版社 2004 年版，第 153 页；徐世澄：《墨西哥革命制度党的兴衰》，世界知识出版社 2009 年版。

位的优势在选举中谋取选票。①

（二）巴西劳工党的执政意义与影响

巴西劳工党是近年拉美新兴执政党中最受关注的。该党成立于1980年，现已发展成为拉丁美洲最大、最重要的左翼政党。它于2002年以来连续四届赢得总统大选。有学者认为，巴西劳工党成立时间不长，却是一个发展迅速、充满活力的左派党。

学者们普遍认为劳工党以“社会主义”和“民主”为理念，实施温和务实的执政政策。他们认为，劳工党在经济政策上支持市场取向的经济改革，政治立场上强调公民参与和平等，强调使处于社会排斥状态的群体融入发展进程。在内外政策上，对国内利益集团的合法权益予以保护，不过分损害他们的利益；关注社会问题，以保护下层民众的利益；在外债问题上，同国际金融机构达成协议，同意按约支付外债；积极提高国家的国际威望和地位。还有学者具体分析劳工党实施的社会政策②。

在政党制度建设方面，有学者认为，巴西劳工党确立了党内两阶段代表会议制度和核心小组组织结构，在党内采取了比例代表制和派别活动制度化的原则。随着国内经济、社会结构的变化以及面对政党政治的新形势，特别是随着大批劳工党人出任各级立法机构议员和地方、联邦政府官员，劳工党又通过设立新的机构和修改章程，对党的内外运作机制进行了相应的调整。③

还有学者认为，中间和中左立场的政党成为巴西政治舞台上的主导力量。劳工党和巴西社会民主党在巴西政党格局中的作用日渐突出④。左派政党成为执政党，说明它们倡导的改革和社会理念已经成为巴西当今社会的主流思潮，对未来巴西社会的发展具有深远影响⑤。

（三）古巴共产党的执政经验

古巴作为西半球唯一的社会主义国家，古巴共产党在极端困难的国际

① 江时学：《拉美政党政治的新变化》《世界经济与政治》2004年第1期。

② 周志伟：《浅析卢拉政府的“零饥饿计划”》，《拉丁美洲研究》2003年第6期；徐世澄：《巴西劳工党政府应对社会矛盾的主要做法》，《拉丁美洲研究》2005年第6期。

③ 张凡：《巴西劳工党制度建设和组织发展述评》，《拉丁美洲研究》2007年第5期。

④ 王鹏：《巴西大选和巴西政党格局》，《拉丁美洲研究》2010年第6期。

⑤ 吴志华：《巴西左派政党的现状与发展趋势》，《拉丁美洲研究》2004年第5期。

环境中坚持社会主义道路，维持政治稳定，有学者对古巴社会主义的发展表现了极大关注[①]。许多学者对古巴共产党的执政经验和党的建设经验进行了研究和总结，指出在特殊复杂的环境下，古巴共产党能够根据形势的变化，坚持以马列主义为指导，与时俱进，不断加强在作风、思想、组织、制度等方面的建设，这是古巴共产党加强执政能力建设的重要经验[②]。2006 年 7 月，劳尔·卡斯特罗接替菲德尔·卡斯特罗主政古巴，大力推行改革，提出要更新社会主义模式[③]。学者们认为古巴共产党巩固执政地位除加强党的自身建设外，还采取了一系列重要举措：加强政权建设，健全全国人民政权，实行人民代表大会制度；坚持改革开放，促进经济恢复发展；注重经济和社会、科教协调发展；以人为本，注意改善人民的生活，调整宗教和侨民政策；调整外交政策，开展多元外交。[④]

（四）阿根廷正义党的发展与执政经验

阿根廷正义党创建于 1945 年，实现多次执政，在阿根廷和拉美具有重要影响。我国学者阐述了梅内姆时期正义党实施新自由主义经济改革的主要政策[⑤]，同时就改革产生的严重社会问题，分析正义党应对社会危机

① 毛相麟：《古巴是怎样坚持社会主义的》，《当代世界社会主义问题》1991 年第 3 期；毛相麟：《古巴坚持走社会主义道路》，《拉丁美洲研究》1992 年第 1 期；宋晓平：《世界新格局下的古巴：形势和对策》，《世界经济与政治》1994 年第 8 期；肖枫、王志先：《古巴社会主义》，人民出版社 2004 年版。

② 李锦华：《苏东剧变后古巴共产党的理论、方针政策与实践》，《马克思主义研究》2000 年第 6 期；徐世澄：《古巴共产党是如何加强党的建设的》，毛相麟：《古巴社会主义政权为何具有强大生命力》，载李慎明主编《2005 年：世界社会主义跟踪研究报告》，社会科学文献出版社 2006 年版，第 211—217、218—222 页；毛相麟：《古巴社会主义研究》，社会科学文献出版社 2005 年版；王承就，《古巴共产党建设研究》，人民出版社 2011 年版。

③ 徐世澄：《古巴："更新社会主义经济模式"，迎接党的"六大"召开》，《当代世界》2010 年第 12 期。

④ 周余云：《古巴共产党为什么能长期执政》，《科教文汇》2005 年第 8 期；毛相麟：《古巴社会主义政权为何具有强大生命力》，《高校理论战线》2006 年第 4 期；徐世澄：《古巴共产党巩固执政地位的战略举措》，《当代世界与社会主义》2007 年第 6 期；姜述贤：《古巴对社会主义道路的不断探索》，《当代世界与社会主义》2007 年第 1 期；梁英：《古巴共产党改善民生的措施及启示》，《当代世界》2006 年第 7 期；江时学：《古巴将继续走社会主义道路》，《世界经济与政治》2008 年第 4 期；刘永哲：《古巴共产党建设的成功经验》，《江苏省社会主义学院学报》2009 年第 1 期。

⑤ 刘纪新：《阿根廷总统面临严重的经济社会问题》，《拉丁美洲研究》1990 年第 1 期；刘纪新：《试析阿根廷正义党国内政策的变化》，《拉丁美洲研究》1993 年第 3 期。

的举措。该学者认为，正义党通过社会救助计划等短期应急措施和再分配机制等中期措施缓解冲突，提出正义党的理念错误导致政策失误，应确保调动公共资源能力、继续深化社会改革[①]。此外，还有学者梳理了正义党的政治学说——正义主义的发展进程[②]。

三　中国共产党与拉美各国政党的党际交往。

中国共产党历来重视与各国政党的友好交往。自新中国成立后，我党就注重发展与拉美各国政党的联系。

有学者总结毛泽东、邓小平和江泽民三代领导集体时期，我党与拉丁美洲政党交往的特点[③]。从新中国成立到我党十一届三中全会，由于各方面条件的限制，与我党有来往的拉美政党主要局限在共产党范围内。[④] 十一届三中全会以来，我党努力开拓工作的新局面，把交往面扩大到所有愿意同中国交往的执政党、重要在野党和合法反对党。有学者指出，中共与拉美政党发展关系不计较意识形态的差别。不论哪种意识形态的重要政党，不论在国内被认为是左翼还是右翼，只要愿与中共开展交往的，中共都愿与其建立和发展关系。[⑤]

20世纪90年代以来，中共与拉美政党的关系不断深化，主要表现在：联系的范围不断扩大；双方进行多渠道、多层次的联系，联系方式灵活多样；代表团来往频繁，规格不断提高；交往内容丰富。中共与拉美朝野各党派加强交往有助于国家关系的稳定和发展；中共同未建交国的政党发展友好关系，可以为建立国家间外交关系搭桥铺路。[⑥] 中共已与“拉美29个国家的95个政党建立不同形式的关系，其中包括13个中国未建交国的20多个重要政党保持着联系，基本覆盖了整个拉美地区。中国还与拉美的主要地区性组织，如社会党国际拉美和加勒比协会、美洲基督教民

① 刘纪新：《阿根廷正义党如何应对社会危机》，《当代世界社会主义》2006年第6期。

② 李紫莹：《阿根廷正义主义的确立、背离与回归》，《拉丁美洲研究》2009年第3期。

③ 郭元增：《我党三代领导集体与拉丁美洲政党》，《当代世界》2003年第4期。

④ 同上。

⑤ 李岩：《发展中拉政党关系促进国家关系发展》，《拉丁美洲研究》2001年第4期；厉达：《中国共产党与拉美政党的友好关系不断发展》，《中国与世界》2003年第10期。

⑥ 黄文登：《中国共产党与拉美政党关系的现状与前景》，《拉丁美洲研究》1996年第3期。

主组织、拉美政党常设大会、‘圣保罗论坛’等，建立友好关系。”①

第七节　拉美国家可治理性研究

21 世纪初，可治理性以及可治理性危机日益成为拉美政治研究中的一个十分重要的问题。国内研究拉美的学者就可治理性问题，主要探讨了拉美国家可治理性问题形成的原因，在可治理性方面面临的困难，为增强可治理性所采取的措施、经验和教训。②

关于“可治理性”的定义，有学者认为自 20 世纪 70 年代西方提出“可治理性”概念后，可治理性的内涵不断扩展，涵盖政治、经济和社会各方面的问题。以拉美政治研究的角度来界定可治理性，可将可治理性可理解为“社会需求和政府应付需求的能力之间的平衡状态或平衡程度”。同时，确定衡量可治理性主要有以下 5 个尺度：体制是否有效率、各社会阶层的利益是否可以通过正常渠道得以表达、民众对体制是否信任、政府和社会是否有解决矛盾和危机的能力和机制、决策是否公开透明。③

在拉美可治理性问题的根源上，学者们认为原因包括经济社会相对不发达和危机频发、政府执政能力弱、腐败严重、体制缺陷等。为此，可治理性问题与经济和社会发展、政治民主化、腐败与腐败治理具有相关性。

在可治理性与经济和社会问题上，有学者认为拉美国家的经济与社会发展有较大脆弱性和缺陷，而且经济和社会发展的缺陷相互影响，成为可治理性问题的重要表现形式和重要根源。经济发展缺陷主要表现为：经济增长不

---

① 吴洪英：《中国与拉美关系对中国和平发展的战略蕴涵》，载《国际格局下的拉美研究》，复旦大学出版社 2007 年版。

② 主要成果有：“拉美国家的可治理性问题研究”专题，包括袁东振《可治理性与拉美国家的可治理性问题》，杨建民《厄瓜多尔可治理性问题研究》，王鹏《对委内瑞拉可治理性危机的分析》；郭存海《阿根廷政党治理危机及其原因探析》，《拉丁美洲研究》2007 年第 5 期；张凡《巴西可治理性问题分析》，《拉丁美洲研究》2008 年第 3 期；张凡《拉丁美洲民主化与可治理性问题分析》，《拉丁美洲研究》2008 年第 4 期；袁东振：《墨西哥政治经济转型与可治理性问题》，《拉丁美洲研究》2010 年第 2 期；刘纪新：《拉美国家的腐败与可治理性问题》，《拉丁美洲研究》2010 年第 2 期；袁东振主编：《拉美国家的可治理性问题研究》，当代世界出版社 2010 年版。

③ 袁东振：《可治理性与拉美国家的可治理性问题》，《拉丁美洲研究》2007 年第 5 期。

稳定、应对外部冲击的能力弱、外债负担沉重、高失业率。社会发展缺陷主要表现为：贫困水平高、社会边缘化问题突出、贫富分化严重、社会开支水平低。为此，拉美国家逐渐抛弃传统上把经济增长等同于发展的思想和模式，在注重经济增长的同时，开始关注社会发展和人的权利。同时政府制定新的社会发展战略，探索经济增长与社会平等相结合的新途径。①

关于民主化与可治理性问题，有学者指出两者的关系可以理解为，拉美民主政治体制确立以后的具体制度安排与运转是关乎社会实现可治理性的关键因素之一。民主政治的竞争、参与、问责等诉求与民主体制的稳定、秩序和效率等要求构成某种紧张的关系。这体现在总统制及其与政党、选举、司法等制度的相互关系中。拉美国家实行总统制与比例代表制的结合易造成行政与立法部门之间的关系紧张，出现立法僵局和政局不稳。政党制度对民主质量的影响体现在利益的代表性阶段。大多数拉美国家的多党制与高度的意识形态分化、政党体系和政党的制度化水平都影响拉美国家的可治理性。拉美国家的政治实践与宪政和法治原则存在着严重的脱节，民主体制并未提供一个真正的法治社会，拉美国家可治理性的真正实现，取决于拉美社会主要政治力量间的关系状况以及各国政府的决策为司法、政治体制和社会改革开辟现实道路。②

腐败与可治理性高度相关。在20世纪90年代，拉美的腐败问题与反腐败斗争曾一度成为国内拉美政治研究的焦点。分析的重点集中在拉美腐败产生的原因、拉美腐败的特征和反腐败斗争的措施等方面③。学者们认为，在现代化变革、新旧制度交替和经济体制转型过程中，容易诱发腐败；而政治改革滞后、国家行政权力过大、立法和司法机关未能有效发挥监督职能、政党制度不成熟、毒品种植和毒品交易、拉美民众对腐败行为的长期容忍也助长了拉美国家腐败的滋生和蔓延。拉美国家在反腐败方面

---

① 袁东振：《拉美国家的可治理性问题研究》，当代世界出版社2010年版，第二章。

② 张凡：《拉丁美洲民主化与可治理性问题分析》，《拉丁美洲研究》2008年第4期。

③ 已经发表的成果有：焦震衡：《毒品问题与拉美的反腐败斗争》，《拉丁美洲研究》1994年第4期；焦震衡：《拉美国家反腐败斗争的措施》，《拉丁美洲研究》1994年第5期；杨国明：《腐败在体制上和社会心理上的根源》，《拉丁美洲研究》1994年第5期；曾昭耀：《试谈墨西哥反腐败斗争的长期性问题》，《拉丁美洲研究》1994年第5期；曾昭耀：《改革、稳定与反腐败》，《世界经济与政治》1995年第5期。一些专著的章节也涉及拉美国家的腐败与反腐败斗争问题。

采取的主要措施有：颁布反腐败的法令或法规，惩治腐败分子；清除政府机关中的腐败行为，提高工作效率；建立反腐败的专门机构；惩罚高级官员非法致富；加快机构改革和现代政府制度的建设；开展反偷税、漏税运动，以及大力开展反毒斗争等。另有学者将治理腐败放在实现治理或可治理性的整体框架中加以考量。该学者认为，拉美的制度性腐败归因于制度缺陷、法制与监督机制的缺失以及对腐败文化和信息传播的高度关注。治理腐败的主要措施：完善制衡机制和法律法规；重视机构调整，提高反腐能力；发挥公民社会和媒体的反腐监督作用；积极参与国际反腐合作机制。

目前，拉美国家在反腐方面面临的挑战是：反腐斗争经验较强的政治化特征；反腐体系建设在机构设置和职责协调与合作方面存在缺陷；行政管理和政治运作缺乏透明度，导致社会监督缺失。[①]

在传统政党与可治理性方面，有学者认为，20 世纪 90 年代后拉美一些国家传统政党相继衰败，有的丧失传统执政地位，有的一蹶不振，有的甚至销声匿迹，仍处于执政地位的传统政党控制国家政治生活的能力也大大下降，甚至出现治理危机。拉美国家之所以会出现治理危机，主要是由于拉美国家的政府和执政党在长期执政过程中，没有从根本上解决各自国家发展过程中面临的各种问题，缺乏化解政治体制脆弱和政治稳定难题的能力，缺乏克服经济与社会脆弱性难题的能力，缺乏有效治理腐败难题的能力，缺乏营造安定社会环境的能力，在执政能力方面存在明显缺陷[②]。

尽管拉美国家在可治理性问题上存在共性，但是不同国家关于这一问题的原因、表现形式或严重程度有所不同。学者们将阿根廷、巴西、智利、哥伦比亚、厄瓜多尔、墨西哥和委内瑞拉作为案例，具体分析拉美国家的可治理问题。其中，巴西、墨西哥和智利比较好地解决了可治理性问题。而委内瑞拉和阿根廷因其社会政治体制缺陷或不成熟引发危机。哥伦比亚的可治理性问题在很大程度上是由历史与现实、国内与国外等综合因

---

① 刘纪新：《拉美国家的腐败与可治理性问题》，《拉丁美洲研究》2010 年第 2 期。

② 袁东振：《拉美国家传统政党的衰败与可治理性危机》，《拉丁美洲研究》2005 年第 5 期。

素导致的。[①]

在总结拉美国家预防和克服可治理性问题的基本经验上，学者们认为主要手段包括：降低政治和体制脆弱性，提高体制效率，为可治理性的实现创造条件；减少社会发展脆弱性，及时化解社会矛盾和冲突，消除可治理性问题的社会基础；推进民众对国家经济、政治和社会的参与进程，增强民众对体制的信任和信心；加强合作，预防和消除外部安全隐患和脆弱性，为实现可治理性创造外部条件。[②]

---

① 杨建民：《厄瓜多尔可治理性问题研究》，王鹏：《对委内瑞拉可治理性危机的分析》，郭存海：《阿根廷政党治理危机及其原因探析》，均载于《拉丁美洲研究》2007 年第 5 期；张凡：《巴西可治理性问题分析》，《拉丁美洲研究》2008 年第 3 期。

② 袁东振主编：《拉美国家的可治理性问题研究》，当代世界出版社 2010 年版，第十二章。

第 三 章

拉美经济研究①

第一节　拉美经济学科的创建与发展特征

新中国成立之初，鉴于当时国际政治形势的变化，培养既掌握西班牙语又通晓外贸知识的人才干部成为当务之急。为此，教育部于 1954 年 9 月，在北京外贸学院招收了第一批西班牙语专业学生，共 10 人②。之后，随着西班牙语专业在国内各高校的开设，创建中国拉美经济学科的必要条件逐渐走向成熟。

1981 年，中国社科院拉丁美洲研究所经济研究室成立，并开始招收世界经济专业拉美经济方向的硕士研究生，这标志着中国拉美经济学科不仅拥有了专门的组织机构建制，而且有能力为学科建设的长远发展输送专业的研究团队。在此后三十余载的时间里，中国学者针对拉美经济问题开展了有计划的、丰富而系统的学术研究，进行了各种有益的思考、探索与尝试，取得了丰硕的研究成果。

在国内拉美研究成果中，有关经济方面的专著和论文数量较多，质量不断提高，表明了国内对拉美经济问题的高度关注。据粗略估计，三十余年来，中国拉美学者出版的经济类专著百余部，发表论文逾万篇，同时也包括数量可观的译著、译文、报道性文章、短评、研究报告，以及工具书等成果形式。

---

① 本章执笔：芦思姮（第一至第六节），经济学博士在读，中国社科院拉美所助理研究员；王帅（第七节），拉美研究硕士，中国社科院拉美所助理研究员。

② 感谢对外经济贸易大学赵雪梅教授提供资料。

一　世界拉美经济研究的发展状况

自20世纪70年代至今，世界范围内，拉美学术研究的重点，尽管在不同时代背景下有所变化和调整，但是，半个世纪以来，拉美经济研究的关注点始终与一个核心议题密切相关——结构性长期发展问题，其中涉及增长与技术进步、贫困、城市化进程与社会不平等、可持续发展等诸多课题。这本质上是一个经济体如何迈向工业化和现代化的问题。

20世纪50年代，一方面，从二战严重衰退中复苏的西方发达国家不断寻求依靠工业化实现经济持续增长、社会繁荣稳定的目标；另一方面，广大亚非拉发展中国家陆续摆脱殖民统治，获得民族独立和解放，开始积极探索工业化之路，致力于建立并完善本国工业体系，以尽快摆脱落后状况，获得民族经济发展。在这一背景下，美国作为战后世界经济中心，为巩固其经济霸主地位，打造了一套统一的“经典现代化”理论模式①，这一发展模式不仅力图解决即将或已经完成工业化的发达国家如何向更先进的社会经济阶段迈进的问题，也旨在为处于传统社会的落后国家加快工业化、实现民族发展指明道路。

20世纪70年代，石油危机的爆发使西方发达国家经济陷入“滞涨”，以美元为中心的国际金融体系受到巨大冲击，美国主导的资本主义世界经济体系逐渐瓦解。在这一背景下，“西方中心主义”倾向严重的经典现代化理论受到了质疑与批判。广大发展中国家逐渐意识到，一味依赖于西方制定的规则并不一定能够获得成功，发展理论和道路不应只有欧美单一模式，其实现形式应是多样性的、多元化的。

值得指出的是，在对西方经典现代化理论的反思中，拉美学者对各国工业化实践进行了理论概括，形成了一系列本土经济发展理论——结构主义思想及在其基础上建立起来的依附论，这既造成了对传统西方经济理论

① 经典现代化理论是现代化理论体系的重要组成部分，除了经典现代化理论，现代化理论还包括后现代化理论和第二次现代化理论。20世纪50年代，美国一批社会学家、经济学家和政治学家相继开展了现代化研究。丹尼尔·勒纳认为现代化就是从传统社会向现代社会的转变。根据领域不同，经典现代化理论可以分为政治现代化、经济现代化、社会现代化、个人现代化和文化现代化理论等。在不同领域和不同地区，现代化具有不同的特点，其中经济现代化致力于工业化、专业化、规模化研究。

的严峻挑战与冲击，也为当时拉美各国不断探索的进口替代工业化发展道路提供了坚实的理论支持。此外，在20世纪70年代拉美各国面临结构性发展失衡与发展危机后，拉美学界为探索更加符合地区发展需要的工业化道路，将目光聚焦在地区增长战略和分配方式之间的联系上，以期构建社会发展与经济问题之间的关联性，同时强调在工业化道路上兼顾国内市场发展与扩大出口的必要性①。

20世纪80年代，拉美地区普遍陷入经济困境，结构学派失去了在社会经济发展过程中的指导作用，而迫于国内经济调整的需求与国际组织的施压引入的新自由主义政策同样导致了严重的经济衰退与危机。拉美地区经济遭受了以低增长率和低投资率为主要特征的“失去的十年”。在这种背景下，世界拉美研究学界开始正视地区经济问题的复杂性，将主要关切集中在该地区的结构性调整及其影响、恢复增长以及稳定宏观经济的社会成本方面。很多文章对这一时期爆发的债务危机、金融危机的根源，如产业不发达现象的结构性依赖路径进行了剖析②。

此后，随着拉美地区经济改革的深入，世界拉美学界在对经济思想与发展模式转型的广泛辩论中，一方面，总结了拉美国家发展进程的经验教训，在肯定了结构主义基本理论的基础上对其中的某些偏差和失误进行了批评和修正，从而形成了新结构主义思想和政策主张③；另一方面，经济研究方向逐步向更为具体的结构性发展问题方面转变，如环境与可持续发展、性别维度、贫困和收入分配问题等④。此外，研究的视角与重点也逐渐转向微观行业领域。

进入21世纪，拉美研究学界在分析经济问题时依旧以长期发展路径，及其与政治社会发展之间的平衡关系为主题，其中涉及技术与生产力变革、一体化与贸易、公共财政、社会保障、劳动力供需问题、制度的更新与转型、能源与粮食危机等内容，同时运用了多种专业分析工具，如数量经济分析、可计算一般均衡模型、更加精确的部门分析等等⑤。

① 拉美经委会：《拉美经委会评论中文版特辑》2012年，第257页。
② 同上书，第258页。
③ 苏振兴：《拉丁美洲的新结构主义》，《拉丁美洲研究》1991年第2期。
④ 拉美经委会：《拉美经委会评论中文版特辑》2012年，第260页。
⑤ 同上书，第263—265页。

二 中国拉美经济学科的历史沿革与发展特征

20世纪70年代末80年代初，正值世界对西方经典现代化理论进行反思之际，党的十一届三中全会召开标志改革开放进程开启，国家工作重心逐渐从政治斗争向经济建设与发展方向转移。邓小平同志要求在社会主义现代化建设中放宽视野，学习、借鉴外国经验，这既包括发达国家的经验，也包括同中国发展阶段相似、面临任务相同的发展中国家的经验。

在这一重大历史变革的背景下，拉美国家的发展问题成为我国拉美经济研究学界的主线，而工业化、城市化发展则构成其中的重要课题。有学者曾指出工业化是促进战后地区经济现代化建设和经济变革的重要动力①，尤其对于拉丁美洲而言，现代化进程实质上就是工业化过程，发展民族经济，走独立自主的现代化道路是二战后拉美国家的共同愿望，也是一股不可阻挡的历史潮流，而根据结构学派的理论主张，实现这一目标应该推行进口替代工业化发展战略②。

基于拉美地区工业化建设的丰富实践经验与教训，以及我国对探寻本国经济发展道路的强烈诉求，我国学者普遍认识到针对国内改革开放的发展需求，应对拉美地区的发展理念、发展模式、发展困境等问题，尤其是工业化道路选择，进行系统考察、梳理、剖析与反思。此外，在改革开放的大潮下，我国拉美研究学者加强了同国外同行的学术交流，致力于举办与拉美经济问题有关的国际学术活动。

数十年来，我国学者紧密结合国内外环境对拉美地区的发展道路进行了有益思考，为拉美研究领域，特别是经济学科提出了新的课题。总体来看，拉美经济学科呈现出一些积极的变化与趋势：一是经济学科研究趋于专业化，由单一的宏观研究向中观和微观视角深入，这一点与世界拉美研究的趋势是一致的；二是对拉美地区的全局性综合性研究与国别案例研究并重，研究层面更加丰富细致；三是年轻学者在经济研究领域表现出较大的专业性与科研潜力；四是越发注重将拉美经济研究与中国实际相联系，理论研究与应用研究并重，我国拉美经济研究学者所发挥的国家经济建设

① 吴国平：《论拉丁美洲工业化进程的特点》，《世界经济》1990年第12期。

② 赵长华：《拉美现代化进程中的经验与教训》，《社会科学》1987年第9期。

思想库、智囊团时的作用日益显著①。

值得指出的是，拉美经济发展问题的探索在深度与广度上均获得了大幅度提升。横向来看，经济研究涉足领域主要包括立足于本土思想的拉美经济理论研究和现实问题研究。涉及的专题有：拉美经济发展理论研究、经济发展模式研究、经济危机研究、经济改革研究、区域一体化与世界市场问题研究、国别经济案例研究②，以及经济专题研究等等。这些研究主题，将在以下的每一节中进行详细的阐述。

在本节，简要梳理一下纵向线。三十年间，随着国际环境与拉美形势的变迁，以及国内社会经济政策的调整，中国的拉美经济研究课题打上了深刻的历史烙印与鲜明的时代特征。

20 世纪 70 年代末至 80 年代，国内拉美经济研究仍处于起步与成长阶段。当时世界处于美苏两极格局，这一形势以 80 年代末和 90 年代初爆发的苏东剧变为标志宣告终结；而 80 年代，拉美国家在陷入债务危机后，经济受到严重挫折，因此在 80 年代后期，各国进行了不同程度的以市场自由开放为特征的战略与政策调整；与此同时，中国的改革开放进行各种尝试，以建立农村家庭联产承包责任制和经济特区为主要特征，取得了显著成效，经济发展重心逐渐从农村转向城市，从内陆转向沿海。

结合国内外形势，特别是中国经济逐步开放所面临的问题，这一时期的中国拉美经济研究以拉美外债危机的反思为中心议题，展开对拉美经济发展战略与模式、债务、通货膨胀、外资引进等问题的探索，同时也进行了诸如拉美债务危机后的经济改革与中国改革开放的比较研究等。值得指出的是，由于时代背景和技术条件所限，这一时期的相关科研成果，对拉美经济概况形势的翻译推介所占比例依然较大。

20 世纪 90 年代，国内拉美经济研究逐渐走向成熟。经济全球化、区域化趋势加速发展，不断深化。90 年代后半期，东亚经济发展模式受到重创，爆发金融危机；拉美地区经济一体化进程取得新进展，各国基本实

① 江时学、吴国平等：《辛勤耕耘硕果累累——拉美所 45 年科研成果巡礼》，《拉丁美洲研究》2006 年第 4 期。

② 鉴于国别经济研究同拉美整体经济现代化内容的密切关联性，及其在地区经济发展沿革中的代表性，本章不再将这一内容作为单独一节，而是与其他专题相结合进行阐述。

现从进口替代工业化内向型发展模式向出口导向外向型模式转变。以贸易自由化、私有化、放松对外资限制为基本特征的新自由主义经济改革在地区范围内全面推行，但1994年的墨西哥金融危机在一定程度上波及了其他拉美国家；这一时期，以邓小平同志南方谈话与中共十四大召开为标志，改革开放步伐加快，进入新的发展时期，经济体制的深化变革为国内拉美经济发展研究提出了许多新的课题。

在这种背景下，20世纪90年代中国拉美学者在经济领域侧重于研究拉美新自由主义改革，尤其是对金融、财税、贸易领域的自由化改革，此外，还包括拉美经济一体化、墨西哥金融危机的经验教训等课题。此外，鉴于亚洲金融危机所造成的影响，中国拉美研究开始关注这一危机对各国的冲击，并对拉美发展模式与东亚发展模式进行了更为全面而深入的比较研究。

进入21世纪，世界经济政治形势趋于复杂化，2008年由美国次贷危机引发的全球性金融危机促使世界格局发生了重大而深刻的变化：美国霸权逐渐削弱；美欧经济陷入低迷；新兴经济体迅速崛起，新兴国家联盟蓬勃发展。21世纪初，阿根廷债务危机在国际社会所造成的恶劣影响引发了整个地区对新自由主义改革的反思，各国开始探索符合国情的发展道路，本土发展理论重拾重要性。2003—2007年，拉美各国经济快速增长，宏观经济形势稳定，大宗商品价格进入超级周期，经常项目盈余，外汇储备相对充足，金融管理体系日益健全，这些条件的改进增强了地区抵御意外冲击和风险的能力，因此地区大多数国家得以在2008年爆发的全球经济危机中快速走上复苏之路；中国一跃成为世界第二大经济体，经济迅速增长引起的原材料与投资的巨大需求使其与拉美的经贸关系进入了全面繁荣发展的新时期。

在这种背景下，一方面，中国学者将研究重点放在对阿根廷、巴西债务危机原因与影响的反省与思考，以及对新自由主义政策的质疑与评价上；另一方面，对拉美在2003—2007年现代化进程中取得的显著成果，及其在全球经济危机复苏中的良好表现进行全面解析。

同时，为了落实中共十六大提出的“引进来”和“走出去”相结合的对外经济战略，以及针对更好地开发和利用拉美市场、推动中拉经贸关系和战略伙伴关系密切发展的现实需求，拉美经济学科加强了对拉美经济的应用研究，致力于对拉美市场开发与投资环境的专项研究，并为我国对拉美经贸政策的制定提供了大量政策咨询服务。

从拉美国别经济研究领域来看，墨西哥和巴西作为地区性大国，在经济现代化道路选择上对整个地区的发展举足轻重，两国取得的成就与教训一直是拉美经济学人进行国别研究关注的重点。而古巴，作为西半球唯一的社会主义国家，无论从政治思想渊源上，还是经贸往来上，都对我国具有特殊的意义。因此，古巴独特的社会主义经济改革也始终是我国学者的跟踪对象。此外，20 世纪 70 年代后期以来，拉美一些国家和地区出现了重大的经济事件，如智利模式的开启、阿根廷债务危机的爆发等，因此，在特定时期，这些国家也成为我国拉美国别经济研究的热点。

第二节　拉美经济发展理论与思潮研究

根据思想源头不同，拉美地区的经济发展理论大致可分为两大类：本土经济发展理论与从外来经济理论，其中本土理论包括结构主义、依附论以及新结构主义等；外来理论主要是指新自由主义思想。这些思想范式的兴起与衰落贯穿于拉美现代化进程中的几次重大经济模式转型中。自 20 世纪 70 年代末至今，一方面，中国国内改革开放对内寻求将中国国情与外国先进发展经验相结合，对外力图在构建国际政治经济新秩序等方面发挥更大作用；另一方面，拉美在经济发展理论方面的有益探索不仅对地区内国家，而且对整个世界，特别是发展中国家的经济模式构建产生了深远影响，因此，中国拉美学界开始致力于对拉美经济发展理论进行全面分析、阐述与解读①。

综合来看，对拉美经济思想的阐释，我国学者主要聚焦在以下几个方面：理论产生的渊源与历史背景；相关理论框架、代表性论点及其政策实践应用；理论局限性与弊端或衰落根源等。需要指出的是，本节着重对中国拉美本土理论研究情况进行梳理，即结构主义、依附论与新结构主义，而新自由主义体系，鉴于其与政策实践的密切性，本章将其内容与第三节

① 国内对于拉美本土发展理论的探索涉及经济、政治、社会、历史等多维度考察，由于本章主要论及经济领域，因此本章的文献梳理侧重于经济视角下的理论分析著作。

“拉美经济发展模式与战略研究”和第五节“拉美经济改革研究结合”另做详述。

拉美本土理论包括的三种思想范式，相互之间具有密切的关联性与传承性，是当代发展经济学的重要流派和战后拉丁美洲最重要的经济思潮。这些发展理论的提出对二战后拉美经济发展模式产生了巨大的影响，为拉美国家的现代化建设提供了理论依据、指导思想及具体的政策主张①，尤其表现在发展本国工业、以本国生产替代进口、国有化政策、争取外资、推动地区一体化和外贸政策等问题上②。

一 结构主义理论

结构主义理论产生于20世纪40年代，以批判古典学派和新古典学派的国际贸易理论为基础，采用“中心—外围”体系和“贸易条件恶化”作为主要分析框架，强调中心国家与外围国家在国际贸易中的不平等关系——中心和外围国家在生产结构上的差异性成为它们在传统国际分工中各自发挥不同作用的根源，并造成以初级产品换取工业制成品的国际贸易格局，此外，还揭示了外围国家从以初级产品出口扩张为基础的外向型发展模式转向以扩大工业生产为基础的内向发展的必然性。有学者从这一思想的四个称谓，即拉美经委会主义、普雷维什主义、拉美结构主义、发展主义出发，指出对这一理论解读的不同视角——创立者角度（前两者）、方法论角度、思想内涵角度③。这一框架包含拉美经委会1950年提出的一系列涉及拉美地区经济发展问题的论述与政策，旨在寻求工业化发展道路，实现本国的现代化。有学者认为这一理论可以认为是第一个真正关于第三世界发展的理论，因为这一理论的主要组成部分不仅与拉美地区有关，且涉及整个第三世界④。

我国学者对结构主义理论架构进行了综合性的梳理与推介，主要包括解读这一理论兴起的时代背景、主要内容，并在此基础上，系统地阐述这

① 赵长华：《发展主义与拉美现代化进程》，《外国经济与管理》1987年第9期。

② 高铦：《拉丁美洲的“发展主义”经济思潮》，《世界经济》1978年第4期。

③ 韩琦：《拉美结构主义研究中的几个问题》，《世界历史》2008年第2期。

④ 江时学：《拉美结构主义论再认识》，《国外社会科学》1995年第2期。

一思想对拉美短期与中长期经济发展的影响，或评述国内外学者对这一理论的反思，如《拉美结构主义论再认识》[1] 和《结构主义与拉美的发展》[2]，两篇文章均对结构主义的思想渊源、基本特征、进步性与局限性进行了考察，前者重点强调这一思想对第三世界国家经济发展的特殊意义，后者则解读了国内外学者对结构主义思想的反思，认为应对这一理论进行扬弃。

也有学者探讨了结构主义与其他经济思想的关系，尤其是与凯恩斯主义的联系，在《拉美结构主义研究中的几个问题》[3] 一文中，作者指出，作为一种土生土长的发展中国家的发展经济学理论，结构主义注重对拉美国家经济和社会结构特殊性的分析，并深受凯恩斯主义理论的影响，二者相互促进、相互借鉴，在理论主张方面具有共通性——普雷维什系统地研究了凯恩斯的理论，并将这一思想的精髓——国家干预主义理念融入了结构主义学派[4]。

“贸易条件恶化论”是普雷维什提出的一系列经济发展理论中争议最多的观点，揭示了发展中国家初级产品的贸易条件存在长期恶化的趋势，这一理论被称为“普雷维什命题”。针对这一问题，在《普雷维什命题：历史与现实》[5] 一文中，作者专门进行了探讨，主要剖析了这一观点的主要内容、西方世界的批判、普雷维什等人对这一理论的捍卫与改良。文章认为“普雷维什命题”带给人们一个重要启示：当发达国家与发展中国家之间的贸易主要以制成品和初级产品来分工时，该命题强调的是初级产品贸易条件的恶化；当中心国家与外围国家之间的贸易分别由资本或技术密集型产品与劳动密集型制成品来进行时，该命题则敏锐地提出了后者贸易条件恶化的必然趋势，正因如此，作者指出，发展中国家应当正视在与发达国家进行对外贸易及其他经济联系时必然产生的不平等关系，正视自己比发达国家处于更加不利的地位这一严酷事实。

---

① 江时学：《拉美结构主义论再认识》，《国外社会科学》1995 年第 2 期。

② 王萍：《结构主义与拉美的发展》，《拉丁美洲研究》1999 年第 4 期。

③ 韩琦：《拉美结构主义研究中的几个问题》，《世界历史》2008 年第 2 期。

④ 董国辉：《劳尔·普雷维什经济思想研究》，南开大学出版社 2003 年版。

⑤ 董国辉：《普雷维什命题：历史与现实》，《拉丁美洲研究》2001 年第 3 期。

然而，也有学者对这一命题质疑，在《质疑“普雷维什—辛格命题”》[①]，文中整理并分析了20世纪70年代以来，经济全球化条件下发展中国家的价格贸易条件数据。实证数据表明，从长期趋势看，发展中国家的价格贸易条件总体应该是改善，而非“恶化”，作者认为在学界对发展中国家价格贸易条件长期趋势所作的判断方面，古典经济学家的观点更适用于长期或一般分析，而普雷维什命题则更适用于短期或局部分析。

二 依附理论

拉丁美洲依附理论的核心思想是为拉美长期贫困落后的根源提供一种理论解释，从而为探索摆脱依附的途径指明方向。多年来，我国学术界对于依附论的研究已有不少颇有建树的成果。很多学者致力于透过不同视角，阐释这一思想的主要论点与不同流派，并试图对其局限性及政策应用过程中产生的效果进行反思和评价，以期较为客观地界定这一理论的含义、发展状况以及在拉美地区和世界经济理论沿革中的地位、作用与意义，并从中探究拉美经济的依附性程度，及其与经济自主性之间的关系，从而对拉美经济发展的正确道路进行探索。

关于依附概念的认知，在拉丁美洲依附研究中，我国学者通过不同视角解读了这一概念，有学者从依附的形式入手，提出存在三种不同的依附观点：“对外依附论”，即在拉丁美洲落后国家与西方发达国家之间的关系上寻找落后根源，把依附问题研究的中心放在外部；“国内殖民主义依附论”，顾名思义，指在拉丁美洲各国内部寻找落后根源，把依附问题研究的中心放在内部；“联系性依附论”，也就是既在内部又在外部寻找落后根源，把依附问题研究的中心放在内外关系的联系上[②]。也有学者对依附形式进行了不同的划分：殖民地型依附、金融—工业型依附、技术—工业型依附，并强调每一种依附形式也都不同程度地表现了不发达国家在社会政治结构上对西方发达国家的依附[③④]。

① 庄芮：《质疑“普雷维什—辛格命题”》，《世界经济研究》2006年第9期。

② 董小川：《拉丁美洲依附研究再评介》，《求是学刊》1994年第4期。

③ 张雷声：《拉丁美洲“依附论”简析》，《教学与研究》1989年第3期。

④ 张建新：《依附论与拉美国际政治经济学》，《当代国外马克思主义评论》2008年第00期。

也有学者从依附原因出发，归纳了国际上对于产生依附原因的几种观点，传统上是由于欠发达国家被纳入了一个不平等的国际经济关系，而他们自身又缺乏变化和增长的自治能力，因而在生产结构和生产力方面的变化总是受中心国家的牵制，而拉丁美洲国家工业的发展受制于跨国公司，则是造成现代拉丁美洲国家依附的原因[①]。

还有学者从依附特征的角度分析了欠发达国家经济表现的共性，如处于欠发达经济形态时，经济发展的水平与核心国家经济联系的密切程度成反比、经济社会呈现二元结构、初级产品出口倾向严重、债台高筑等[②]。

鉴于对依附关系的理解上国际社会形成了各种不同的思想流派，我国学者对此进行了梳理。有学者将其中较为具有影响力的观点归纳为三类：第一类是联合国拉丁美洲经济委员会结构主义理论的继续和深化，是“进口替代”思想流派的扩展；第二类代表马克思主义的观点；第三类介于上述两种流派之间。也有观点根据依附理论的主要倾向进行了表述：不发达的发展、新依附论和依附的资本主义发展[③]。

还有作者提出依附论可以分为两派：“马克思主义依附理论”，即在批判地吸收了结构主义理论分析依附现象的研究成果，力求以严谨的马克思主义方法解释资本主义生产方式的运动规律在拉美国家呈现的特殊性；“结构主义依附理论”在吸收“马克思主义依附理论”的某些批评意见并进行改良的同时，保留了结构主义理论中传统的折中主义方法。两派理论都把马克思主义的政治经济学作为方法论的主要来源，但各自都借用了其他分析方法[④]。

值得一提的是，有学者强调依附理论尽管在国际上享有盛誉，尤其在发展中国家影响深远，却长期处于西方主流理论的边缘地位，这是因为这一思想的激进观点和左派传统受到西方主流言论的排斥，而同时又不被正

---

① 张建新：《依附论与拉美国际政治经济学》，《当代国外马克思主义评论》2008 年第 00 期。

② 严立贤：《依附理论述评》，《国外社会科学》1988 年第 4 期。

③ 高铦：《拉丁美洲的依附与依附论》，《拉丁美洲丛刊》1985 年第 1 期。

④ 袁兴昌：《对依附理论的再认识——依附理论的起源》，《拉丁美洲研究》1990 年第 4 期

统马克思主义理论所接受①。

三　新结构主义理论

关于对新结构主义理论的理解，20世纪八九十年代，新自由主义改革弊端凸显，一系列结构性发展危机的爆发引起拉美结构学派对其理论的反思，并力图在原有理论基础上对一些政策主张进行调整，从而形成了新结构主义思想。我国拉美研究人员对这一理论的发展趋势与特征进行了跟踪研究。

总体来看，国内学者普遍肯定新结构主义在理论与政策主张方面对原有本土经济理论的继承与发展，并将其视为拉美各国对其自身发展所进行的一次有益的理论探索。在《拉丁美洲的新结构主义》② 和《拉丁美洲：新自由主义"退潮"，本土发展理论复兴》③ 中对此进行了专门的探讨。

前者中，作者侧重于对新结构主义的内涵解读，肯定了新结构主义是对结构主义在新的历史条件下的继承和发展，有助于拉美各国克服债务危机，促使经济在民主和公平的条件下走上稳定持续的增长之路。与此同时，也探讨了新结构主义理论中所涉及的若干中心论题：关于拉美国家面临的经济问题的性质；关于发展的概念；关于"从内部发展"的方针；关于生产改造的基本思想；关于国家的经济作用等。作者客观地指出，严格来说，新结构主义只是对一系列经济政策主张的概括，并未形成一个新的理论体系。

后文中，作者则更多地从新结构主义发展前景角度入手，指出新自由主义影响力明显下降，而本土发展理论呈现复兴趋势。作者认为，随着时代的进步，拉美结构学派对新自由主义改革的失误进行了总结和反思，并逐步更新发展了自己的理论体系，在拉美国家纷纷调整经济与社会政策的大趋势下，新结构主义思想在本地区的影响力将会日益扩大。

① 张建新：《依附论与拉美国际政治经济学》，《当代国外马克思主义评论》2008年第00期。

② 苏振兴：《拉丁美洲的新结构主义》，《拉丁美洲研究》1991年第2期。

③ 苏振兴：《拉丁美洲：新自由主义"退潮"，本土发展理论复兴》，《红旗文稿》2008年第6期。

可以看出，我国学者对新结构主义的发展潜力充满信心，这种态度立场也体现在《拉美的新结构主义经济理论及其对经济结构调整的政策建议》[①] 一文中。作者除了肯定新结构主义思想对拉美传统发展理论的继承发展，并指出其在新自由主义导致地区经济发展形势恶化条件下兴起的历史背景以外，断言这一思想将会成为拉美地区具有广泛意义的主流经济学理论。

对于新结构主义与其他经济理论的关系解读方面，有学者[②]指出鉴于其在偿债，调整经济增长与经济结构的关系，调整生产结构，调整对外贸易结构，调整储蓄、投资和金融的关系，以及改变收入分配严重不平等问题上与新自由主义存在根本分歧，这种思想终将在与新自由主义经济理论的论战中得到不断的丰富和完善。也有学者将新结构主义放在新自由主义和传统结构主义关系之中进行解析，在《拉美的新结构主义——转型时期现代化道路的新思考》[③] 一文中，作者通过将新结构主义与新自由主义和传统结构主义进行比较，指出拉美新结构主义是结构主义理论与新自由主义理论调和的产物，并总结道，这一理论可被视为转型时期拉美现代化道路上可替代新自由主义理论和政策的相对可信的和可行的选择。

四　拉美本土经济发展理论

数十年来，除了对每一种经济发展理论进行单独解读，在中国拉美学界也不乏将这些理论作为整体进行全面统筹思考的佳作。这类研究，一方面旨在体现结构主义和依附论在内容上和时间上的关联性与传承性；另一方面试图对这两种思想在政策实践中均未能成功的缘由进行比较与反思。有学者认为，结构主义与依附理论在拉美失败的根源在于前者片面强调生产力，对进口替代工业化的论证有其僵化性的一面，而后者则在于用静止的绝对化的观点看问题，仅仅强调革命而忽视社会和制度变革[④]。

① 王赞桔：《拉美的新结构主义经济理论及其对经济结构调整的政策建议》，《拉丁美洲研究》1990 年第 2 期。

② 同上。

③ 韩琦：《拉美的新结构主义理论——转型时期现代化道路的新思考》，《拉丁美洲研究》2008 年第 3 期。

④ 苏振兴主编：《拉美国家现代化进程研究》，社会科学文献出版社 2006 年版。

有学者从拉美本土经济思想兴起的时代背景进行思考，如在《战后拉丁美洲经济思想概述》[①] 一文中，作者剖析了战后拉美经济思想产生的两个重要因素：民族主义思想的驱动与经济发展的需要。也有作者从这些理论在政策实施过程中遇到的困难入手，力图为其寻求解决路径，如在《评拉美发展主义的经济理论与实践》[②] 一文中，作者指出以普雷维什为代表的发展主义理论为“外围”国家摆脱不平等地位指明了方向——工业化道路，并针对这些国家在工业化进程中遇到的障碍，分别从资本积累和资本形成、市场和地区经济一体化、国家协调和指导经济、经济发展战略四个方面提供了解决路径。此外，作者坦言尽管这些理论很大程度上是符合第三世界发展利益的，有利于民族经济的振兴，但也存在一些政策主张理论上是可行的，而在实践中由于外部力量的阻挠或内部集团势力的干扰而未能取得预期的效果或未能贯彻执行的情况。

总体来说，我国学者在拉美本土经济理论研究中普遍认为：第一，在当时的国际环境中，拉美国家没有盲目遵循西方中心主义的经典现代化理论框架，而是针对本地区的社会经济特点与需求，以及发达国家与发展中国家不平衡地位的实际情况，探索符合本土情况的现代化发展理论。

第二，结构学派是拉美本土发展理论的基础与核心。结构主义思想为拉美本土理论的发展壮大奠定了坚实的理论支撑。毋庸置疑，20 世纪 50 年代，在结构主义分析框架的基础上产生的依附论在理论主张方面与结构主义存在传承性。

第三，结构主义理论随着时代变化不断自我修正、自我完善，重新焕发生机：进口替代工业化模式自 20 世纪 80 年代初拉美债务危机之后便失去了往日的魅力，结构学派理论的弊端也因此越发凸显，日渐衰落。拉美各国深陷债务危机之时，在西方发达国家的“威逼利诱”下，美欧将一手为拉美各国定制的新自由主义发展理论引入该地区，使其成为向外向型发展模式转变的新的理论基础。但新自由主义改革仍旧没有使拉美摆脱社会经济陷入困境的命运。在这种背景下，本土结构学派对衰落的结构主义理论进行改进，提出新结构主义发展理论，主张把经济目标和社会目标结

① 高铦：《战后拉丁美洲经济思想概述》，《拉丁美洲丛刊》1982 年第 1 期。

② 高君成：《评拉美发展主义的经济理论与实践》，《拉丁美洲丛刊》1985 年第 2 期。

合起来，促进公正的经济发展，如今，在结构主义理论基础上得以新生的新结构主义在拉美地区的影响力逐渐上升。

第三节　经济发展模式与发展战略研究

中国拉美研究学者普遍认为，拉丁美洲的工业化进程，早于世界其他地区的发展中国家，且在促进地区发展与经济变革方面发挥了至关重要的推动作用。一个世纪以来，这一地区的经济发展模式主要经历了三个阶段，尽管称谓不尽相同，但大致可划分为初级产品出口发展模式（1870—1930）、进口替代工业化发展模式（1930—1982），以及外向发展模式（1982 至今）三大类，对于最后一种模式，存在多种称谓，例如，“后进口替代”发展模式①，或新自由主义和新结构主义阶段，亦被称为出口导向发展模式②。有学者③将这三种发展模式称为“外向—内向—外向”阶段，指出这种“钟摆现象”出现的根源在于拉美内部制度，这种问题不利于经济发展的连续性，转变的幅度越大对生产力的破坏越剧烈。

拉美地区在逾百年的时间里对经济发展模式的不断选择可以被视为各国根据不同时期国内外形势对国家工业化（或现代化）发展道路的一种探索。我国学界将拉美经济发展战略问题作为重点研究课题始于 20 世纪 80 年代初。当时正处于改革开放初期的中国致力于探索现代化建设道路，希望对外国经济发展模式进行深度的解析，尤其是关注这一时期拉美在经济转型过程中爆发的债务危机，当时，欧美发达国家陷入长期“滞涨”，国际资本大量外流，而同一时期，拉美国家出于现代化发展需要，急于扩大投资规模，加速资本积累，因此世界范围内石油出口带来的高额利润形成大量资本，经由国际金融信贷机构涌入拉美地区，然而过度举债的发展方式使各国的外债不断累积，最终导致了 20 世纪 80 年代债务危机在拉美地区的全面蔓延。针对这一情况，中国拉美学界给予高度重视，汲取拉美

① 江时学：《拉美发展模式研究》，经济管理出版社 1996 年版。

② 张家唐：《论拉美国家工业化发展模式的历史演变》，载苏振兴主编《中拉关系 60 年：回顾与思考》（下），当代世界出版社 2010 年版，第 731—757 页。

③ 苏振兴主编：《拉美国家现代化进程研究》，社会科学文献出版社 2006 年版。

二战后实行的经济发展战略实施过程中的教训，以期使中国在经济转型期不致重蹈覆辙。

在这种背景下，1983 年，中国拉美经济学科承担了第一个国家社科基金项目——由苏振兴和徐文渊主持的《拉丁美洲国家经济发展战略研究》课题。该课题的成果专著①成为世界对拉美发展模式研究与反思的重要组成部分，不仅对拉美地区整体及地区主要国家在不同发展阶段进行战略选择时面临的目标、任务、挑战进行了深入分析与探讨，而且为我国经济发展战略的制定提供了可借鉴、可参考的经验，具有启示性意义。

作为对拉美经济发展模式进行的综合性研究，具有代表性的学术成果还有《拉美国家工业化的战略选择》、《拉美发展模式研究》、《论拉美国家的发展模式转型与发展困境》② 等等。在这些成果中，作者们通过不同视角对拉美国家经济发展变迁中所经历的三种模式给予了较为详尽系统的阐述和较为客观的评价，其中包括形成原因、理论基础、施行过程、衰落原因，以及实施效果和影响。

有学者着重解读了发展模式实施中所需要处理的各种关系：有的学者③认为战略选择面临的主要问题在于如何处理内部市场与外部市场、政府与市场、消费资料生产和生产资料生产之间的关系，如何提高技术自立能力等方面，并指出拉美国家经济发展取得的成就和遇到的困难，都与其选择的工业化战略有密切的关系。也有学者④指出经济增长与通货膨胀、工业化进程与农业发展、经济增长与收入分配、国家干预与市场调节这四大关系不仅是拉美经济发展的难题，也是中国在经济改革过程中必须认真对待的重点。

一　初级产品出口发展模式

除了综合整体性把握与解读，我国学者对于每一种发展模式的演变也进行了具体的考察与思考。首先，对初级产品出口发展模式——这种兴起

① 苏振兴、徐文渊主编：《拉丁美洲国家经济发展战略》，北京大学出版社 1987 年版。

② 杨万明：《论拉美国家的发展模式转型与发展困境》，《拉丁美洲研究》2006 年第 6 期。

③ 苏振兴：《拉美国家工业化的战略选择》，《拉丁美洲研究》1989 年第 3 期。

④ 江时学：《拉美发展模式研究》，经济管理出版社 1996 年版。

于19世纪后半期并在20世纪30年代退出历史舞台的拉美早期工业化发展模式，国内学术界对其关注度不如后两种那么高，但仍不乏优秀的相关研究成果。

我国学者普遍认为这一发展模式具有不容低估的历史作用，应当正确而客观地看待其对地区经济发展的作用与影响。如在《拉丁美洲现代化进程中的初级产品出口型发展模式》[①] 一文中，作者认为这一战略选择的实施存在历史必然性，但是这一模式的运转只能在一定时期内取得良好的效果，因为这一以初级产品出口作为经济增长“引擎”的发展模式本身固有的缺陷不足以使一个国家走上长期经济发展的道路。

也有学者将当前拉美地区面临的经济发展困境与这种早期发展模式造成的历史影响相联系，试图探究其中的关联性。如在《拉美初级产品出口模式及其影响》[②] 一文中，作者指出，拉美初级产品出口模式“对于深化拉美社会经济问题的研究是不可或缺的”，文章通过对拉美主要国家初级产品出口模式的实施情况进行分析，强调这种发展模式对拉美早期城市化、工业发展以及收入分配等方面均产生了深远影响，在此基础上，作者得出结论：一方面，当前拉美社会经济发展进程中反映出来的特点和矛盾，几乎都与其前期实行的初级产品出口模式存在密切关系；另一方面，在该模式实施过程中拉美地区体现出的差异性是导致当前各国社会经济发展呈现不平衡性的重要历史原因。

此外，除了地区整体性研究，也有作者从次区域和国别的角度分别对初级产品出口模式在社会经济发展进程中留下的历史烙印进行阐述，如强调阿根廷在实行初级产品出口模式时所形成的对外依附性，暴露了该国早期现代化进程中的一些矛盾，而这些矛盾正是阿根廷在20世纪30年代以后不断走向“衰败”的根源之所在。[③] 再如，中美洲国家独立后为适应世界市场需要，逐渐形成初级产品出口导向增长模式，其积极意义在于促进

① 江时学：《拉丁美洲现代化进程中的初级产品出口型发展模式》，《拉丁美洲研究》1995年第5期。

② 苏振兴：《拉美初级产品出口模式及其影响》，《拉丁美洲研究》1994年第6期。

③ 董国辉：《初级产品出口与阿根廷的早期现代化——拉美独立运动爆发200周年的反思》，载《中国拉丁美洲史研究会第17届年会暨“纪念拉美独立200周年”学术讨论会论文集》2010年10月。

了中美洲资本主义生产关系的发展，促进了荒芜地区的开发、基础设施建设和城市化，负面影响体现在导致资源配置扭曲，造成中美洲国家经济的脆弱性、经济结构失衡和经济现代化的延缓等[①]。

二 进口替代工业化发展模式

从20世纪30年代起，因大萧条时期的世界贸易萎缩，拉美各国希望减少对初级产品出口部门的依赖，优化国内产业结构，加快本国工业化步伐，从而尽快完成本国现代化进程，因此，各国从以初级产品出口为导向的外向型发展模式向进口替代工业化和内向型发展战略转型。值得指出的是，尽管进口替代政策实践兴起于20世纪30年代，但直到五六十年代以普雷维什为代表的拉美结构学派对前期尝试进行理论概括后，这种早期带有自发性质的进口替代措施才提升为一种发展模式，并由此进入了其实施的“黄金期”[②]。

对于这一模式的定位，有的学者认为拉美现代化模式就是进口替代工业化[③]，也有观点指出拉美经历了两种发展模式：早期工业化模式，即初级产品出口这样的“欧化”模式，以及20世纪30年代以后实施的、自主探索的发展道路——进口替代工业化模式[④]。

20世纪80年代的债务危机使拉美经济陷入困境，工业化进程面临严峻挑战。在这种情况下，一些学者指出，要认识拉美经济发生变化的原因，以及正确把握拉美经济发展和工业化进程的趋势，必须研究工业化模式的特点。有学者认为这一具有进口替代性质的模式最显著的特点有二：国家在直接参与工业化方面发挥强有力的作用，以及相对封闭的经济与高保护政策[⑤]。此外，也有学者强调不应忽视这一进程中跨国公司所起的特殊作用，以及在城市工业化、工业技术和消费领域中所呈现的明显的模仿

---

① 雷泳仁：《中美洲初级产品出口导向增长模式的形成和影响》，《中国拉丁美洲史研究会第17届年会暨“纪念拉美独立200周年”学术讨论会论文集》2010年10月。

② 苏振兴：《拉丁美洲的经济发展》，经济管理出版社2000年版。

③ 赵长华：《发展主义与拉美现代化进程》，《外国经济与管理》1987年第9期。

④ 林被甸：《拉美国家对现代化道路的探索》，《北京大学学报》1992年第6期。

⑤ 苏振兴：《拉美国家工业化模式的转型的经验教训》，《中国改革》2003年第12期。

倾向和行为[①]。

对于这一模式衰落的原因，我国学者所持的观点并不完全一致，但是普遍结论是贸易保护、国家干预和面向国内市场等原因导致产品竞争力不足、国家资源配置不合理、经济缺乏活力等[②]。在《对拉美进口替代工业化发展模式的初步总结》[③] 和《拉美进口替代工业化发展模式的演变》[④]中，作者通过简析世界经济史，指出在20世纪30年代世界经济大萧条的环境下，拉美国家选择进口替代工业化模式的历史必然性，同时强调了该模式的三大弊端：劳动生产率低下、国际收支持续得不到改善、劳动力资源优势难以发挥。这些与20世纪70年代出现的一系列不利的国际环境因素共同促成了进口替代工业化模式的衰落，及拉美自大萧条以来最严重的经济危机的爆发。然而，有学者表示，尽管进口替代工业化模式自身具有明显的局限性，但是该模式的失败并不能代表发展中国家应该放弃工业化道路，或者不能理解为对国家促进工业化政策的否定，所谓“进口替代”实际上就是发展中国家发展工业，改变工业品完全依赖进口的落后状况，因此，否定进口替代就是否定发展中国家的工业化之路和现代化之路，但也应注意，发展中国家的情况千差万别，其进口替代的范围和程度应当因地因国而异[⑤]。

三　后进口替代发展模式

在近半个世纪的实践中，进口替代工业化模式自身所固有的一些结构性制约因素逐渐暴露，过度内向型发展不仅使拉美国家错过了像“亚洲四小龙”那样适时调整发展模式的机遇，更使得这些国家陷入“结构性发展危机”，并最终导致20世纪80年代初整个地区债务危机的全面爆发。结构学派的进口替代工业化理论因此受到质疑，逐渐被边缘化，这为新的

① 吴国平：《论拉丁美洲工业化进程的特点》，《世界经济》1990年第12期。

② 曾昭耀：《关于进口替代工业化战略的再思考》，《拉丁美洲研究》1996年第6期。

③ 江时学：《对拉美进口替代工业化发展模式的初步总结》，《拉丁美洲研究》1995年第6期。

④ 江时学：《拉美进口替代工业化发展模式的演变》，《拉丁美洲研究》1996年第4期。

⑤ 曾昭耀：《有关进口替代工业化战略评价中的几个问题》，《拉丁美洲研究》1999年第3期。

发展理念的植入提供了空间。

深陷债务危机的拉美各国不得不诉诸西方发达国家主导的国际金融信贷机构——国际货币基金组织和世界银行，而得到这些机构资金援助的条件就是实施西方奉行的以市场自由化和私有化为特征的外向型发展模式——新自由主义理论。

20世纪80年代末90年代初，东欧剧变所带来的一系列国际格局的变化造成新自由主义以更深入、更广泛、更强势的姿态在拉美各国蔓延。西方社会以“华盛顿共识”为标志，为拉美国家量身定做了新自由主义政治经济发展方案，并用债务减免优惠“奖励”实行这一模式的拉美国家。在这种“威逼利诱”下，20世纪90年代，新自由主义在拉美地区全面铺开。主要措施包括贸易开放、降低关税；金融信贷市场自由化；取消资本管制、吸引外资；国有企业私有化；税制改革等。

在这种背景下，中国拉美学界开始对传统经济发展模式进行反思，并由此形成了两个重大研究课题，一个是对经济模式转型的探索与思考，即以20世纪80年代债务危机为契机从传统发展模式转向外向型发展模式；另一个是东亚、拉美发展模式的比较研究，研究对象分别是实施进口替代工业化模式却深陷债务危机的拉美各国，以及同样经历该模式但及时并成功转型为出口导向型发展模式，最终实现经济崛起的“亚洲四小龙”。

（一）经济发展模式转型

我国学者普遍认为拉美各国对战后经济发展模式和发展理论展开深刻反思，并调整了经济结构和发展战略。研究的着眼点主要包括发展模式转变的必然性、转型时期实施的政策措施、发展模式转变后呈现的新特点、转变过程、转型的经验教训等方面。

有学者探讨了拉美传统发展模式面临的四大问题：债务负担沉重、通货膨胀居高不下、经济活力衰竭、国际竞争力下降；认为鉴于此，拉美各国在20世纪80年代后半期以来开始不同程度地进行发展战略的重大调整①。也有观点认为，除了上述四点传统发展模式自身暴露的结构性矛盾以外，外部环境的恶化以及由此引发的对西方经济理论和旧的发展模式的

---

① 吴国平：《试论80年代拉丁美洲经济发展模式的转变》，《拉丁美洲研究》1992年第5期。

质疑也是导致发展模式转型的重要因素①。在这种背景下，拉美国家逐渐形成一个“具有实用主义色彩、吸收了包括新结构主义和新自由主义等多种理论合理成分在内的理论认识”，并通过经济向市场化过渡、贸易向自由化转变、国有经济实体向私人资本转移等措施深化发展战略调整②。

此外，一些学者聚焦发展模式转型后对经济社会造成的影响，如社会财富发生重大转移，上层资产阶级成为社会经济生活的主角；劳资关系发生变化，工会地位和作用大大下降；公共部门走向衰退，国家的社会与经济职能明显削弱；贸易和金融的对外开放迅速加快③。也有学者④将转型后影响的消极方面概括为缓解贫困的稳定性差；收入分配严重不公；就业压力难以缓解；社会治安问题严峻等，并在此基础上，将拉美发展模式转型带来的启示总结为几点：科学界定社会经济转型期的政府职能；科学界定社会经济转型期的政府职能；正确处理工业化与农业发展之间的关系；确保经济政策的连续性和稳定性。

对于新工业化发展模式的构建，我国学者也进行了有益的探索，有观点⑤指出，这种受新自由主义支配的外向型工业化道路的目标是提高竞争力。自实施以来，在拉美地区形成了两种新的“生产专门化模式”：以发展资源加工工业为主的模式和以发展出口加工装配工业为主的模式。这些生产模式的构建对拉美国家的工业部门、特别是制造业部门会带来一些积极的变化，如加速制造业部门的优胜劣汰、提高出口产品竞争力、私人资本不断壮大、能源工业得到加强，但同时也会造成新的问题，也就是说，尽管拉美国家所实行的发挥非熟练劳动力和自然资源等静态比较优势的“生产专门化”模式对拉动经济增长产生了积极的作用。但是，拉美国家也面临现有产业国际竞争力较弱，产品出口受外部市场波动的影响较大，高新技术产业发展滞后，工业部门创造就业的能

---

① 徐宝华：《八十年代拉美国家经济发展战略的调整》，《拉丁美洲研究》1986年第3期。

② 吴国平：《试论80年代拉丁美洲经济发展模式的转变》，《拉丁美洲研究》1992年第5期。

③ 苏振兴：《论拉丁美洲国家发展模式的转换》，《拉丁美洲研究》1996年第1期。

④ 杨万明：《论拉美国家的发展模式转型与发展困境》，《拉丁美洲研究》2006年第6期。

⑤ 苏振兴：《拉美国家关于新工业化道路的探索》，《拉丁美洲研究》2003年第2期。

力不强，工业技术设备对外依赖的程度有所加深①。如何克服这种以经济结构过度向初级产品部门倾斜为特征的“荷兰病”成为拉美经济转轨的主要障碍，使现有工业化模式不断走向完备与成熟，仍是拉美国家面临的一大挑战②

除了对地区整体经济模式发展趋势进行解析以外，我国学者对这一领域的国别研究也取得了丰硕的成果。值得指出的是，鉴于智利模式在整个地区新自由主义改革中的先驱性与示范性，对该国经济模式的研究成果颇多，如《智利的经济政策与发展模式》③、《90 年代智利经济模式的运作》④、《对智利经济模式几个特点的分析》等⑤。

（二）东亚、拉美发展模式的比较研究

20 世纪 90 年代，很多学者在东亚和拉美发展模式比较研究这一课题上进行了多层面的考察，研究重心涵盖两个地区发展模式的特点、导致发展模式差异性的原因、拉美与东亚发展模式中的政府干预、拉美与东亚发展模式中的收入分配，以及拉美与东亚在人力资源开发、教育、科技与文化方面的比较等。

对于造成两种迥异的发展模式和发展状态的原因，有的学者指出拉美的“失败”和东亚的“成功”与一系列因素有关，排除外部环境、文化和政治体制因素⑥，两个地区均经历了进口替代工业化模式的初级阶段，面临模式自身暴露的局限性，两个地区采取了不同的对策，东亚从进口替代向出口替代过渡，但拉美却延续了进口替代模式，从初级阶段进入第二阶段，这一差异构成了两个地区发展模式成败的基础⑦。

然而，有的学者否认东亚之所以避免了像拉美一样陷入债务危机是因为这些国家放弃了进口替代战略，转变为出口导向模式，指出尽管东亚国

① 苏振兴、张勇：《从“进口替代”到“出口导向”：拉美国家工业化模式的转型》，《拉丁美洲研究》2011 年第 4 期。

② 董国辉：《“荷兰病”是拉美经济转轨的主要障碍》，《拉丁美洲研究》1994 年第 2 期。

③ 苏振兴：《智利的经济政策与发展模式》，《拉丁美洲研究》2005 年第 5 期。

④ 汤小棣：《90 年代智利经济模式的运作》，《拉丁美洲研究》1996 年第 2 期。

⑤ 曹琳：《对智利经济模式几个特点的分析》，《拉丁美洲研究》1996 年第 2 期。

⑥ 韩琦：《对东亚与拉美经济发展成败原因的分析与比较》，《世界经济与政治》1996 年第 7 期。

⑦ 江时学：《拉美、东亚发展模式的比较》，《拉丁美洲研究》1993 年第 3 期。

家采取外向型模式，但是政府的作用是强大的，采用有利的产业政策，通过经济干预引导市场，这些都是带有进口替代特色的。真正导致拉美债务危机的不是进口替代模式，而是西方发达国家政策的突然改变，使得与世界经济完全结合的拉美国家变得脆弱不堪，而东亚之所以没有陷入这样的境地，除了有效的产业政策调控以外，还得益于当时各国与世界经济的联系并不像拉美国家那样紧密①。

也有作者认为导致两种模式发展差异的原因可以归纳为三个方面的不同：自然禀赋不同、经济发展过程中遵循的指导理论不同、面对的周边环境不同。因此，发展中国家在选择和转换发展模式时，必须注意正确处理政府干预与市场经济的关系、外向性与内向性的关系、扩大内部资金积累与利用外资的关系、发挥资源优势与提升产业结构的关系、发展模式的正确择定和适时转换的关系②。

当1997年亚洲经济危机爆发之后，人们开始用更全面而清醒的目光来对待东亚地区出现的经济奇迹，1994年墨西哥金融危机和东亚危机的比较研究一时成为关注的热点。中国学者普遍认同拉美内向型发展模式与东亚外向型发展模式都对两个地区的发展中国家和地区的经济发展发挥了重要的推动作用，使它们分别在一定时期内获得了高速或较高速的增长。也有学者③从政府角色的角度来比较和评述东亚和拉美的发展进程，指出东亚国家相继爆发经济危机或受到危机的强烈冲击和影响引发了关于政府作用与危机的关系，以及政府在东亚发展进程中的地位等问题的争论。政府的作用问题不仅仅对东亚的发展具有十分重要的意义，而且一般而言，它对拉美国家的发展进程也产生了十分重要的影响。在拉美国家的发展进程中，政府的作用也几经变迁。这种变迁在很多情况下受到东亚地区直接或间接的影响。在拉美国家的“国家改革”进行多年却长期徘徊不前之际，东亚危机引发的问题使人们有机会重新认识拉美国家的改革和调整进程。

综合来看，两大地区发展的稳定性有较大差别。东亚在较长时期内保

① 曾昭耀：《关于进口替代工业化战略的再思考》，《拉丁美洲研究》1996年第6期。

② 卢韦：《关于拉美和东亚发展模式比较的几点思考》，《拉丁美洲研究》1999年第2期。

③ 张凡：《东亚危机与拉美的调整》，《拉丁美洲研究》2001年第2期。

持高增长与低通胀共存，但拉美经济发展则长期伴随高通胀，甚至恶性通胀；两地国际收支平衡具有波动性，反波动程度不同[①]。但是有学者指出拉美和东亚的事实显示无论是内向还是外向发展战略都不是保证经济长期持续发展的万应灵药，两者都受一系列局限性和脆弱性影响，并且在一定的条件下，都有可能陷于危机。拉美债务危机和东南亚金融危机的深层次原因并不在于发展中国家采取的某种发展战略，而是不合理的国际经济关系的产物，世界资本主义自由市场制度的产物[②]。

第四节　经济危机

20 世纪 80 年代起，我国改革开放社会主义现代化建设逐渐步入正轨。国外的经验，尤其是发展中国家在经济发展中的经验教训为处于摸索期的中国经济提供了新的发展思路。举例来讲，我国经济发展模式的转型同样存在诸如开放市场、引入外资这样的政策导向，如何正视并合理利用这些发展手段，从国外爆发的经济危机中汲取教训、引以为戒，不致使政治举措适得其反，成为阻碍甚至损害经济发展的元凶，是摆在我国研究人员面前的重要问题。

历史经验表明，拉美地区是一个经济危机频发的地区。经济体系与发展模式的脆弱性以及对外部条件的过度依赖性，导致这一地区极易受到国际环境的影响，抵御危机的能力长期处于薄弱水平。自 20 世纪 80 年代以来，从影响的深度与广度来看，拉美地区先后经历了两次可谓具有“灾难性”后果的经济危机，分别是 20 世纪 80 年代前半期的债务危机，以及 21 世纪初的金融危机，这两次动荡不仅席卷了拉美的主要国家，而且对整个地区经济现代化造成了巨大的冲击。但是，这些挫折也促使各国开始对自身发展道路进行深刻的反思，致力于推行大规模的、创新性的改革举措，逐步探索适合本国、本地区的改革发展道路。

可以看出，拉美在经济危机中的实践经验对于我国学者思考预防危

① 张凡：《东亚危机与拉美的调整》，《拉丁美洲研究》2001 年第 2 期。

② 曾昭耀：《有关进口替代工业化战略评价中的几个问题》，《拉丁美洲研究》1999 年第 3 期。

机、深化改革进程具有重要的借鉴与启示意义，因此，我国拉美研究学者发表了大量的研究成果，致力于解读拉美两次经济危机的成因、影响，以及拉美国家的对策。

一 债务危机

1982年，以墨西哥宣布无力偿还外债为导火索，拉美国家及一些地区外发展中国家相继爆发了严重的债务危机。这场危机使拉美遭遇了重大打击，整个20世纪80年代被称为“失去的10年”。

关于拉美债务问题，我国学者进行了全面考察，著有《拉丁美洲外债简论》[①] 一书。这部专著以历史分析视角，梳理了19世纪初至20世纪70年代拉美国家举借外债的情况，试图从中揭示债务危机与发展模式之间的关系；解读二战后拉美国家引进外债的新特点与战后国际资本运行的关联性；论述负债发展战略的特征和实施这一战略的内外条件；通过国别比较，阐述这一战略的实施效果；指出衡量负债发展战略实施成效的重要标准。此外，作者也全方位分析了外债危机的起因、后果、对策，指出除了恶劣的外部环境以外，内因主要包括政府财政赤字增加、举债投资规模扩大、资本外逃、过度进口高档消费品及出国旅游人数增加等；认为债务危机对拉美各国投资生产、物价、人民生活水平，甚至政治社会稳定均造成了不利影响。

针对这场危机，一些学者侧重于分析其产生的根源，有观点[②]指出，拉美经济的恶化实质上是一场“结构性危机”，其爆发原因需要用两分法来看：从外部因素看，主要在于发达资本主义国家在国家经济衰退情况下利用高利率政策、贸易保护主义政策和不合理的价值政策等手段向拉美转嫁经济危机；从内部因素看，从拉美自身经济发展战略选择以及为之采取的具体经济政策角度分析，拉美各国经济政策失当，公共开支过分庞大，债台高筑。文章重点强调了危机爆发的内因，认为尽管20世纪50年代起拉美国家普遍采取的以发展主义为指导思想的经济发展战略在很多方面是

① 张宝宇、吕银春、周子勤：《拉美外债简论》，社会科学文献出版社1993年版。

② 张森根、吴国平：《当前拉丁美洲经济恶化的根源及展望》，《拉丁美洲丛刊》1984年第1期。

积极而成功的，但在长期推行过程中也积累了许多难以克服的问题。也有文章[①]认为，造成债务危机的原因是结构性失衡和政策性失误的共同作用，其中结构性失衡主要表现为工农业发展的失衡，第一、二产业与第三产业发展的失衡，工业发展中不同部门比重的失衡，农业发展中不同部门比重的失衡，对外贸易中出口产品结构的失衡。

也有学者侧重于对拉美国家经济在危机中获得的经验教训进行总结，并对这一地区如何走出这场危机进行反思。有观点[②]指出，拉美国家为解决债务问题付出了很大的努力，但通过债务重组方案缓解危机的方式具有局限性。基于此，有学者[③]提出要更深层次地解决债务问题，摆脱危机状态，尽快恢复经济正常发展，必须进行深刻的结构性调整，这需要来自四个方面的共同努力：债务国，即拉美各国；债权国，其中美国是拉美各国最大的债主；西方商业银行；国际货币基金组织。

针对危机爆发的几个“重灾区”国家，如最具代表性的危机爆发源头墨西哥与地区大国巴西，我国学者也进行了重点国家的国别实证研究。从墨西哥经济政策角度，总结出一些值得吸取的教训：经济增长速度超过了国力许可的限度，经济增长过分依赖外资，过分强调石油的作用[④]。对此，我国学者思考了墨西哥为什么如此执着于加速工业化进程，无视本国脆弱的经济基础大量举债。有观点[⑤]认为，这与墨西哥曾为宗主国的殖民地，拥有强烈的“落后就要挨打”的民族意识有关。殖民地的惨痛历史给这个国家的民族心理留下深刻的烙印，因而在取得政治独立后，墨西哥加速经济发展，以期尽快赶超西方发达国家，跻身于世界强国之列。再如，针对巴西的国别研究，有学者从该国对外债的控制和使用等几个方面的经验教训进行了总结：控制借债规模问题、选择借债渠道、确定贷款使用范围和投资方向问题、外债与国民经济综合平衡的关系问题等[⑥]。

---

① 江时学：《八十年代初的拉美经济危机》，《拉丁美洲研究》1987 年第 4 期。
② 苏振兴：《关于拉美债务问题的几点思考》，《拉丁美洲研究》1988 年第 5 期。
③ 张森根：《当前拉美经济调整和债务问题》，《世界经济与政治》1988 年第 11 期。
④ 陈芝芸：《墨西哥经济危机和政府的政策》，《拉丁美洲丛刊》1983 年第 5 期。
⑤ 王绪苓：《80 年代墨西哥债务危机考略》，《拉丁美洲研究》1990 年第 5 期。
⑥ 陈作彬：《巴西债务危机的形成及其经验教训》，《拉丁美洲丛刊》1984 年第 2 期。

值得一提的是，近年来，我国拉美债务危机研究出现了新的发展趋势。随着2008年全球金融危机的爆发而引发的欧洲债务危机的蔓延，一些学者开始致力于将欧洲发达国家债务危机与拉美发展中国家债务危机进行比较分析，分别从环境背景、债务负担、财务状况、危机对策方面深入剖析两次危机背后潜藏的结构性问题和深层次原因，旨在对我国经济健康稳定运行提供一些启示与政策建议。有文章指出，“不论八十年代发展中国家由外债问题引发的债务危机，还是此次发达国家由内债引发的债务危机，都说明任何经济体对于系统性风险是不可避免的。我们必须认真分析全球经济受到的影响和冲击，为化解危机的不利影响与恢复经济中的长期平衡获取有益启示”①。

二　金融危机

自20世纪90年代中期以来，拉美三个主要地区大国——墨西哥、巴西、阿根廷相继爆发金融危机或金融动荡，不仅给拉美地区经济造成了严重后果，而且对国际金融市场带来了巨大冲击。人们意识到从拉美债务危机中诞生的贝克计划、布雷迪计划等旨在解决危机的方案非但未消除债务危机的根源，而且为日后的金融危机埋下了隐患。

面对这一形势，一方面，我国学者进行全局整体性反思，从金融全球化的视角，透过拉美主要国家的金融危机解析各国在应对金融全球化过程中积累的经验教训，并逐步加以引申，对发展中国家参与金融全球化进程中如何维护经济安全的问题展开思考②；另一方面，很多学者侧重从国别案例分析入手，分别对这三大国金融危机的成因、特征、表现及影响进行考察。

（一）墨西哥金融危机

有学者指出，墨西哥金融危机爆发的根源主要在于三个方面：用短期外国资本来弥补经常项目赤字；以“汇率锚”为基础的反通货膨胀计划

---

①　闫屹、王佳玺：《欧洲债务危机与拉美债务危机的比较与借鉴》，《河北金融》2010年第11期。

②　江时学：《金融全球化与发展中国家的经济安全——拉美国家的经验与教训》，社会科学文献出版社2004年版。

高估比索币值；在开放经济的过程中金融部门的活力没有得到相应的增强[①]。也有学者认为，造成这次危机的诸多原因中包括实行货币贬值时操作上的某些失误，但从根本上来说，这场危机是经济改革过程中一些严重失误长期积累的结果[②]。如经济调整和改革过程中未能协调好各阶层利益，收入分配不公和贫富差距严重，社会矛盾尖锐；政局动荡；国内市场开放过度，进口增长太快，出口能力不足，导致贸易赤字扩大；外资流入过度集中，证券投资比重过大；国内银行利率过高，企业投资环境差，产业结构调整缓慢；比索高估，汇率制度僵硬等[③]。

对于金融危机对我国的启示与教训，有学者表示，国际金融市场的危机往往发生在发达国家，而此次墨西哥，作为一个发展中国家金融市场的动荡，其波动范围之广、震动之大是前所未有的，需要所有正在进行市场开放改革的发展中国家引以为戒[④]：在开放市场的过程中必须关注本国的承受能力，将外贸逆差控制在一定限度内；必须选择一种适当的汇率制度；私有化不是抵御金融风险的“防火墙”；政局稳定的重要性不容忽视[⑤]。

也有观点提出，应该重视一些中小国家的经济形势，尤其是在全球化下金融市场的变化可能对我国产生的不利影响，但与以往相比，处于危机的国家并非孤立无援，其所获得的国际支持远远超出过去的规模，但要警惕不要沦为区域经济一体化的利益工具；必须深化改革，切实调整宏观经济结构和产业结构；使外资量合理流入；谨慎开放金融市场；重视国家在市场经济条件下的作用，等等[⑥]。可以看出，墨西哥金融危机给我国经济改革开放带来的一条重要教训是：一国的经济发展不能维系在外国资本身上，引进外资要适度，运用外资要有效[⑦]。

---

① 江时学：《论 1994 年墨西哥金融危机》，《世界历史》2002 年第 6 期；江时学、卢韦：《墨西哥金融危机的由来》，《外向经济》1995 年第 4 期。

② 沈安：《关于墨西哥金融危机的若干思考》，《拉丁美洲研究》1995 年第 2 期。

③ 陈芝芸：《墨西哥金融危机的缘由与教训》《世界经济与政治》1995 年第 4 期。

④ 张新生、朱书林：《墨西哥金融危机的背景、影响与教训》，《现代国际关系》1995 年第 3 期。

⑤ 江时学：《论 1994 年墨西哥金融危机》，《世界历史》2002 年第 6 期。

⑥ 沈安：《关于墨西哥金融危机的若干思考》，《拉丁美洲研究》1995 年第 2 期。

⑦ 李忠尚、王建华：《墨西哥金融危机的影响及启示》，《金融研究》1995 年第 4 期。

（二）巴西金融动荡

进入1999年后不久，巴西金融形势出现了剧烈动荡，这一时期我国拉美研究涌现了一个分析评判巴西金融形势的热潮，主要议题包括巴西金融动荡的原因、演变趋势及其国际影响。

关于造成巴西金融动荡的原因，国内学者普遍认为可分为内因和外因两种，有学者①指出内因在于内部经济的脆弱性和结构性问题。宏观经济的失衡通常是外汇市场货币危机的根源，巴西长期推行的福利制度和庞大的行政体制，使得政府的财政赤字加大，同时巴西对外资依赖过大，影响经济发展的自主性和独立性；利率过高，导致生产下降，失业上升，贫困增多和社会不安定；开放市场过度，导致贸易逆差加大等。外因包括世界初级产品价格大跌使出口贸易损失较大，以及美欧经济向好使资金回流，撤出拉美和巴西市场。

有观点②赞同这种内外因的划分，但是认为导致这次巴西金融动荡的外因是主导因素，因为在经历了20世纪80年代一系列经济危机后，拉美各国进入了调整期，而巴西自1994年实施雷亚尔计划以来，经济的发展已经步入良性循环，尽管国内一些结构性失衡问题依然存在，但这在经济发展进程中是不可避免的，对某些因素巴西政府曾进行过不懈的努力试图加以克服，但受国情制约，难以在短时间内得到解决，但1997年和1998年相继爆发的泰国和俄罗斯的金融危机打乱了巴西宏观经济健康发展的步伐，也加剧了国际投资者对危机进一步蔓延的担忧，因此巴西股市动荡、资金外逃、国际储备下降、金融市场陷入困境。作者认为如果没有泰、俄金融危机的冲击，巴西并不具备发生金融动荡的条件。

关于巴西金融动荡所造成的国际影响，尤其是对拉美国家的影响，有学者指出作为拉美地区最大的国家，巴西货币贬值对其周边国家的经济和整个地区经济都会产生一定的影响，货币贬值带来的金融动荡持续的时间

① 谭雅玲：《巴西金融动荡的内外因素分析及前景判断》，《拉丁美洲研究》1999年第3期。

② 吕银春：《对巴西金融动荡几个问题的探讨》，《拉丁美洲研究》1999年第3期。

越长，对这些国家和地区的影响也越大①。在拉美地区，尤其是对南共市成员国来说，影响尤甚，特别是阿根廷，会因此遭受更大损失。巴西货币的贬值，对这些国家的贸易的影响是非常直接的。巴西国内的通货膨胀也会通过贸易渠道直接向这些国家转移，对它们的国内经济产生消极影响，不仅会减少对南共市国家的产品需求，而且鉴于巴西与美国在外贸和金融信贷方面的紧密关联性，金融市场动荡会殃及美国②。

（三）阿根廷金融危机

阿根廷金融危机是21世纪全球范围内的第一场金融危机，它的形成和爆发不仅对本国经济和社会造成了巨大破坏，对整个拉美经济和世界经济同样产生了深远影响。对于这一问题，我国学者著有《阿根廷危机反思》③一书，从经济、政治、社会制度各方面对这场举世震惊的危机进行了深度剖析，其中包括危机发生的根源、特点、影响，及其在拉美各国产生的传染效应，并在此基础上总结出一些值得借鉴的经验教训，以及对我国现代化建设的有益启示。

我国一些学者思考了正处于市场经济自由化转型过程中的发展中国家所经历的金融自由化改革与金融危机的共生性问题，这应为市场经济建设时期的中国引以为戒。这场危机带给我国的启示主要体现为货币政策适度从紧，防止产生“泡沫”经济；切实调整产业结构，增强产品在国际市场上的竞争力；不能过度依赖外资支撑经济发展；谨慎开放资本项目；加强金融监管④；兼顾经济增长与社会稳定；兼顾市场调节功能和政府宏观调控能力；对外开放与充分利用本国资源、面向本国市场相结合，实现开放有“度”；提高危机处理能力⑤。

从根源上分析，单就经济层面来看，尽管阿根廷在20世纪90年代的金融自由化改革中推动了该国参与全球资本一体化的进程，但同时也加剧了金融制度本身的脆弱性。此外，政府对国际金融环境变化缺乏应变能力

① 吴国平：《拉美国家资本积累模式对金融的影响——对巴西金融动荡的思考》，《拉丁美洲研究》1999年第3期。

② 张宝宇：《巴西金融动荡对经济的影响》，《世界经济》1999年第4期。

③ 江时学主编：《阿根廷经济危机反思》，社会科学文献出版社2002年版。

④ 钟昊沁、果沛沛：《阿根廷金融危机对中国的启示》，《商业研究》，总第275期。

⑤ 江时学主编：《阿根廷经济危机反思》，社会科学文献出版社2002年版。

导致在宏观经济管理时受到金融制度的诸多限制[①]。也有学者[②]认为阿根廷金融危机的根本原因在于汇率制度选择一成不变导致币值真实高估，降低了出口竞争力，加之巨额财政赤字和债务危机以及领导人频繁更替等因素，共同促成了金融危机。一些学者[③④]对国内政局不稳定这一因素进行补充，指出当时梅内姆政权实施的经济改革、汇率和财政制度的调控失当，以及20世纪80年代以来实行的新自由主义经济政策过于偏激，不仅致使经济的发展过度依靠外资，也进一步激化了国内各利益集团的矛盾，最终导致国内经济问题政治化倾向愈演愈烈。

第五节　经济改革

在我国深化改革开放进程中，党的工作重心转移到经济建设上，经济体制改革是重中之重，如何将高度集中的计划经济体制转变成为市场经济，以构建社会主义市场经济制度，是中国学者的共同关切。

自1982年拉美爆发债务危机以来，整个地区经济经历了“失去的10年”，进口替代工业化发展模式在拉美宣告终结，各国在国内外不同因素的影响下相继走上了以开放市场为基础的改革道路，从对宏观经济运行的政策性应急性调整转向对经济战略的全面结构性改革，旨在实现由内向发展模式向外向发展模式的转变。

基于拉美经济改革内容与我国经济体制转型之间具有相似性，且拉美改革过程中取得的经验教训对我国深化改革具有重要启示意义，因此我国拉美研究学者以拉美危机研究为契机，将这一地区的经济，改革进程作为重要的研究课题，全面阐述改革的内容、成效、影响及意义，以期为我国深化改革开放、完善市场经济体制，同时推动财政金融、国有企业、教育卫生等领域的改革提供有益的借鉴。

---

① 赵雪梅：《阿根廷的金融开放与经济危机》，《国际商务（对外经济贸易大学学报）》2002年第3期。

② 张志文：《阿根廷金融危机的成因剖析和经验教训》，《金融论坛》2002年第2期。

③ 李卓：《阿根廷金融危机及其影响》，《经济评论》2002年第4期。

④ 李珍：《从阿根廷危机看拉美的发展模式》，《国际论坛》2002年第5期。

一　对拉美经济改革的总体认识

拉美地区的改革浪潮是在新自由主义指导下逐步展开的，起始于20世纪70年代，并在八九十年代多国接连爆发危机后在整个地区全面铺开。进入21世纪，随着拉美社会经济发展过程中种种矛盾不断暴露，以及一批左翼政权的上台，新自由主义思想逐渐“退潮”，拉美经济改革进入反思与调整阶段。

我国学者的研究成果主要围绕改革总体评价与重点改革领域的专项分析两方面展开。针对前者，有学者[①]从方法论的角度解读了人们应如何正确看待拉美国家经济改革：把拉美国家的经济改革放在世界范围内进行考察，将其视为世界经济改革潮流的组成部分；把拉美国家的经济改革看作是一个历史进程，用历史的眼光来评价改革的成效和问题；将改革看作是各社会集团之间利益再分配的过程，鉴于这一过程必然使一部分人得益，一部分人受损，因此，在评价拉美经济改革的成败得失时，需兼顾改革的经济效应与社会效应；重视经济改革与政治环境的关联性；认识到拉美各国经济改革的共同性和差异性。

对于拉美经济改革所取得的积极意义，有观点指出，拉美改革成效应立足于经济体制与结构变化、经济增长和社会发展三个层面。经济改革在新自由主义思想指导下取得的成效体现为实现了三个转变：实现了由长期的国家主导型经济体制向市场经济的转变，实现了由高保护型的内向发展模式向开放型的外向发展模式的转变，降低了通货膨胀[②]。对此，有学者表示赞同，特别是对这场改革在缓解通货膨胀问题上的成效表示肯定，认为这场改革顺应世界经济全球化趋势，使宏观经济失衡的局面在市场机制主导下得到恢复；并补充道，尽管不少拉美国家领导人不承认这场经济改革是新自由主义性质的，但不可否认新自由主义理念确实成为这些改革的指导思想，而在改革的具体做法上，也的确融入了一些新结构主义特点的政策举措[③]。因此，有文章将指导拉美经济改革的思想称为

① 陈芝芸：《如何评价拉美国家的经济改革》，《拉丁美洲研究》1997年第1期。

② 苏振兴：《对拉美国家经济改革的回顾与评估》，《拉丁美洲研究》2008年第4期。

③ 徐世澄：《一分为二看待拉美的经济改革》，《拉丁美洲研究》2004年第2期。

"新自由主义和新结构主义思想相结合的，具有拉美特点的新自由主义"①。

对于拉美经济改革所产生的消极影响，有学者②认为尽管随着经济改革的推进，国家经济体制与结构发生了重大变迁，但在经济增长与社会发展的关系方面却乏善可陈。这是因为拉美国家的改革存在若干不容忽视的缺陷和失误：改革措施之间缺乏相互的协调性；未能正确处理市场开放与生产发展两者之间的关系；资本集中的趋势在强化；靠外资来促进进口和推动经济增长；汇率与利率政策失当；财政改革计划没有达到目标。而新自由主义对拉美经济改革的影响主要表现在：限制了拉美经济改革的自主性；在改革与发展关系及国家与市场关系上存在误导倾向。对此，有学者将这种新自由主义政策的局限性细化为四个方面：弱化了国家的作用，主张市场对经济的绝对统治使发展中国家过分依赖外资、财富分配不均、缺乏有效的公共政策，以及缺乏经济、政治、社会和文化方面的计划③。此外，也有观点强调这种弊端在不同国家存在很大差异，因此应根据各国不同时期的不同情况进行具体分析④。

对拉美经济改革进行整体性评估的优秀研究成果颇多，如《80 年代拉美国家的经济调整进程》⑤、《拉美国家经济改革的经验教训》⑥、《拉美国家经济改革的经验教训》⑦。国别经济改革研究的主要成果有《巴西深化经济改革，面临严峻形势》⑧、《巴西的经济改革与政策调整及启示》⑨、《墨西哥政治经济改革及模式转换》⑩《简析 1982—2003 年墨西哥的经济

① 江时学主编：《拉美国家的经济改革》，经济管理出版社 1998 年版。

② 苏振兴：《改革与发展失调——对拉美国家经济改革的整体评估》，《拉丁美洲研究》2003 年第 6 期。

③ 江时学、白凤森、宋晓平：《拉美反思新自由主义》，《光明日报》2001 年 8 月 29 日。

④ 徐世澄：《一分为二看待拉美的经济改革》，《拉丁美洲研究》2004 年第 2 期。

⑤ 王晓燕：《80 年代拉美国家的经济调整进程》，《拉丁美洲研究》1988 年第 4 期。

⑥ 江时学：《拉美国家经济改革的经验教训》，《拉丁美洲研究》1996 年第 6 期。

⑦ 吴国平：《拉美国家经济改革的经验教训》，《拉丁美洲研究》2003 年第 6 期。

⑧ 吕银春：《巴西深化经济改革，面临严峻形势》，《拉丁美洲研究》1991 年第 1 期。

⑨ 刘士余、李培育：《巴西的经济改革与政策调整及启示》，《管理世界》1995 年第 3 期。

⑩ 徐世澄：《墨西哥政治经济改革及模式转换》，世界知识出版社 2004 年版。

改革和发展》[1]、《论墨西哥经济改革的十大关系》[2]、《浅析墨西哥的经济改革及其初步成效》[3]、《阿根廷的经济改革与中阿关系》[4]、《古巴的经济形势和当前的经济改革》[5]、《当前古巴经济改革和经济形势》[6]、《智利经济改革的进程及其特点》[7]、《对智利经济模式几个特点的分析》[8]、《委内瑞拉经济形势及现政府的政策》[9]、《关于秘鲁的经济改革》[10] 等。

二 重点改革领域

拉美经济改革内容大致可概括为“取消管制，使私人部门发挥自主性，从而增加投资和提高生产率；对外开放，扩大资金与技术来源，提升国际竞争力；充分发挥比较优势，增加资源和劳动密集型产品的出口”[11]，因此，我们主要对改革内容中所涉及的核心领域——金融与财政、私有化和通货膨胀这三项内容的相关研究成果进行梳理。

（一）金融财政改革

在拉美经济转型过程中，金融和财政政策构成经济改革的重点内容。20 世纪 90 年代拉美国家的金融动荡频仍，既危及到了整个地区经济增长与经济发展，更加剧了经济全球化背景下国际金融市场的动荡。而 90 年代末，亚洲多国同样爆发金融风暴，中国虽未受到直接冲击，却为缓解危机付出了不小的代价。这一系列事件使我国学者清醒地认识到亚洲与拉美一样，已成为全球金融的“地震重灾区”[12]。

---

① 徐世澄：《简析 1982——2003 年墨西哥的经济改革和发展》，《拉丁美洲研究》2003 年第 6 期。

② 王绪苓：《论墨西哥经济改革的十大关系》，《世界经济》1998 年第 3 期。

③ 赵雪梅：《浅析墨西哥的经济改革及其初步成效》，《对外经济贸易大学学报》1992 年第 1 期。

④ 晓章：《阿根廷的经济改革与中阿关系》，《拉丁美洲研究》1995 年第 6 期。

⑤ 宋晓平：《古巴的经济形势和当前的经济改革》，《拉丁美洲研究》1996 年第 2 期。

⑥ 徐世澄：《当前古巴经济改革和经济形势》，《拉丁美洲研究》2004 年第 1 期。

⑦ 王晓燕：《智利经济改革的进程及其特点》，《2002—2003 年：拉丁美洲和加勒比发展报告》，社会科学文献出版社 2003 年版。

⑧ 曹琳：《对智利经济模式几个特点的分析》，《拉丁美洲研究》1996 年第 2 期。

⑨ 石瑞元：《委内瑞拉经济形势及现政府的政策》，《拉丁美洲研究》1990 年第 1 期。

⑩ 宋晓平：《关于秘鲁的经济改革》，《拉丁美洲研究》1997 年第 1 期。

⑪ 苏振兴：《对拉美国家经济改革的回顾与评估》，《拉丁美洲研究》2008 年第 4 期。

⑫ 景学成：《关于拉美金融改革与危机的借鉴性思考》，《拉丁美洲研究》2004 年第 2 期。

随着改革开放的深化，我国的金融改革处于关键时期，如不能合理应对，势必也会遇到相似的问题，因此研究拉美国家在金融改革中的经验与金融危机的教训对我国无疑具有启示性意义。正因为如此，一些学者将研究重点放在解析拉美金融体系的结构特点与金融改革的主要内容上，并最终得出对我国金融改革开放的启示，诸如金融自由化需要政府减少或放弃对金融体系的过分干预，建立市场机制，不断加强对金融体系安全性和稳定性的监管；金融改革措施要与宏观经济状况和宏观经济政策相互协调；银行私有化并不是解决效率问题的灵丹妙药①。除了上述以经济视角进行政策分析，也有学者从政治和社会环境角度为金融改革政策的制定提出建议，指出避免政治动荡和社会动乱是经济金融平稳发展的前提，以及避免贫富差距扩大是健全的宏观经济政策的重要目标等②。

此外，我国学者也关注东亚与拉美地区金融改革的比较研究，这是因为同为发展中地区，二者都经历了从封闭型的金融体制转型到更加适应发展需求的开放外向型模式，并且在沦为国际金融市场动荡的"受害者"后，两个地区都踏上了通过金融改革措施构建新的金融体系的道路。尽管东亚与拉美地区在经济发展上呈现不同特点，但在金融改革比较研究中，我国学者发现两个地区无论从改革的力度还是重点领域方面均具有可比性③。具体而言，拉美和东亚国家在实施金融自由化的过程中存在对金融部门管理和监督的失误，而在缺乏适度谨慎的银行监管条件下进行金融自由化，会事与愿违，甚至可能诱发金融危机，进而制约经济的稳定发展④。

在财政改革方面，20 世纪 80 年代以来，拉美各国为了应对债务危机，陆续启动以紧缩性为特征的财政改革⑤，探索在市场机制主导的开放经济中，逐渐建立和完善政府与市场互相补充的机制。各国的财政改革包括：从制度上严格财政纪律，减少财政波动，实行财政分级管理，推进税

① 黄红珠：《试论拉丁美洲国家的金融改革》，《拉丁美洲研究》1997 年第 3 期。

② 景学成：《关于拉美金融改革与危机的借鉴性思考》，《拉丁美洲研究》2004 年第 2 期。

③ 梁建武：《东亚与拉美金融改革成效之比较》，《世界经济》1996 年第 9 期。

④ 江时学：《比较拉美和东亚的金融自由化》，《世界经济》2001 年第 9 期。

⑤ 金燕：《拉美国家财政改革的启示》，《拉丁美洲研究》2008 年第 1 期。

收体制改革①。

一方面，关于这些政策所取得的成果，我国学者对这些改革使20世纪90年代拉美国家的财政失衡问题有所缓解这一论断基本达成共识，也有学者从社会凝聚的角度，肯定了政府财政改革在完善财政政策对宏观经济、市场、消费和社会所具有的导向功能、协调功能、控制功能和稳定功能②。

另一方面，我国学者对财政改革中暴露的问题的评述更多，如“顺周期”的财政政策导致宏观经济难以稳定，也削弱了拉美国家抵御外部冲击的能力；财政支出不合理，部分国家长期财政失衡；中央与地方之间财政关系僵化，加大了地方政府的财政风险等③④⑤。基于这些局限性，我国学者总结了拉美财政改革对中国财政改革的借鉴意义，有观点⑥从财政体系本身入手，主张充分发挥财政政策“逆周期”的调节作用；控制财政赤字与加强公共债务管理并举；高度关注财政的可持续性；增强财政改革的稳健性；稳步有序地推进财政分权改革。也有学者⑦将财政政策对社会分配的意义作为切入点，建议拉美国家通过深化财政改革，进一步解决财政政策反周期、财政结构更合理并可持续增长、税收政策更有利于社会公正等问题，探索一条有利于社会凝聚不断加强，经济发展成果更广泛地惠及全体民众，政府、市场和社会关系和谐的可持续发展道路。

（二）私有化改革

拉美国有企业体制改革问题是拉美经济改革的重头戏。这一问题同样对我国的国有企业改制具有重要的借鉴意义，因此，我国学者一直对此给予充分重视，1992年与2004年中国社会科学院拉美经济学科分别召开了两次专题研讨会，一次题为“拉美私有化问题学术讨论会”，另一次题为“效率与公正——拉美国有企业改革的经验与教训”。

① 吴国平：《拉美国家的财政政策与社会凝聚》，《拉丁美洲研究》2009年第S1期。

② 同上。

③ 吴国平：《拉美国家的财政政策与社会凝聚》，《拉丁美洲研究》2009年第S1期。

④ 杨万明、孙洪波：《拉美国家财政改革研究评述》，《经济与管理研究》2006年第8期。

⑤ 金燕：《拉美国家财政改革的启示》，《拉丁美洲研究》2008年第1期。

⑥ 杨万明、孙洪波：《拉美国家财政改革研究评述》，《经济与管理研究》2006年第8期。

⑦ 吴国平：《拉美国家的财政政策与社会凝聚》，《拉丁美洲研究》2009年第S1期。

尽管国家社会经济情况迥异，但各国政府对私有化的认识、理解以及选择具有一致性，总体来说，私有化改革涵盖的部门与行业越发广泛，包括基础设施和公共服务业、能源矿产开采加工业、金融信贷机构、重要战略能源部门，以及与国防密切相关的军工部门等；私有化同时面向国内私人资本与外国资本，通过公开出售企业股份的方式，鼓励外国资本与本国资本竞争；私有化成效很大程度上依赖于政府的施政能力与宏观经济的稳定程度[①]。

在对私有化改革的评估方面，有学者肯定了拉美各国做法具有务实的特点，具体表现为尽管拉美各国在私有化问题上取得了共识，但在具体实践中，各国却从本国实际出发，采取了不同的做法[②]。也有观点指出，对于拉美国家私有化改革实践留给人们的启示可以概括为对法律作用的重视、对确保国有资产保值或增值问题的重视、对私有化企业进行有效监管问题的重视、对保护企业一般职工利益的重视[③]、对本国实际情况的重视等[④]。

也有学者讨论了私有化改革的限度问题，一些观点认为，受新自由主义意识形态和经济思想的影响，拉美的私有化本质上是一个政治过程，包含了权力、财富在不同国家、阶层中的重新分配。为保证私有化的成功和不可逆转，拉美采取了极端激进、彻底的私有化模式[⑤]。但也有学者持不同的观点，表示私有化改革源于对国家经济职能认识的转变。对此，在拉美国家存在两种主张：一种极端的主张认为，国家应对经济实行几乎完全放任的政策；另一种主张认为，国家仍应在以私营部门为主体的发展战略中发挥作用。而大多数拉美国家实行的是第二种主张，体现在两方面：一是在私有化的范围上，绝大多数拉美国家对本国哪些行业和部门不能私有化都有明确规定与表述，以法令、政令或国家领导人讲话的方式限定了私

① 陈晓陵：《拉美私有化问题学术讨论会综述》，《拉丁美洲研究》1999 年第 4 期。

② 吴国平：《私有化——拉美未来发展的挑战》，《拉丁美洲研究》1992 年第 4 期。

③ 吴国平：《效率与公正：拉美国家国有企业转制的启示》，《拉丁美洲研究》2004 年第 6 期。

④ 江时学：《关于拉美私有化的几个问题》，《拉丁美洲研究》1992 年第 4 期。

⑤ 陈平、苏振兴：《新自由主义与拉丁美洲的私有化》，《中国社会科学院研究生院学报》2005 年第 2 期。

有化的范围；二是体现在私有化程度上，开展私有化改革的国家里，即使对于允许进行私有化的行业或部门也不可能实行彻底的私有化[①]。

（三）通货膨胀

通货膨胀问题是长期根植于拉美地区的顽疾。1982 年的债务危机更是在拉美地区范围内引发了严重的通货膨胀，并加剧了社会动荡。因此，缓解这一问题成为拉美各国政府启动经济改革的主要目标之一。此外，通货膨胀问题也是中国改革开放探索阶段遇到的一个突出的经济问题。如何有效控制通货膨胀，合理利用通货膨胀刺激经济增长，避免陷入恶性通货膨胀，成为中国政府与学术界的关注热点。

新的现实背景为中国的拉美研究提供了新的课题，自 20 世纪 80 年代后，中国学者开始对拉美通货膨胀的成因、表现、特征、治理等方面进行全方位的跟踪调查，并发表了很多优秀的科研成果。

具有代表性的是分析拉美通货膨胀的专著《经济发展与通货膨胀：拉丁美洲的理论和实践》[②]。全书首先采用历史联系现实的方法，提出拉美地区历史上在经济发展进程和通货膨胀演变中形成的不同特点对各国经济发展的不平衡性和现代化进程的差异性产生了一定的影响；运用理论联系实际的方法，全面解析了与拉美经济发展和政策变化联系较为密切的货币主义学派、结构主义学派和新结构主义学派的通货膨胀理论及其在政策主张上的不同。

有文章重点剖析了通货膨胀的原因，指出推动拉美通货膨胀升级的因素包括经济高速发展导致投资过高，需求过度扩张，国内储蓄不足，供求失衡；结构性的供给短缺；债务危机的影响；资本主义世界经济周期波动的影响，再加上战后一些拉美国家采取扩张性财政政策对经济发展的推动作用十分有限，这一政策实施的普遍化和长期化造成拉美国家通货膨胀恶性循环[③④]。

---

① 张宝宇：《拉美私有化的限度及社会后果》，《拉丁美洲研究》1992 年第 4 期。

② 陈舜英、吴国平、袁兴昌：《经济发展与通货膨胀：拉丁美洲的理论和实践》，中国财政经济出版社 1990 年版。

③ 阎玉珍：《拉丁美洲国家的通货膨胀问题》，《现代国际关系》1987 年第 4 期。

④ 卢韦：《拉丁美洲严重通货膨胀的原因和影响》，《世界经济》1988 年第 11 期。

也有学者[①]提出治理通货膨胀的建议，认为鉴于拉美地区的通货膨胀问题是长期结构严重失衡的产物，因此需要强有力的短期政策与有效的长期结构性调整政策有机结合才能取得成效；各国在治理通货膨胀问题时，需要正视沉重的外债负担，因为它是制约反通货膨胀政策实施效果的重要因素。此外，我国学者对于拉美主要国家反通胀措施的经验教训也颇有研究，主要有：《雷亚尔计划与巴西的反通货膨胀》[②]、《巴西的通货膨胀与反通货膨胀经验》[③]、《墨西哥反通货膨胀的经验教训》[④]、《墨西哥反通货膨胀战略的几点启示》[⑤]、《阿根廷的反通货膨胀措施及失败的原因》[⑥]等。

第六节 区域经济一体化与世界市场研究

经济全球化和区域经济一体化逐渐成为世界经济发展的主要趋势。在中国，自20世纪80年代以来，中国致力于抓住经济全球化的历史性机遇，融入世界市场，密切与其他国家的经贸合作关系，以期与国内改革相结合，引入先进技术、管理经验和资金，以开放促改革、以开放促发展，在不断扩大的对外开放中寻求新的发展机会，增强国际竞争力。

针对对外开放的现实需求，我国学者逐渐形成了三个关注点：在立足于中国国情的基础上，借鉴国外区域合作与一体化经验，逐步摸索加深与世界经济联系的有效路径；对如何深化与世界各国和国际组织的双边与多边经贸关系，进而促进地区之间的整体合作进行思考；落实“走出去”战略，完善深化对各国市场投资政策与环境的评估。

就上述第一点来说，世界范围内，西半球区域的经济合作，尤其是拉美地区一体化经验，是全球区域经济整合的重要组成部分和典型代表之

① 吴国平：《通货膨胀持续恶化调整措施逐渐趋同》，《拉丁美洲研究》1990年第1期。

② 吕银春：《雷亚尔计划与巴西的反通货膨胀》，《拉丁美洲研究》1995年第3期。

③ 张宝宇：《巴西的通货膨胀与反通货膨胀经验》，《拉丁美洲研究》1995年第3期。

④ 陈芝芸：《墨西哥反通货膨胀的经验教训》，《当代世界》1995年第5期。

⑤ 王绪苓：《墨西哥反通货膨胀战略的几点启示》，《拉丁美洲研究》1997年第5期。

⑥ 转引自江时学、吴国平等：《辛勤耕耘硕果累累——拉美所45年科研成果巡礼》，《拉丁美洲研究》2006年第4期。

一，这一进程规模之广、启动时间之早受到了国际学术界的普遍关注，对拉美区域一体化的研究始终是拉美经济学科研究的一项重要内容。在近半个世纪的历史演变中，西半球区域经济合作尝试了多种多样的合作形式，进行了有益的探索，其中有同为发展中国家的拉美地区各国之间成立的覆盖不同范围的次区域组织，也有发展中国家与发达国家之间建立的自由贸易区。无论是以南南合作为基础的拉美国家内部的经济合作机制，还是以南北合作为特征结成的新型区域经济集团，这些尝试均旨在不断推进区域内贸易、加强地区合作、寻求区域合作新途径。

就上述第二、第三点来说，作为发展中国家，拉美各国在能源、原料、资本、市场、人力资源等领域占有重要的地位，不少国家与中国在经贸领域呈现高度互补性，因此，中国经济在日益走向世界的过程中，发展与具有巨大市场潜力和经济潜力的拉美地区的关系符合双方共同的利益和发展需求。

一　拉美地区经济一体化

拉美是发展中地区最早开展一体化运动的地区，各国希望通过区域一体化组织方式，寻求共同应对全球化和区域集团化引发的日益激烈的竞争和挑战，经济上维护自己的地位与权益，政治上在世界舞台发出一个声音。随着国内外环境下的变化，这一进程经历过高潮与复兴，也遭受过低谷与徘徊。拉美各国在一体化合作方面的经验与教训为我国学界对外开放研究提供了一个重要的案例分析对象。

总体来说，拉美经济一体化问题的主要研究议题有：经济一体化的理论渊源、发展历程（兴起、衰落与复兴）、发展趋势和特点，以及与包括美国在内的西半球一体化组织的比较研究。20 世纪 90 年代，作为国家社科基金课题，我国学者撰写了专著《拉美地区一体化进程：拉美国家进行一体化的理论和实践》[①]，对这一进程进行了全方位、系统的解析，重点将这一地区的发展历程置于国内外形势的整体变化中，分析拉美经济一体化在经历了 20 世纪 80 年代的退潮之后开始复兴的表现、原因，及其所

---

① 徐宝华、石瑞元：《拉美地区一体化进程：拉美国家进行一体化的理论和实践》，社会科学文献出版社 1996 年版。

面临的新挑战。同时，作者针对拉美经济一体化趋势的经验教训总结出对我国的一些启示，诸如参与地区经济集团只是发展民族经济的手段，要坚持改革开放，以积极的面貌参与国际竞争等。

这一时期拉美一体化发展新趋势所呈现的特点，有学者[①]指出很大程度上在于各国不再刻意追求经济发展水平相近和一味强调生产要素的互补，或过分重视经济一体化的层次，力图超越社会制度和意识形态等方面的差异，形成灵活多样和讲求实效的特点[②]。对于这种态度的转变，一些作者表示认同，并补充道，在“求同存异”务实精神的基础上，拉美地区的一体化进程开始倾向于建立小区域共同市场和双边自由贸易区，打破了过去主要停留在贸易领域的传统做法，向更广阔的领域迈进[③]。新理念指导下的一体化进程使各国以积极的面貌参与国际竞争，推动改革调整和开放的力度，而越发密切的跨地区经济联系和合作形成了多样化、多层次、多方位的一体化形势[④]。

（一）地区一体化理论

我国学者对拉美区域一体化发展理论的研究可以大致分为两大部分，一是对普雷维什发展主义理论中的地区合作思想进行反思与评价；二是对开放的地区主义思想的解读。以这两种理论的提出为分界点，在长达半个世纪的拉美一体化进程中形成了两种截然不同的趋势。人们常常将20世纪五六十年代至80年代的一体化模式称为“封闭式”或“内向型”一体化[⑤]，而将90年代以后促使一体化进程复兴的思潮称为开放的地区主义，这两种一体化进程的发展特点与当时拉美各国实施的经济政策与改革密切相关。随着拉美国家从进口替代工业化战略转向新自由主义政策，对外区域经济合作也从“封闭的地区主义”逐渐向“开放的地区

---

① 徐宝华、石瑞元：《拉美地区一体化进程：拉美国家进行一体化的理论和实践》，社会科学文献出版社1996年版。

② 江时学、吴国平等：《辛勤耕耘　硕果累累——拉美所45年科研成果巡礼》，《拉丁美洲研究》2006年第4期。

③ 赵长华：《拉丁美洲一体化蓬勃发展》，《世界经济研究》1992年第2期。

④ 陈才兴：《拉美区域经济一体化特点及其面临的挑战》，《复旦学报》（社会科学版）2000年第2期。

⑤ 王萍：《普雷维什的地区合作思想及其现实意义》，《世界近现代史研究》2004年第00期。

主义”转变。

对于区域一体化趋势在20世纪80年代拉美债务危机后陷入低潮与停滞的原因，一些学者认为正是由于当时奉行的地区主义理论的“封闭性”特征使很多拉美国家在一体化进程中以内向型市场合作为主要的合作模式，而对开放国内市场、参与国内竞争采取排斥态度[①]，且在进口替代工业化政策框架下，日益严重的保护主义倾向使整个经济体系运行变得封闭而低效[②]。也有学者[③]不赞同过于简单地将这一停滞完全归咎于普雷维什的经济思想，因为拉美国家在实践上并没有完全贯彻普雷维什设计的一体化方案。认为这一思想曾作为拉丁美洲国家早期建立地区组织的理论指导，对地区一体化进程发挥了重要作用，但是由于利益集团的不利影响，普雷维什理论遭到扭曲，强调普雷维什的地区合作思想对当今全球化背景下的世界区域经济一体化仍具有现实意义。也有学者从国别角度入手，考察单个国家政府的一体化思想及其对拉美一体化整体趋势的影响，如《梅内姆的拉美经济一体化思想和阿根廷的经济发展》[④]。

20世纪90年代，“开放的地区主义”思想的提出成为拉美一体化趋势重新崛起的转折点，相对于过去的一体化理论，这一观念是在拉美地区经济发展向“出口导向”外向型模式转变过程中应运而生的，彰显着开放性，具有其历史的必然性[⑤]。值得一提的是，在这一问题上，我国学者著有《走向开放的地区主义——拉丁美洲一体化研究》[⑥]，该书从理论的高度透视拉美一体化战略，提出开放的地区主义是“拉美主客观条件使然的结果，是90年代拉美国家为了应对经济全球化和区域经济一体化挑战的一种新的发展战略”，剖析了开放的地区主义出现的时代背景、理论依据和实践情况，指出这一战略的新特点已经远远超出了传统地区一体化的理念范畴，其开放性特征弱化了传统意义上区域一体化的排他性特征，

① 王新禄：《拉丁美洲一体化现状、成果和前景》，《拉丁美洲研究》1998年第1期。

② 徐宝华：《拉丁美洲国家的改革与地区一体化重振》，《拉丁美洲研究》1998年第1期。

③ 王萍：《普雷维什的地区合作思想及其现实意义》，《世界近现代史研究》2004年第0期。

④ 宋晓平：《梅内姆的拉美经济一体化思想和阿根廷的经济发展》，《拉丁美洲研究》1996年第4期。

⑤ 王晓德：《“开放的地区主义”与拉美经济一体化》，《国际问题研究》2000年第5期。

⑥ 王萍：《走向开放的地区主义——拉丁美洲一体化研究》，人民出版社2005年版。

使一体化趋势能够将地区主义与多边主义结合起来，成为与世界贸易组织中的多边贸易体制互为补充的新形式。

（二）地区一体化实践

如上所述，20世纪90年代，拉美区域经济一体化在经历了近十年的沉寂后进入了新的活跃期，地区范围内逐渐形成了经济一体化新格局，有学者将这种新发展态势的特征归纳为四点：出现新一轮区域经济合作协定；区域合作组织增多；某些区域性组织的职能或性质发生了变化；拉美区域经济合作已在一定程度上成为整个西半球经济合作进程的组成部分。其中，美国、加拿大、墨西哥共同成立北美自由贸易区和以南方共同市场为代表的一系列区域性组织，这两大重要一体化机制开启了整个地区在南北合作与南南合作方面的新尝试①。

我国拉美经济学科学者对于上述两种不同的一体化模式进行了考察。南方共同市场，作为南美地区最大的经济一体化组织，是南南合作的典型案例，我国学者一直将这一模式作为地区一体化实践分析的对象。涉及的议题主要包括阐释合作机制的运行②、解析合作的方式和特点③、解读所获的成就、说明待解决的问题、预测组织发展的趋势等。举例来讲，在分析这一机制面临的挑战时，很多学者强调了以下几个要素：成员国经济发展水平不平衡导致利益分配不均；作为发展中国家的各成员国国内社会经济问题和矛盾或成为一体化合作深化的桎梏；关税问题难以协调、贸易摩擦与大国之间的博弈等④⑤⑥⑦。此外，在这一问题上，也不乏致力于探索地区主要国家与南共市之间的经济联系的著作，如《阿、巴关系与南方共同市场》⑧、《智利与南方共同市场的关系》⑨、《巴拉圭的东方市与南方

① 苏振兴：《拉美区域经济合作的发展趋势》，《拉丁美洲研究》1993年第4期。
② 石瑞元：《南方共同市场的合作机制和发展趋势》，《拉丁美洲研究》1995年第6期。
③ 江时学：《南方共同市场经济合作的方式及特点》，《世界经济》1996年第9期。
④ 方幼封：《论南方共同市场的成就和问题》，《拉丁美洲研究》1995年第1期。
⑤ 尚良德：《南方共同市场的发展及其影响》，《国际资料信息》2000年第11期。
⑥ 周志伟：《当前拉美一体化现状及陷入困境的原因》，《拉丁美洲研究》2007年第5期。
⑦ 杨清：《对南方共同市场崛起的几点思考》，《拉丁美洲研究》1995年第1期
⑧ 张宝宇：《阿、巴关系与南方共同市场》，《拉丁美洲研究》1991年第5期。
⑨ 贺双荣：《智利与南方共同市场的关系》，《拉丁美洲研究》1996年第1期。

共同市场》[①] 等。

对于北美自由贸易区，有学者认为促成这一区域组织建立的根源在于美、加、墨三国在经贸、政治等领域的共同需要，该机制的成立将带动国家间商品、劳务和农产品贸易的自由化，其积极影响将大于消极影响[②]。此外，对于美国在这一机制运行过程中进行霸权主义渗透的问题，很多学者表示担忧，指出这是美国西半球经济一体化战略面临的主要困难，同时也构成美国与拉美国家建立伙伴关系的重大障碍[③]。

也有一些学者从墨西哥的角度，解读了作为这一机制中唯一的发展中国家，促成该国加入的经济因素[④]、所产生的经济效应[⑤]、国际社会对此的争论[⑥]，以及这一战略选择的借鉴意义与启示作用[⑦]。具体而言，从积极方面来讲，墨西哥加入北美自由贸易区促进了国家宏观经济的稳定与持续增长；极大地推动了该国出口部门的竞争力，并使其成为经济发展的动力；在与发达国家的国际贸易中充分发挥本国比较优势，从而有助于国内产业的优胜劣汰，为创造更多就业机会创造条件；在一定程度上增强了抵御危机的能力。但是从消极方面来看，只有少数出口加工工业部门获利，没有能够拉动墨西哥其他经济部门的增长，尤其是农业和民族产业受到了较大冲击；加剧了国内地区发展和收入分配的不平等。有作者认为，这些弊端主要是由于三个“不平衡”造成的：贸易效应不平衡，以及竞争优势不平衡和美对墨援助使不平衡性恶化[⑧]。

关于西半球的区域经济整体合作，在20世纪90年代，美国曾提出美

① 陈太荣、刘正勤：《巴拉圭的东方市与南方共同市场》，《拉丁美洲研究》1996年第1期。

② 陈芝芸：《北美自由贸易协定的签署及其对拉美的影响》，《拉丁美洲研究》1993年第2期。

③ 陈芝芸：《美国的西半球经济一体化战略及其前景》，《拉丁美洲研究》1996年第5期。

④ 朱书林：《墨西哥加入北美自由贸易区的背景》，《现代国际关系》1992年第5期。

⑤ 杨志敏：《墨西哥加入北美自由贸易协定10年历程评价》，《拉丁美洲研究》2004年第4期。

⑥ 贺双荣：《墨西哥国内外有关北美自由贸易协定对墨西哥经济影响的争论及背景》，《拉丁美洲研究》2005年第2期。

⑦ 卢国正：《轴心与线条—墨西哥签署自由贸易协定的成效与思考》，《国际贸易》2002年第12期。

⑧ 李连仲：《墨西哥加入北美自由贸易区的利弊》，《宏观经济研究》2001年第7期。

拉之间建立美洲自由贸易区的倡议，有观点认为这一组织的建立虽然可在一定程度上推动拉美一体化的发展与深化，但也会给拉美国家带来诸多负面影响，必须考虑这一组织框架内中心—外围模式所固有的矛盾依然会存在；美国的利己目的；集体面对国际金融风险；这一组织兼具南北和南南合作的矛盾与冲突[①]。与西半球区域经济合作研究相关的重要著作还包括《一体化：西半球区域经济合作》[②]、《西半球区域经济一体化研究》[③] 等。

值得一提的是，近几年，国内学者对这一问题的研究维度有了新的趋向，开始以其他角度透视这一进程对各国的影响，如经济一体化带来的“外溢”效应对地区国家安全的影响。以南共市为例，有观点认为安全关系相对紧张的国家之间基于相似的历史遭遇和发展民族经济的需求能够进行经济一体化合作。良好的区域合作关系有利于成员国之间的交往与沟通，在经贸上互通有无，在安全上磋商合作，从而增加相互依赖性，因此，区域一体化进程不仅能够促进成员国间的经济发展，也可以促进成员国之间安全关系的改善[④]。近两年来，也有学者敏感地感知到拉美经济一体化促进了各国组建政治同盟的新趋势，认为尽管长达半个多世纪的进程中，拉美政治一体化一直相对慢于经贸一体化，但 2010 年 2 月拉美和加勒比国家共同体的成立宣告拉美地区正在向政治经济大联盟方向迈进[⑤]。

此外，除了地区内区域一体化，近年来，在全球经济一体化已成为一股不可抗拒的历史洪流的趋势下，拉美各国放眼世界，逐步融入世界市场，致力于深化发展与地区外国家与组织的双边和多边经贸关系。例如，一些学者从主要谈判方的立场和方式的变化来分析美洲自由贸易协定谈判的博弈过程，并对关键领域的谈判提出了解决路径[⑥]；也有学者对多年来拉美在融入世界多边贸易体制方面的努力给予肯定，尤其是强调在发展中

---

① 王萍：《美洲自由贸易区与拉丁美洲一体化》，《拉丁美洲研究》2001 年第 6 期。

② 李明德主编：《一体化：西半球区域经济合作》，世界知识出版社 2001 年版。

③ 宋晓平等著：《西半球区域经济一体化研究》，世界知识出版社 2001 年版。

④ 周宝根：《经济一体化对地区安全的影响——以南方共同市场为例》，《太平洋学报》2010 年第 1 期。

⑤ 沈安：《从经济一体化走向政治经济联盟——拉美团结自强争取独立的历史道路》，《拉丁美洲研究》2011 年第 1 期。

⑥ 赵丽红：《美洲自由贸易协定谈判中主要谈判方的博弈》，《拉丁美洲研究》2006 年第 1 期。

国家与发达国家主导的谈判中，拉美各国作为发展中成员发挥了独特而重要的作用[①]。值得一提的是，近年来，有学者[②]以拉美国家在全球经济一体化和贸易自由化潮流中的贸易开放程度为切入点，深化了对拉美经济特征及其在国际经济格局中的地位与作用的认识。

二　中拉经贸关系

近十年来，拉美和亚太地区的关系备受世界瞩目，两个地区经济增长强劲，双边经贸和投资关系也越发密切。其中，中国在拉美与亚太地区经贸合作中发挥了关键的作用，中拉经贸关系构成中拉整体合作关系的核心之一。

中国积极推进互利共赢的开放战略，将“引进来”和“走出去”相结合，进一步提高对外开放水平，积极寻求优化对外贸易结构，提高利用外资水平，积极开拓海外市场，以期与各国共享发展机遇，并以全新姿态参与全球经济治理和区域合作，而拉美国家一方，在深化现代化经济建设与构建凝聚性社会的进程中，同样需要进一步对外开放，引进外资和技术，拓展海外市场。可以看出，随着中国改革开放的不断深入，拉美地区市场逐步开放，此外，基于双边经贸联系的高度互补性，中拉经贸关系的迅速升温符合两个地区共同的发展诉求。在这种背景下，双边经贸往来日益密切，特别是进入21世纪以来，在经济全球化步伐加快、国际经济体系发生深刻变化的大背景下，中拉双方相互需求上升，合作与投资不断加强。经济互补性与依存度日益显著，中国与拉美的经贸关系呈现全新的趋势和特点。

鉴于中拉双方在经贸领域的强烈诉求，以及进一步推动中拉战略伙伴关系的现实需要，中国拉美经济学科加强了对拉美经济的应用研究。早在20世纪80年代，就有学者对自1949年新中国成立以来的中拉经贸关系发展进行了梳理，指出1959年之前中拉之间仅存在民间交往；1959年中古建交之后，中国开始陆续对一些拉美国家进行经济援助；20世纪70年

---

①　杨志敏：《拉美国家参与世界多边贸易体制进程浅析》，《拉丁美洲研究》2003年第3期。

②　柴瑜：《拉美国家的贸易开放度研究》，《拉丁美洲研究》2011年第4期。

代后期以来，中拉经济和技术合作广泛开展[①]。20 世纪 90 年代，针对 80 年代拉美国家迫于国际、国内形势发展需要而开展的一系列对内调整和对外开放措施，地区经济环境发生了根本性变化，我国学者强调这些变化给世界各国密切同拉美经贸关系带来了新的机遇，也为中拉经贸关系的发展提出了新的课题[②]。

世纪之交，我国学者对中拉经贸关系的思考更加务实，落实到了具体实际问题上，如对中拉贸易领域遇到的具体困难进行反思，提出困难主要在于反倾销问题、双方企业缺乏相互了解、中国商品存在质量问题、中国出口信贷规模不足及拉美区域一体化对中国出口的不利影响等方面，其中反倾销问题最为突出[③]。针对这些贸易摩擦，有学者剖析了这一问题的特点以及出现这些问题的根源，并为中拉贸易摩擦的应对提出政策建议[④]。

面对 21 世纪第一个十年中拉经贸额的迅速增长，有学者试图通过对双边贸易结构互补性和进出口产品类型的分析，解读中拉贸易的合作基础，从而探讨中拉贸易与经济增长的关系。对此，一些学者指出，中拉经济合作会有助于双边的经济增长，而持续的经济增长反过来又会深化双方的经贸合作，这不仅体现在扩大中拉贸易合作领域上，也反映在增大中拉贸易的合作机会上[⑤]。此外，国内很多学者对中拉贸易关系的特点、双边经贸发展的意义进行了全方位的剖析，并结合中拉对外经贸战略与政策的发展趋势和国际环境的变化，对未来双方将面临的机遇与挑战进行了有益的探索[⑥][⑦]。

---

① 罗烈城：《中国同拉丁美洲经济贸易关系的发展》，《拉丁美洲研究》1985 年第 3 期。

② 裘援平：《拉美的经济开放和发展中拉经贸关系的对策》，《拉丁美洲研究》1993 年第 6 期。

③ 王建：《中拉经贸关系现状及前景》，《拉丁美洲研究》2000 年第 2 期。

④ 岳云霞：《中拉贸易摩擦及其应对》，《中国社会科学院院报》2006 年 12 月 19 日第 3 版。

⑤ 刘晓惠、赵忠秀：《经济增长与中拉贸易合作》，《时代经贸》2007 年第 4 期。

⑥ 卢国正：《互惠双赢的中拉经贸关系》，《中国金融》2007 年第 16 期。

⑦ 卢国正：《近十年拉美对外贸易和中拉贸易发展的特点》，《拉丁美洲研究》2002 年第 6 期。

三　对拉投资政策和中拉投资关系研究

拉美和加勒比地区是吸引外国投资的主要地区之一。以跨国公司为载体的外国直接投资对拉美地区的经济发展发挥着至关重要的作用，且逐步成为推动拉美国家经济增长的主要动力之一。改革开放以来，伴随着经济全球化进程的加速推进，中国企业的经济实力和竞争能力都得到了相应的提升，参与国际市场竞争的积极性得到激发，“走出去”战略步伐不断加快。中国在海外的直接投资呈现出加速增长的势头，对外直接投资成为中国对外经贸合作的重要领域。在这样的背景下，我国学者十分重视对拉美国家投资环境和政策的研究，主要议题包括拉美的投资与贸易环境、国际资本流动趋势与我国“走出去”战略、中国企业跨国经营政策与战略、改善投资环境促进中国企业跨国经营、中国拉美投资贸易的风险管理、中国企业投资拉美的金融解决方案等。

一些学者对拉美投资环境进行评估，认为如果把拉美和加勒比地区作为一个整体来衡量，这一地区对外国直接投资的吸引力在发展中经济体中最强，但从区域内部来看，对外国直接投资的吸引力分布非常不均衡①。一些学者探讨了跨国公司根据对拉美不同区域层次的划分制定不同投资战略这一问题，其依据是，安第斯地区、加勒比地区、南椎体国家等次区域反映的利益与诉求是有差异的②。近两年来，也有学者通过对21世纪以来拉美主要国家吸收外国直接投资的规模、结构和经济地位进行比较分析，指出以加工贸易为引资平台的墨西哥对外资的吸引力下降，而巴西、智利、哥伦比亚、阿根廷等南美洲资源型国家成为拉美外国直接投资增长最快的国家③。

值得指出的是，跨国公司会根据国际投资环境的变化和拉美地区投资政策与措施的演变，不断调整投资经营战略，重新定位投资领域，开拓具

---

① 杨志敏：《对当前拉美直接投资环境评估初探》，《拉丁美洲研究》2002年第5期。

② 卢国正：《拉美和加勒比：外国直接投资走势及跨国公司战略》，《国际经济合作》2003年第9期。

③ 赵雪梅：《21世纪以来拉美国家利用外国直接投资的比较分析》，《拉丁美洲研究》2014年第1期。

有新的竞争优势的产业和部门[①]。同时，根据吸引外国直接投资方面的优势所在，各国政府会在经济全球化框架下力图审时度势，适时出台和修正符合国情的引资政策，以期提升本国对外国投资的吸引力和竞争力[②]。

关于中国对拉投资的问题，有学者敏锐地指出，中拉经济合作关系正在从“单打一”的贸易方式向贸易、投资、工程承包等多样化趋势发展。然而，通过对我国企业在拉投资的现状、产业分布和投资动因加以解读，我国学者认为拉美地区拥有巨大的市场潜力，中国扩大对拉投资前景是利好的，而在全球金融危机背景下，中拉经贸关系经受住了考验，并实现深化发展，中国企业应把握时机，主动寻找投资机遇，扩大投资规模，拓展投资领域[③]。值得一提的是，对于2008年后全球金融危机后中国对拉投资面临怎样的挑战这一问题，2010年以后有学者专门以此为切入点进行了阐述，指出新一轮经济结构调整在该地区逐步展开，外国在该地区的直接投资流向正在发生某些结构性的变化。在此背景下，作者建议中国投资者除了抓住机遇外，也不应忽视研判和重视经济政策变化及其不确定性所带来的投资风险与当地劳动市场中潜藏的劳工风险的控制，此外，重视拉美和加勒比地区投资与合作伙伴的选择，同时要谨防中国企业或投资决策者对拉美地区的认知上存在的一些误区[④]。

总体上讲，无论是从中国的开发能力还是从拉美市场容量来讲，对拉投资都将大有可为。但目前仍处于初级阶段，与“走出去”战略的要求有较大差距。这是一个长期而艰巨的过程，需要做长期的努力。在这种情况下，中国企业必须将视野和目标投向全球范围，在国际竞争中掌握主动权，这要求将拉美市场的开发提升到新的战略高度：将拉美市场开发与中国的市场多元化战略及“大经贸战略”相结合；拉美市场开发与中国当前的经济和产业结构调整相结合；将拉美市场开发与中国保障国家经济安

① 郭德林：《外资在拉美和加勒比地区的政策趋势》，《国际经济合作》2009年第7期。

② 郭德琳：《拉美和加勒比地区国家外资政策的变化趋势》，《国际经济合作》2009年第3期。

③ 赵雪梅：《中国企业在拉美投资的产业分布和动因分析》，《拉丁美洲研究》2009年增刊10月。

④ 吴国平：《后危机时期中国企业投资拉美和加勒比地区的机遇与挑战》，《中国社会科学院研究生院学报》2011年第2期。

全相结合；将拉美市场开发与中国制造业的迅速发展相结合；把拉美市场开发作为系统的企业—国家战略工程[①]。

第七节 拉美经济专题研究

近三十年来，我国在拉美经济领域的专题研究呈现出涉及范畴广泛化、论述视角专业化的趋势。本节将以较具代表性的三个专题——能源、农业和金融研究为例，旨在进一步解读我国拉美研究学者长期以来对这一地区经济领域不同方面的深层次考察。

一 能源专题

随着经济发展的不断加快，中国对能源的外部需求逐步提高，能源安全问题已经上升为关系国家发展的战略性议题。鉴于国内石油储备匮乏、中东局势不稳，拉丁美洲——这片富饶的土地便成为我国另一块能源战略的目标区。1993 年中国开始能源“走出去”战略，同年 10 月，中国石油天然气集团公司进入秘鲁，由此拉开了中拉能源合作的序幕，并与之走过了 20 年的合作发展之路。拉美地区对于中国的能源安全战略来讲重要性日增。

鉴于如此形势，中国拉美学界从最初关注石油经济在拉美整体经济中的地位及影响[②]，逐渐发展到更为关注拉美的石油储备量、拉美的石油生产及如何开展中拉能源合作；从单纯关注拉美国家能源工业的发展[③]，逐渐发展到现在更为关注拉美国家的能源政策以及中拉能源合作的前景与挑战。

事实上，近十年来，“中拉能源合作”成为中国学界拉美经济研究能源专题中最为重要的议题之一。一方面，拉美是世界上最早生产石油的地

---

① 中国社会科学院拉美所投资环境研究课题组：《从“走出去”战略高度研究拉美市场开发和投资环境》，《拉丁美洲研究》2004 年第 3 期。

② 相关研究如陈芝芸：《世界石油危机对拉美经济的影响》，《拉丁美洲丛刊》1983 年第 6 期。

③ 相关研究如魏红霞：《拉美能源资源的利用和能源工业的发展》，《拉丁美洲研究》1998 年第 4 期；王锡华、焦震衡：《拉美石油工业发展及存在的问题》，《国际石油经济》2002 年第 3 期。

区，也是世界上最早大规模出口石油的地区，近年来，拉美国家大力推行石油发展战略，试图以世界“新兴石油区”的姿态出现在国际能源舞台[①]，怀有与中国开展能源合作的政治意愿；另一方面，中国石油储量严重不足，需要大量进口原油填补，拉美政治相对稳定且投资环境不断改善，与中国的政治共识较多，可成为中国石油多元化战略的重要选择对象[②]，以化解中国石油进口来源过于集中的风险。这样便形成了中拉双方共赢的能源合作模式，且不断向前发展。

对于中拉能源合作的研究，中国拉美学界的学者通常从对拉美石油行业的评估着手，如对拉美石油生产状况的研究，对拉美主要石油生产机构（国有石油公司）的研究，对拉美国家石油行业发展趋势及国家石油战略变化发展的研究[③]，以及对拉美国家石油出口存在的问题[④]及前景的研究等。总体上讲，拉美地区石油消费呈现供大于求的特点，属石油净出口地区。同时，拉美国家的石油产量因储产比分布不均、投资不足、政策因素等原因而存在差异。

此外，中国拉美学界对中拉在不同领域的能源合作也进行了一定研究，主要包括：中国从拉美进口能源，中国企业投资拉美国家油气资源以拓展海外油气勘探与开发，与拉美在能源技术领域开展交流[⑤]，特别是在生物能源技术领域的合作潜力巨大，在能源基础设施方面中拉也有广阔的合作前景[⑥]。中拉能源合作还涉及天然气和清洁能源领域，与石油储备相比，拉美的天然气储量较少，但其可再生能源保有量和消费潜力相当雄厚。

然而，虽然中拉能源合作整体上发展迅速，但究其水平仍然较低。拉美地区仍属于中国能源的非主要来源地，而同对海外石油的需求和国际石油巨头在拉美的投资相比，中国还有很大差距，此外在中拉合作的项目规

① 中国现代国际关系研究所拉美课题组：《拉美石油业与中拉石油合作现状》，《国际资料信息》2003年第9期。

② 同上。

③ 如徐世澄：《拉美：新崛起的“能源大陆”》，《当代世界》2006年第8期。

④ 吴国平：《简析拉美国家的石油资源及其出口安全战略》，《拉丁美洲研究》2005年第3期。

⑤ 相关研究如傅倩茹、王翠文：《中拉能源合作现状及影响因素分析》，《领导之友》2011年第3期。

⑥ 贺双荣：《中国与拉美的能源合作》，《世界知识》2006年第8期。

模、供给能力和盈利能力等方面也都略显不足①。

关于影响中拉能源合作的障碍性因素，中国拉美学界也进行了总结，这主要包括：政治风险，社会风险，美国因素，环境保护和劳工权益因素造成的投资追加，拉美对外能源合作政策调整存在不确定性，来自欧美、亚洲国家在油气市场的竞争日益激烈②等等。

对拉美国家能源问题的国别研究主要集中于对委内瑞拉、阿根廷、巴西和墨西哥的石油能源研究，玻利维亚的天然气能源研究和对巴西的新能源研究。此外，国别案例研究也涉及了对中国与厄瓜多尔、秘鲁和哥伦比亚的能源合作等。《拉丁美洲研究》期刊就曾以此为专题，集中刊发了此类研究成果③。

二　农业专题

中国拉美学界对拉美农业问题亦十分关注。事实上，中国于 1978 年开始的改革开放，正是起步于农村改革，农村改革成为当时国内社会关注的焦点。在此背景下，中国拉美学界的学者自然将视角转向拉美的农业问题。20 世纪 80—90 年代，中国拉美学界关于拉美农业问题的研究成果丰硕。

20 世纪 80、90 年代中国学者对拉美农业问题的研究，主要集中于对拉美农业发展进程及模式④的探究，特别是对在农业领域有“第三世界国

① 刘强：《中国与拉美石油合作探讨》，《拉丁美洲研究》2005 年第 1 期。

② 相关研究如孙洪波：《中国与拉美油气合作的机遇、障碍和对策》，《国际石油经济》2009 年 3 月；金燕、孙洪波：《投资拉美能源美国因素无法回避》，《资源与人居环境》2010 年第 6 期。

③ 相关研究如周志伟：《巴西石油公司的国际化及企业发展战略》，赵重阳：《查韦斯执政以来的委内瑞拉国家石油公司》，孙洪波：《阿根廷的油气开发政策与中阿能源合作》，均载于《拉丁美洲研究》2010 年第 5 期。

④ 2000 年后，也有学者对拉美农业的发展模式进行比较研究，认为 19 世纪在拉美和美国形成了差别极大的两种农业发展模式：前者仍维持以前的资本主义大庄园式的粗放型农业，而后者则形成了以资本主义中小农场为主要生产单位的集约化和商品化农业；拉美农业是主要为北大西洋工业化国家生产原料与粮食的单一产品出口型经济，而美国农业则是本国工业发展的原料来源和广阔市场，是本国工业化的发动机。详见刘文龙、朱鸿博：《试析近代拉美与美国的不同农业发展模式》，《复旦学报》（社会科学版）2001 年第 5 期。

家样本”之称的墨西哥农业发展的国别研究①。总体上讲，在这一时期，中国学者看到了第二次世界大战以后，拉美的农业生产方式发生了深刻变化②，以墨西哥“绿色革命”为标志，拉美国家开始了农业现代化进程。这种资本主义的农业现代化在当时取得了很大成就，并对拉美的社会经济生活产生了不可忽略的影响③。对于拉美农业资本主义的发展模式，有学者认为，就整个拉美地区来讲，可以说其农业资本主义更多的是遵循普鲁士式道路发展的④。

然而与此同时，中国学者亦清楚地看到在拉美的农业发展进程中仍存在，诸如农业部门所占比例严重失调、城乡劳动力比例失调、粮食作物与经济作物比例失调⑤等严峻问题。事实上，随着拉美现代化进程的不断推进，重工轻农政策逐渐形成，拉美农业的地位不断下降，到20世纪末已有学者指出，其农业不能对工业化做出应有的贡献，反而成为拉美国家发展的“瓶颈”⑥。

开始于2006年的世界粮食危机让农业问题再次成为热点。拉美农业的脆弱性在危机中展露无遗。中国学者认为，面对危机拉美国家采取的紧急措施如同隔靴搔痒，如要纠正多年来在贸易和农业发展中的政策偏差，建立长期的农业发展战略、通过集体行动扭转全球农业生产与贸易之间的系统性不平衡才是行之根本⑦。

这场危机如同警钟长鸣，再一次敲击着各国的粮食安全意识。在当前的贸易环境下，拉美的粮食安全形势不容乐观。而对中国来讲，地少人多，耕地资源增加缓慢且质量不断下降，同拉美国家在农业领域的合作成为保障中国粮食安全的可行出路。有学者认为，海外屯田的模式可能并不

---

① 这一时期关于墨西哥农业问题的研究成果有数十篇之多，此处不再一一列举。2000年后，在拉美学界也出现了一些对墨西哥农业的研究论文，多以墨西哥历史上的农业计划和农业改革运动为研究对象。

② 陈舜英：《战后拉美农业发展的基本分析》，《拉丁美洲研究》1986年第6期。

③ 杜建华：《战后拉美农业现代化进程初探》，《拉丁美洲研究》1988年第1期。

④ 张森根：《小农制和拉美农业资本主义发展》，《拉丁美洲研究》1988年第1期。

⑤ 张森根：《拉美农业发展进程中面临的紧迫问题》，《拉丁美洲研究》1982年第6期。

⑥ 高静：《浅论拉美农业的“瓶颈”及当今拉美农业面临的挑战》，《拉丁美洲研究》1998年第3期。

⑦ 张勇：《从粮食危机反思拉美贸易和农业政策改革》，《拉丁美洲研究》2009年第3期。

现实，可考虑在拉美建立大型跨国农业投资贸易公司①。

值得一提的是，如何评估美国因素对拉美农业部门的影响同样是中国拉美学界关注的重点之一。事实上，自19世纪末开始，美国的跨国公司就开始了在拉美农业领域的渗透，其中有积极作用，也有消极影响②。更有学者从美国全球粮食战略的高度，分析了拉美和中国在其战略部署下的角色③，譬如在第二次世界大战期间，美国提出了“美国—拉美防御”理念，并在巴西和波多黎各实施人口控制计划以及墨西哥的“绿色革命”和阿根廷的“第二次绿色革命”等。

三　金融专题

20世纪90年代，随着拉美新自由主义经济改革的实施，拉美各国逐渐呈现出经济自由化、私有化、市场化和全球化的发展趋势。在金融领域，同样以增强金融开放性为改革的方向。这也成为中国拉美研究学者除债务危机、金融危机等拉美金融领域热点问题外，较为关注的研究议题。

在中国拉美学界，对拉美金融开放度的研究视角主要包括：对拉美上世纪80年代开始的金融体制改革的考察④，对改革前拉美国家金融压抑状况的评估⑤，以国别案例分析拉美国家在实行金融开放政策之后国内资本市场及金融行业的反应⑥，以及以2008年金融危机为背景探究拉美国家金融行业改革之后的效应及其金融安全性特征⑦。

总体上讲，中国拉美研究学者认为，拉美实行的全球金融一体化的开放政策，可以带来一些积极成效，如降低资金成本、增加风险分享、促进

---

① 赵丽红：《土地资源、粮食危机与中拉农业合作》，《拉丁美洲研究》2010年第3期。

② 高君诚：《美国跨国公司与拉美农业》，《拉丁美洲研究》1987年第6期。

③ 赵丽红：《美国全球粮食战略中的拉美和中国》，《拉丁美洲研究》2009年第4期。

④ 相关研究如黄红珠：《拉美金融逐步与全球金融一体化》，《拉丁美洲研究》1994年第1期。

⑤ 相关研究如冯丹：《20世纪90年代以前拉美国家金融压抑的状况及其影响》，《拉丁美洲研究》2008年第2期。

⑥ 相关研究如黄志龙：《哥伦比亚资本项目开放与1993—1998年资本管制有效性研究》，《拉丁美洲研究》2009年第4期；华林：《外国资本进入墨西哥银行业的现状及影响》，《拉丁美洲研究》2005年第6期；温博慧：《发展中国家外汇期货的推出对即期汇率波动的冲击效应——基于巴西外汇市场的实证分析》，《拉丁美洲研究》2009年第6期。

⑦ 相关研究如张蓉：《新兴拉美银行业改革的效应研究》，《拉丁美洲研究》2009年第6期；吕宇斐：《金融全球化与墨西哥的金融安全》，《拉丁美洲研究》2010年第1期。

资源流通、改善效率及降低国内实际利率等；但同时也会产生一定的不利影响，如增加了国内金融的不稳定性，使资本外逃更加容易，产生信贷收缩等等。这就要求拉美国家重视风险管理以及注意争取可为经济和社会发展提供长期资金的双边和多边贷款①。

对于拉美国家实行的银行私有化、引进外资银行等政策，多数学者给出了较为积极的评价，如可帮助本国银行体系建立较好的信誉，降低不良贷款率，改善银行内部的监管和效率，增强本国银行体系的资本实力，提升盈利水平，并在无形中增强了银行防范风险的能力②。中国学者认为，这些改革措施不仅十分有利于帮助拉美国家建立富有效率的银行体系、促进经济快速发展，而且成为拉美国家的银行体系在经历了全球金融危机之后仍保有较为强劲的投资吸引力的重要因素③。

① 黄红珠：《拉美金融逐步与全球金融一体化》，《拉丁美洲研究》1994年第1期。

② 相关研究如华林：《外国资本进入墨西哥银行业的现状及影响》，《拉丁美洲研究》2005年第6期；张蓉：《新兴拉美银行业改革的效应研究》，《拉丁美洲研究》2009年第6期。

③ 张蓉：《新兴拉美银行业改革的效应研究》，《拉丁美洲研究》2009年第6期。

第四章

拉美国际关系研究①

第一节 拉美国际关系学科的发展

一 中国拉美国际关系学科的创建与发展

从世界范围来看，国际关系研究作为一门独立的学科是在第一次世界大战以后才逐步形成的。一战打破了欧洲对于历史发展盲目的乐观看法和对于传统均势外交的信任，人们迫切希望对国家之间的关系、关于战争与和平的知识有更多的了解。在第一次世界大战后，对于国际关系的看法和研究，占主导地位的是理想主义。以威尔逊的“十四点计划”为纲领性宣言，理想主义把国际关系中的战争、冲突、不平等等根源简单地归结为人类道德或法律的不完善，或是道德、法律没有得到很好的遵守，主要集中于对国际道德、国际规范的研究。

第二次世界大战使现实主义走到了国际关系研究的舞台中心。汉斯·摩根索及其1948年出版的《国家间政治》通过批判理想主义，确立了现实主义在国际关系研究中的主导地位，真正奠定了国际关系作为一门学科及其在独立研究领域的地位。他用“国际政治即争强权”明确了国际关系的本质以及研究的领域，并相应地提出了完整的研究体系。国际关系作为一门学科迅速地发展起来并在国家的对外决策和国际关系实践中发挥重要的影响。二战后，随着外交作用和地位的提升，大众对国际关系的兴趣与关心，同样刺激了国际关系研究的发展。

---

① 本章执笔：何露杨（第一至第六节），政治学硕士在读，中国社科院拉美所研究实习员。魏然（第七节），文学博士，中国社科院拉美所助理研究员。

冷战时期的国际关系以美苏对抗和两大集团的对峙为特征，随着社会主义阵营和资本主义阵营内部的矛盾和分化以及美苏两国实力的此消彼长，战后民族解放运动迅速发展，第三世界作为独立的政治力量登上国际舞台，促使国际关系学加大对亚非拉等地区的关注和研究。

中国的拉美国际关系学科的发展可以追溯到20世纪60年代初，与新中国的拉美研究及中拉关系的发展同步，其宗旨是满足党和国家的政策需要，为提高中国在世界政治经济格局中的地位和影响力服务。

在战后活跃的民族解放运动中，古巴革命的胜利引起中国人民对拉丁美洲的特别关注，两国于1960年正式建立外交关系。与此同时，为打破帝国主义的封锁，扩大中国在国际上的活动空间，支援亚非拉的民族民主运动，20世纪60年代初，党中央和毛主席决定成立研究亚非拉问题的机构，中国的拉美国际关系研究从此起步。通过丰富而系统的学术研究，中国的拉美国际关系学者针对相关课题整理了大量资料，进行了各种有益的思考、探索与尝试，取得了丰硕成果。

冷战的终结使国际关系进入历史性的转型期，中国的拉美国际关系研究的新时期也因此而开启。苏联解体后，美国超强霸主地位的压力、经济全球化时代国际资源市场分割的不均衡、国际力量和权势分配的不均衡、国际秩序由西方国家主导的严重失衡状态，使中国国际关系学者认识到学科发展应立足于本国国情与国际环境，在全面系统了解西方理论发展的基础上，重点解决制约国家发展需求的种种国际困境与难题①。拉美国际关系学者也开始注重理论研究，同时借鉴拉美国家对外关系发展和外交政策实施中的相关经验。世界政治经济形势的根本转变和国内改革开放的深入，为我国拉美国际关系学科的研究带来了新的机遇，拉美国际关系学科在这一阶段取得较大发展。

20世纪90年代以来，经济全球化使世界各国面临诸多全球性问题，如人口爆炸、资源短缺、能源危机、粮食危机、金融危机、生态环境恶化、恶性疾病蔓延、吸毒贩毒成灾、国际恐怖主义活动猖獗等等，所有这些全球性问题皆已成为国际社会讨论的焦点话题和各国竞争与合作不可回

① 段霞：《改革开放三十年中国国际关系研究之发展回望》，《现代国际关系》2008年第12期。

避的重要问题①。这使中国拉美国际关系的研究议题进一步扩大，从而呈现出多元化、多维度探索的态势。

进入21世纪，新的国内外形势对于拉美国际关系的研究工作提出了新的要求。研究领域和国家覆盖面日益扩大，研究议题的广泛性、研究成果的深度和水平都取得较大进展，学科水平不断提高。

二　中国拉美国际关系研究的时代特征

(一) 20世纪60年代前期

60年代初，中国进入经济困难时期，外部面临帝国主义的封锁和苏联的施压。同时战后拉美各国的民族解放运动渐趋活跃，其中古巴革命的胜利引起中国人民对拉丁美洲的特别关注，两国于1960年建立外交关系，次年拉丁美洲研究所正式成立，早期的中国拉美国际关系研究从此起步。

在马克思列宁主义、毛泽东思想的指导下，早期拉美国际关系研究的发展从搜集和翻译图书资料起步，有计划、有重点，系统性地开展有关拉丁美洲的调查研究，提供有根据有分析的科学资料和论著，作为党中央掌握该地区革命运动情况和制定有关政策的参考。初创阶段的图书资料搜集、编译和基础研究等工作，为拉美国际关系学科的建立打下了坚实的基础。

但从总体上看，资料及经验的缺乏、语言障碍等客观原因导致60年代前期的拉美国际关系研究存在一定的局限性和片面性。此外，受“左”的思想影响，研究拉美以“革命”、“反帝”和支持拉美各国人民反帝反独裁斗争为主，以阶级斗争为纲。因此，在对一些问题的看法上难免失之偏颇，且研究领域较为狭窄②。

1961—1966年，拉美国际关系学科发展的主要成果包括《拉美各国参考资料》的编译，拉美各国概况和专题资料的编写以及拉美动态方面的研究。这段时期的关注重点放在拉美各国的反美斗争，美国对拉美国家

---

① 段霞：《改革开放三十年中国国际关系研究之发展回望》，《现代国际关系》2008年第12期。

② 徐世澄：《十一届三中全会以来中国对拉丁美洲的研究》，《拉丁美洲研究》1998年第6期。

的政治、经济和军事渗透，古美关系等方面，主要刊登于《拉美各国参考资料》、《拉丁美洲动态》与《拉美情况》。

（二）改革开放至20世纪80年代末

70年代中美关系的改善为中国与拉美国家的外交关系发展铺平了道路，改革开放为中国与拉美国家的关系发展注入新的活力，中国的拉美国际关系研究从而步入了迅速恢复和发展的时期。

进入80年代，美苏之间的关系发生转变，戈尔巴乔夫开始寻求同美国妥协；拉美国家陷入债务危机，开始调整经济发展战略和政策，同时该地区的民主化运动取得决定性进展；1987年8月，中美洲五国总统达成了中美洲和平协议，为中美洲危机的最终解决创造了有利条件。这一时期，中国的改革开放从农村逐渐转向城市，从沿海逐渐转向内地。这段时期的拉美国际关系研究在发展过程中注重结合国际和拉美地区的新形势，以及中国改革开放过程中提出的问题。

80年代开启了中国对拉美国际关系较为系统的研究，从研究数量、领域以及深度上都有了明显进步。这段时期的拉美国际关系研究可以分为拉美国际关系研究和拉美国别国际关系研究两大部分，前者主要涉及拉美对外政策及外交思想，拉美对外关系发展史及特点，美洲与拉美地区国际组织及会议，中美洲冲突，中拉关系、美拉关系、苏拉关系、欧拉关系，拉美与亚洲、非洲的关系，美国对拉丁美洲的外交政策，拉美领海、边界、侨民问题等。在拉美国别国际关系研究当中，墨西哥、巴西、阿根廷、古巴等国占绝对比例。此外，这段时期还出现了对拉美国际关系理论的探究，研究的系统性和专业性得到提升。《中国和拉丁美洲关系简史》（1986，沙丁、杨典求等4人编著）是这一时期不多见的关于拉美国际关系研究的专著①。

（三）20世纪90年代

进入20世纪90年代，伴随着世界政治经济形势的根本转变和国内改革开放的深入，拉美国际关系及中拉关系的发展进入了一个新的阶段，这为我国的拉美国际关系研究带来了新的机遇。

---

① 孙若彦：《面向21世纪的中国拉美国际关系研究》，《山东师范大学学报》（人文社会科学版）2003年第5期。

随着东欧剧变、苏联解体，冷战结束，世界从两极向多极化过渡，形成了“一超多强”的局面，霸权主义、强权政治有所发展。世界经济全球化、区域化迅速发展。拉美国家加强团结，一体化取得新进展。在重视与美国发展关系的同时，拉美国家积极推行多元外交，加强同欧盟及其他欧洲国家、亚太地区国家的关系。美拉关系有所改善，但在贸易、人权、环境、移民等问题上仍存在分歧。随着改革开放的深入，拉美国际关系学科结合世界形势和拉美形势的新发展，对一些与中国改革开放联系较密切的重点课题进行了研究，并取得了一批具有较高学术水平的成果，研究重点包括世界格局对拉美的影响及拉美对策的变化、美拉关系、欧拉关系、拉美国家的对外政策走向以及拉美国家与中国和亚太地区关系的发展趋势等。

这一阶段的拉美国际关系学科取得较大发展，主要表现为两个特点，一是拉美国际关系研究的著作层出不穷，二是研究领域进一步扩大。该时期较早出现的一部专著是1994年由南开大学拉美研究中心洪国起、王晓德合著的《冲突与合作——美国与拉丁美洲关系的历史考察》，“该书以美国扩张主义为线索，从经济、政治、思想三个方面对美国建国以来美拉关系进行了深入分析，在理论构架和材料的充实上都做了可贵的探索”[①]。其他相继问世的重要著作包括《美国和拉丁美洲关系史》（徐世澄主编）、《拉美国际关系史纲》（洪育沂主编）、《拉美地区一体化进程——拉美国家进行一体化的理论和实践》（徐宝华、石瑞元）、《冲撞：卡斯特罗与美国总统》（徐世澄）。除了拉美国际关系研究的专著外，由李春辉、苏振兴、徐世澄主编，于1993年出版的《拉丁美洲史稿》第3卷，［英］莱斯利·贝瑟尔主编，中译本《剑桥拉丁美洲史》；委内瑞拉德梅德里奥·博埃斯内尔著，殷恒民译，商务印书馆1990年出版的《拉丁美洲国际关系简史》等拉美通史性著作中，拉美国际关系都占有相当的比重，具有较高学术价值。在20世纪80年代的基础上，90年代我国拉美国际关系研究的领域进一步扩大，主要有冷战后拉美国际关系的转变及特点问题、冷战后拉美外交思想的转变、拉美外债问题、拉美地区一体化、北美自由

① 孙若彦：《面向21世纪的中国拉美国际关系研究》，《山东师范大学学报》（人文社会科学版）2003年第5期。

贸易区、美洲自由贸易区、拉美外交关系中的人权问题、扫毒问题、经济全球化时代的国家安全问题、国别外交实践及外交思想研究、经济外交、中拉经贸关系等等。

（四）21 世纪

进入 21 世纪，在全球化进程加速的过程中，得益于中国经济的发展以及全球大宗商品价格上涨，拉美国家经济呈现快速增长。与此同时，911 事件后，美国外交关注转向，拉美国家拥有了更大的外交空间，拉美掀起一场“粉红浪潮”，左派政府纷纷崛起，美国在拉美地区的影响力日益减弱。2008 年经济危机后，新兴国家的地位有所提升，力图代表发展中国家寻求在国际事务中掌握更大的话语权。巴西作为“金砖国家”之一，在国际舞台上的影响力逐渐增强，在全球治理中扮演日益重要的角色。随着中国改革开放的深入，中拉经贸合作不断加强，中国与拉美各国的高层互动日益频繁。新的国内外形势对于拉美国际关系的研究工作提出了新的要求。

近年来，随着中国的崛起和中拉关系的发展，拉美国际关系研究的重要性日益凸显。国内学术界对拉美国际关系的关注度大幅提高，党和政府部门以及企业界对拉美国际关系中的热点、背景等研究的需求度加强。与此同时，随着拉美国际关系的研究队伍日益壮大，学术研究也更加活跃。在研究方法上除传统的“中心—外围”结构分析范式外，现实主义、自由主义、构建主义等理论学派也被广泛地运用于分析拉美国家外交政策及对外关系变化的研究之中。此外，研究领域和国家覆盖面日益扩大，在研究议题的广泛性、研究成果的深度和水平方面都取得较大进展，学科水平不断提升。其中具有代表性的重要成果包括《现代化战略选择与国际关系——拉美经验研究》（曾昭耀）、《漫漫探索路：拉美一体化的尝试》（方幼封、曹君）、《走向开放的地区主义——拉丁美洲一体化研究》（王萍）、《挑战与机遇：美洲贸易自由化研究》（王晓德）、《帝国霸权与拉丁美洲：战后美国对拉美的干涉》（徐世澄主编）、《国际新格局下的拉美研究》（朱洪博、江时学、蔡同昌主编）、《冷战后美国的拉丁美洲政策》（朱洪博）、《中拉关系 60 年：回顾与思考（上、下）》（苏振兴主编）等等。

关于我国拉美国际关系研究中存在的主要问题，有学者总结了三点：

理论研究相对滞后，表现为叙述拉美现实国际关系问题的文章多于理论分析性文章；研究问题过于分散，重点问题研究深度不够；翻译介绍国外的有关论著不够[①]。在今后的研究工作中，这些问题尤其值得注意。

中国与绝大多数拉丁美洲国家同属于发展中国家，有着相似的历史命运，而拉美又是发展中国家国际关系的活跃区，无论是其内部彼此间关系，还是对外关系，在历史上乃至现实中无不呈现出丰富多彩的景象[②]。一方面，拉美国家在国际关系领域的发展经验值得中国借鉴。另一方面，在后金融危机时代，新兴国家已经转化为推动全球经济发展的一股力量，在国际政治舞台上也在扮演日益重要的角色，而中国的经济发展、国际地位的提高需要拉美国家的支持。因此，加强对拉美国际关系的研究对于中国更好地融入国际社会、国家未来的发展乃至中华民族的伟大复兴具有较强的理论和现实意义。

第二节　拉美国际关系理论

一　早期的中国拉美国际关系理论研究

从20世纪70年代后期开始，中国国际关系研究的指导思想从推动世界革命，转向了邓小平所倡导的改革开放和学习国外，包括西方资本主义国家的先进经验[③]。80年代中美关系平稳快速发展，加速了中国国际关系学者研习西方理论的浪潮，其中也包括早期的拉美国际关系理论研究。

关于拉美国际关系理论的研究始于20世纪80年代，早期的研究主要是介绍拉美国际关系研究中影响较大的理论学派的相关概念及其在拉美国家的应用，包括经典理论学派、帝国主义理论学派、依附理论学派、相互依存理论学派、世界体系理论学派、官僚政治理论学派和跨国政治理论学派等。其中，对于阿根廷经济学家劳尔·普雷维什创建的依附理论学派，

---

① 孙若彦：《面向21世纪的中国拉美国际关系研究》，《山东师范大学学报》（人文社会科学版）2003年第5期。

② 同上。

③ 王逸舟：《中国国际关系学：简要评估》，《欧洲研究》2004年第6期。

有学者[①]指出依附论虽然从中心与外围国家之间的贸易经济关系以及中心国家对外围国家的经济剥削的角度，研究世界经济现行体制与秩序的形成和发展，但这一理论不是简单的经济理论，其中包括对国际关系的研究，对拉美等第三世界地区的发展战略和变革国际经济秩序的斗争起了积极推动作用。

二　冷战后的中国拉美国际关系理论研究

冷战的终结开启了中国国际关系研究的新时期，其中一项具体的表现为理论研究进入大发展阶段，对西方国际关系理论的了解和认识进一步加深。

自20世纪初威尔逊理想主义及摩根索现实主义国际关系理论崛起以来，美国在国际关系知识的生产体系中始终占据中心、正统和霸权的位置。作为美国政治经济权利长期渗透和严密控制的地区之一，一方面，拉美地区深受欧美国际关系理论的启蒙与影响，另一方面，从20世纪60年代开始，拉美学者在借鉴欧美国际关系理论的基础上，努力减轻对欧美的“知识依附”，不懈地开展对外来理论的改造，形成了独特的视角和理论观点。为此，中国的拉美国际关系理论研究主要围绕欧美国际关系理论对拉美的影响、拉美本土国际关系理论的发展以及拉美经验三个方面展开，分析拉美国际关系理论的特点，吸取其中有益的成分，以创新完善我国的国际关系理论。

（一）欧美国际关系理论的影响

国内学者普遍认为拉美地区深受欧美国际关系理论的启蒙与影响，威尔逊理想主义、摩根索现实主义和外交政策分析在拉美国际关系研究中运用广泛，影响深刻。有学者[②]对此做了详尽的分析，指出拉美国际关系领域的“知识依附”反映在美国学术思想对拉美知识界的长期渗透、灌输和学术殖民化方面，表现为：由于威尔逊理想主义与玻利瓦尔“理想”

---

① 安建国：《对拉美国际关系研究影响较大的几种理论》，《拉丁美洲研究》1987年第6期。

② 张建新：《从依附到自主：拉美国际关系理论的成长》，《外交评论（外交学院学报）》2009年第2期。

相契合，导致国际关系理论从美国“中心”向拉美“边缘”渗透；从战后初期至20世纪80年代，摩根索现实主义在拉美国际关系领域始终占据统治地位。尽管地区一体化浪潮使新自由主义相互依存论越来越受重视，但未能挑战现实主义的统治地位。并得出结论：欧美经典理论在战后拉美的国际关系分析中占有压倒性地位，说明拉美地区的国际关系分析深深根植于西方国际关系知识体系之中。

对此，有学者[①]持不同观点，认为拉美本土国际关系理论对拉美学术界的影响更大，“从20世纪50年代至今，西方主流国际关系理论中的各种学派或学说…都曾传入拉美，影响拉美国际关系学界，但更重要的是，西方主流国际关系理论对拉美国际关系学界产生的影响从来没有超过拉美本地区学者思想的影响”，“20世纪80年代以前，在拉美没有一种理论赶得上依附理论在本地区所产生的深刻影响”。

（二）本土国际关系理论的发展

拉美地区的国际关系研究起步较早。20世纪60年代后，随着国际形势的变化以及拉美国家对外关系的日渐活跃，该地区国际关系研究迅速发展。20世纪60—80年代，为了降低政治、经济和知识的依附水平，拉美学者致力于研究本土国际关系理论，逐步形成了具有拉美特色的国际关系理论，如依附理论、自主理论和新地区主义等，部分学者称之为拉美国际关系理论的本土化，这是中国学术界关注的重要问题。

有学者[②]分析了拉美本土国际关系理论兴起的政治背景、影响因素，并将其本土化过程分为三个重要阶段。指出20世纪中叶，拉美很多国家的新兴工业资产阶级取代传统寡头，建立起“多阶级联盟”的民众主义政府，这是拉丁美洲本土国际关系理论兴起的政治背景。他将本土化过程中始终存在的不平衡性归结为受到经济发展水平、政体类型、殖民经历的时间与特征三个因素的影响。拉美国际关系理论本土化过程被划分为三个重要阶段：60年代至70年代初的依附理论时期、70年代中期至80年代

① 孙若彦：《寻求外围的出路：对二战后拉美国际关系理论的历史考察》，《世界经济与政治》2003年第11期。

② 张建新：《从依附到自主：拉美国际关系理论的成长》，《外交评论（外交学院学报）》2009年第2期。

末的自主理论时期以及90年代初的外围现实主义与新地区主义时期。

第一阶段，依附理论是在反对和批判欧美学者主导的现代化理论时兴起的，其研究的基本出发点是致力于分析和揭示外围国家不发达的根本原因，在经典现代化理论提供的“西化”道路之外寻求替代方案。

第二阶段，拉美地区对外关系的多样化以及对“脱美”自主的渴求，使得现实主义的权力概念被作为拉美国际政治主要战略的自主概念所取代，自主不仅被视作经济发展的必要条件，受到依附理论的高度关注，且这个概念开始与拉美外交政策挂钩。

第三阶段，冷战的终结引发了对拉美自主理论的重新评估。外围现实主义在拉美国际关系理论界崛起，反映了拉美学者既要超越自主论，又要摆脱依附论等传统思维模式，此后逐渐主导了部分拉美国家的外交政策。与此同时，新地区主义在拉美的影响日益扩大。

也有学者[①]对90年代拉美国际关系理论新的发展进行了总结，指出冷战后拉美国家外交政策理论出现的两个重大变化，一是对依附论的再认识，肯定依附论是一种发展理论，而否定其作为外交政策理论的价值。二是随着地区经济合作，特别是一体化的加强，拉美许多国家放弃了传统的实力政治论及相关的权力政治、势力均衡、地缘政治等学说。“开放的地区主义”成为90年代拉美国家开展经济合作、促进地区和平与发展的指导思想。

（三）拉美经验

拉美国际关系理论较为成功地走上了自主性发展道路，国际关系知识的生产体系不断强化自主性和个性，着重解释本地区的政治经济问题，在这个基础上形成了若干特点。对其他地区的发展中国家来说，这可以理解为一种“拉美经验”，是具有一定借鉴意义的，因而成为中国学者研究的一个重点。

关于拉美国际关系理论的特点，有学者[②]将其总结为“具有现实的政

---

① 徐世澄、贺双荣：《90年代外国学术界有关拉美国际关系的理论（上）》，《拉丁美洲研究》2001年第4期。

② 张建新：《从依附到自主：拉美国际关系理论的成长》，《外交评论（外交学院学报）》2009年第2期。

策导向”，因为“即使在知识依附的情况下，拉美作为边缘对中心知识的汲取，仍然是有选择性的。譬如，新现实主义在拉美几乎完全‘缺位’……建构主义不能给拉美各国指出发展方向，也不能开出任何有效的政策处方，因而被学术界忽略了。”

也有学者①指出，拉美国际关系理论研究具有明确的定位和不同于世界其他地区的独特的研究主题，即为本地区国家的独立自主和经济发展服务，寻求摆脱外围地位的方法。该学者具体分析了拉美国际关系理论研究如何受到三个主题的影响：首先是实现国家和地区最大程度的独立自主，“反映当时拉美主流思想的依附理论便是这一主题的集中体现，依附论者提出的诸多行动方案如多元化战略、国有化战略、地区一体化战略等无一不与争取本地区独立自主有关。20 世纪 80 年代以来，随着西方新自由主义思潮向拉美的渗透，依附理论陷入低潮…但拉美国家对地区和国家自主的关注始终没有停止”；其次是实现经济和社会发展，“由于对发展的强烈而持久的关注…研究人员常把外交决策和国家发展需要联系起来考察”；最后是美国对拉美地区的决定性影响，“60 年代到 70 年代，在美拉关系的研究中，拉美学者多持依附论的观点和方法，而那时美国国际关系学界对美拉关系的研究多采用自由主义和官僚政治理论。依附论者形成的一个广泛共识是：美国是拉美外部联系的一个主要制约因素。他们强调美拉关系中的结构性依附关系，认为官僚政治论中的侧重政府内部政策运作的微观方法对美拉关系的研究是毫不相干的”。

此外，拉美国际关系理论本土化的成果也是中国学者关注的对象，其中较突出的是依附理论和外围现实主义。

依附论方面，有学者②区分了拉美依附论的两种形式：结构主义和新马克思主义。新马克思主义依附论在结构主义的中心—外围概念的基础上，超越了其经济层面的局限，构建了一个关于依附的总的社会政治理论。两者的区别尤其体现在关于外围国家的出路上，新马克思主义拒绝改良的办法，倡导激进的社会革命。至于依附理论对拉美国际关系研究的影

① 孙若彦：《寻求外围的出路：对二战后拉美国际关系理论的历史考察》，《世界经济与政治》2003 年第 11 期。

② 同上。

响，她认为，“依附理论对该地区国际关系研究产生了深刻影响，在拉美国际关系理论中长期占据主导地位…深刻地影响着拉美政治精英们的思想意识乃至外交行为…对拉美乃至世界国际关系领域具有永久性贡献和影响”，同时也指出依附理论存在片面性，“容易让人对该地区产生过于悲观的看法，认为它们对外部变化极为脆弱，而忽视了政府为降低依附的自主选择性…很容易得出宿命论的结论”。

外围现实主义方面，该学者重点介绍了卡洛斯·埃斯库德的外围国际关系理论框架，包括批判主流国际关系理论的国家中心理性，提出国民中心理性，把经济发展和国民的福利置于首要地位；批判现实主义的权力政治观，提出以经济发展为导向的国际政治观；分析基欧汉和奈的复合相互依存理论对外围国家的毒害性。与此同时，她也强调尽管外围现实主义提出的现实主义、实用主义的经济外交，及其竭力主张的与美国结盟的亲西方外交政策在冷战后的拉美大国具有普遍性，但拉美学术界围绕外围观实主义的争论却始终十分激烈，例如外围现实主义在阿根廷遭到不少学者反对，反对者认为该理论的物质实用主义和亲美外交损害国家利益和长远民族利益，缺乏政策稳定性。

总体而言，改革开放以来，中国的拉美国际关系理论研究经历了一个从无到有、从单一到多样再到较为全面的发展历程，这个过程随着改革开放的发展而日趋深化。但迄今为止，中国拉美国际关系研究的学理探讨数量很少，而且纯学理探讨的文章绝大多数是描述性成果，旨在对拉美国际关系理论成果进行评介，原创性、体系化的理论成果更为缺乏，这也是今后拉美国际关系理论研究值得努力的方向。

第三节　拉美对外关系及外交政策研究

从19世纪初拉美国家获得独立起，世界政治经济形势的变化和拉美国家政治、经济的发展，使拉美国家的对外关系处于不断变化之中，其外交政策也在不断地适应这种变化。第二次世界大战后，拉丁美洲国家的政府和思想家们依据国际形势，就拉美国家应奉行什么样的外交理论和政策，提出了与西方国家不同的外交思路，使拉美国家的外交政策理论和实践有较大的发展和变化，从而使其在国际舞台上发挥了日益重要的作用。

这对于同为发展中国家的中国而言具有很大的借鉴意义，因而成为中国学者关注的重点。一方面，二战以来，不同时代背景下拉美对外关系和外交政策的转变及其特点成为研究的一大议题。另一方面，拉美地区及其大国与美国、欧洲、非洲、亚洲国家尤其是中国的关系，以及巴西、墨西哥、阿根廷、委内瑞拉、古巴等主要拉美国家的外交政策也成为重要的研究对象。

一 拉美地区对外关系与外交政策的转变及其特点

关于拉美对外关系及外交政策的转变及其特点，首先需要指出的是，由于拉美各国在政治、经济、历史传统上的差异，它们对外政策的变化并不是均衡的、同步的，变化的特点也各不相同。但就总的趋势来说，拉美地区对外关系是朝着日益独立自主的方向前进的，拉美各国对外政策的逐步调整也是朝着同一方向。早期的许多研究成果就提出了上述观点。有学者①指出，20 世纪 80 年代，围绕和平解决中美洲冲突和合理解决债务问题两个外交重点，拉美地区日益显示出鲜明的外交独立性。

有学者②将战后至 80 年代末拉美地区对外关系变化分为三个阶段：①从战后初期至古巴革命胜利（1946—1959 年），是基本上依附于美国的时期；②从古巴革命胜利到 60 年代末，是拉美国家调整对外政策，特别是调整对美国政策的过渡时期；③从 70 年代初至 80 年代末，是拉美国家对外关系进入独立自主和多元化发展的新阶段。并概括出该时期拉美国家在外交实践上的五大转变：第一，由实际“结盟”转向“不结盟”。第二，由“单向依附”转向“多边合作”。第三，从传统上的“西方”回到“南方”的现实，明确自己属于第三世界国家。第四，从“泛美主义”转向“拉美主义”，强调拉美团结和联合。第五，由考虑“安全问题”转向更关心“经济发展”问题。

还有学者③从国际战略思想的角度分析拉美地区对外关系和外交政策

① 朱满庭：《七十年代以来拉丁美洲的外交转变》，《拉丁美洲丛刊》1985 年第 3 期。

② 肖枫：《论战后拉美国家外交理论和政策的发展（上）》，《拉丁美洲研究》1989 年第 2 期。

③ 孙若彦：《论战后拉美国际战略思想的演变》，《拉丁美洲研究》1997 年第 5 期。

的转变，以冷战为节点将第二次世界大战后至90年代后期划分成两个阶段，并指出第一阶段中以劳尔·普雷维什为代表的拉美经委会理论，或“发展主义”理论成为拉美对外战略的直接理论来源，在理论的指导下，拉美各主要国家逐渐形成了以建立国际经济新秩序为主要内容的外交路线，在反帝、反殖、反霸斗争中站在了发展中国家前列；而第二阶段，即冷战结束后，国际局势发生巨大变化，拉美国家内部也出现了发展危机，为适应这一形势，拉美各主要国家以新自由主义为指导思想，普遍调整了对外战略，强调灵活和务实，其中以萨利纳斯的“新民族主义”和埃斯库德的“外围现实主义”最为典型。该学者指出，萨利纳斯的“新民族主义”对外战略思想突出体现在处理美墨关系上，埃斯库德的国际战略思想对阿根廷外交政策产生了极大影响。

对于拉美外交政策的特点，有学者①梳理了60年代以来拉美国家外交政策的调整过程，指出90年代拉美各国外交政策的六个共同特点，具体包括坚持独立自主的外交方针，突出为经济建设服务的主要目标，努力保持同美国的良好关系，积极开展全方位、多元化的外交，坚持第三世界立场，继续参加不结盟运动，坚持不干涉原则，捍卫国家主权，反对霸权主义。该学者进一步指出，拉美国家外交政策的基本特点是相互联系的、有主有从的。独立自主是拉美国家外交政策的核心，为经济建设服务是基础，其他四项则是支柱。

另有学者②分析了90年代世界格局变化下拉美对外政策的调整，指出主要体现在两方面，即进一步改善同美国的关系和加强本地区的合作。90年代拉美国家的对外经济关系也是中国学者的研究重点。有学者③指出，拉美国家对外经济关系多边化既为国际政治经济格局急剧变化所推动的，也是拉美国家对外政策调整的必然结果。为了适应国际形势的变化，拉美国家把发展对外经济关系作为外交重心，加速地区经济一体化的同时靠拢北美自由贸易协定，争取扩大与欧盟的经济关系，积极发展同亚太国

① 张文峰：《当前拉美国家外交政策的基本特点》，《拉丁美洲研究》1996年第6期。
② 江时学：《世界格局的变化与拉美对外政策的调整》，《拉丁美洲研究》1992年第6期。
③ 徐宝华：《拉美国家对外经济关系的多边化趋势》，《世界经济》1999年第12期。

家的关系①。

进入21世纪，随着全球化深入发展、部分拉美国家左派上台执政、新兴发展中大国的崛起以及伊拉克战争和金融危机对美国霸权的冲击，国际关系格局发生了深刻的变化。为了适应这种变化，拉美国家积极调整对外关系，扩大在国际舞台上的影响力。对此，中国学者保持了高度关注，《拉丁美洲研究》杂志基本上每年跟踪推出一篇有关过去一年拉美地区整体对外关系的评论文章，大部分从美拉关系、拉美国家内部关系、拉美与其他地区关系三个角度进行论述。美拉关系方面，就整体而言，尽管美国在拉美的影响力逐渐下降，但霸权地位并未受到根本动摇②。一方面，拉美国家坚持反霸立场，一致反对美国的干涉和军事渗透③。另一方面，尽管拉美左派上台后，美国政府采取了一系列措施改善与拉美国家的关系，但美国对拉美的政策并未发生根本改变。金融危机后，美国实力地位的衰落及其转嫁危机的做法加剧了拉美国家的离美倾向。尽管如此，美国仍是拉美重要的贸易伙伴和投资者，美拉之间存在广泛的合作诉求和愿望。拉美国家内部关系方面，拉美国家之间的团结与合作不断增强，地区一体化取得突破的同时也面临分化，能源与金融合作不断加强。尽管合作是拉美地区关系中的主流，但拉美国家在发展理念及政策上的差异、历史遗留的边界争端、扫毒等非传统安全问题、潜在的军备竞争及大国对影响力的争夺等，都对拉美的区域合作进程构成了制约。拉美与其他地区关系方面，加快对外关系多元化的步伐仍是21世纪拉美国家外交政策的重点，拉美与欧盟、亚洲、非洲国家的关系发展引人注目，与中国、俄罗斯等新兴经济体互动频繁，政治经贸合作不断扩大。

二　拉美主要国家的外交政策

具体到拉美国家的外交政策，中国学者的研究对象主要集中于巴西、墨西哥、古巴、委内瑞拉等几个地区重要国家，同时也有少量针对其他拉

① 焦震衡：《以发展对外经济关系为主旋律的拉美外交》，《拉丁美洲研究》1995年第1期。

② 贺双荣：《国际关系格局的调整与拉美对外关系的变化》，《拉丁美洲研究》2009年第1期。

③ 贺双荣：《2000年拉美国家的对外关系》，《拉丁美洲研究》2001年第1期。

美国家[①]的研究。早期对巴西外交政策的研究较关注其外交政策的历史演变和多元化外交政策。有学者[②]梳理了巴西自1889年联邦共和国成立至20世纪80年代外交政策的历史演变，以第二次世界大战为界，指出第一阶段巴西外交政策的主要目标包括解决同邻国的边界问题；同阿根廷维持均衡关系并对拉普拉塔河流域其他国家施加影响；同美国自动结盟，支持门罗主义。第二阶段的外交政策则以配合本国的经济发展为主要目标，具体表现为同美国的自动联盟关系由松散到最后放弃，同时逐渐重视发展同非洲以及其他地区国家的关系，实行外交多样化。对此，有学者[③]认为多元化具体表现在调整同美国的关系、改善同西欧与日本的关系、大力发展同第三世界国家的关系三个方面，指出该政策使巴西的对外关系在地理上从美洲走向世界，在内容上从军事结盟走向政治、经济、文化等领域的广泛合作。也有学者[④]论述了科洛尔政府外交政策的转变。

进入21世纪，随着巴西经济重新走上持续发展的道路，卢拉政府上台后积极推行的大国外交政策引起了中国学者的广泛关注，被视为巴西外交新战略的体现，也被视作前政府外交政策的延续和发展[⑤]。有学者[⑥]分析指出，卢拉政府的外交政策与传统左派的激进的反帝国主义霸权、反全球化的做法不同，也有别于推崇新自由主义的右派的外交政策，其外交政策更加务实、灵活。另有学者[⑦]将卢拉第一任期的外交政策特点概括为：加大外交政策的调整力度，改变巴西严重依赖美欧的外交传统；理性处理与美欧的关系，合作与矛盾共存，关系进展不大；与发展中国家经贸关系发展迅速，发展中大国的地位有所体现；积极扩大巴西的国际影响力，但未实现其“大国外交”的目标；积极推进地区一体

① 王晓燕：《智利的对外开放政策》，《拉丁美洲研究》1986年第1期；

② 鲍宁：《巴西外交政策的历史演变及发展趋势》，《拉丁美洲丛刊》1985年第3期。

③ 卢后盾：《巴西的多元化外交政策及其对外开放》，《拉丁美洲研究》1986年第1期。

④ 吕银春：《巴西科洛尔政府外交政策的转变》，《拉丁美洲研究》1990年第6期。

⑤ 吴志华：《巴西的“大国外交”战略》，《拉丁美洲研究》2005年第4期。

⑥ 张育媛：《卢拉政府外交政策浅析》，《拉丁美洲研究》2005年第2期。

⑦ 周志伟：《卢拉政府外交政策评析及未来外交政策走向》，《拉丁美洲研究》2006年第6期。

化，但拉美地区关系的多变性使巴西遭遇尴尬。此外，还有学者[①]从发展中大国的国际战略角度对巴西个案进行分析，亦有学者[②]对卢拉政府的地区战略进行评估。

有关墨西哥外交政策的研究主要关注其对外政策的演变[③]，中国学者普遍以70年代和80年代为界对其进行划分。有学者[④]认为，20世纪70年代以前，墨西哥外交政策的重心是维护国家安全和主权，特点是以墨美关系为核心；从70年代到80年代初期，墨西哥的对外关系逐渐走出孤立状态，外交上摈弃了过去的防御性政策，转为更加积极地介入国际事务，提倡第三世界的团结，最突出的表现是强烈的多元化色彩；80年代中期以来，墨西哥外交政策的重心逐渐转向经济领域，其政治色彩趋于淡化，突破了外交政策传统的界限。其中，70年代以来墨西哥的对外政策成为中国学者研究的重点[⑤]，成果多强调其独立自主倾向和多样化趋势。另有学者[⑥]探讨了冷战结束前后墨西哥的外交政策，指出冷战结束前，墨西哥的外交政策更多地强调民族主义；冷战结束后，墨西哥的外交政策从强调民族主义转向现实主义，和美国结成战略联盟，大大改善了同美国的关系。但是，墨西哥外交政策依然具有继承性。也有学者关注特定政府时期的墨西哥对外政策，包括埃切维里亚的外交政策双重性[⑦]、卡尔德龙的外交政策连续性和经济性[⑧]。此外，还有学者对墨西哥对外政策的基石——不干涉原则[⑨]和战后墨西哥民族主义外交政策[⑩]进行了研究，取得了一定成果。

---

① 张凡：《发展中大国国际战略初探：巴西个案》，《拉丁美洲研究》2007年第1期。

② 周志伟：《巴西卢拉政府的地区战略评估》，《汉江大学学报（社会科学版）》2010年第3期。

③ 安建国：《战后墨西哥的对外政策与国际关系》，《拉丁美洲研究》1988年第2期。

④ 左晓园：《20世纪墨西哥外交政策的演变》，《拉丁美洲研究》2007年第6期。

⑤ 罗捷：《七十年代以来墨西哥对外政策的特点》，《拉丁美洲研究》1987年第1期；

⑥ 徐世澄：《冷战结束后墨西哥的外交政策中的变与不变》，《外交评论》2007年第95期。

⑦ 左晓园：《目标与策略抉择——埃切维里亚执政时期的墨西哥对外政策》，《历史教学》2008年第4期。

⑧ 谌园庭：《从墨西哥大选看其外交政策走向》，《拉丁美洲研究》2006年第6期。

⑨ 李严：《墨西哥对外政策的基石——不干涉原则》，《拉丁美洲研究》1989年第4期；

⑩ 孙若彦：《论战后墨西哥民族主义外交政策——对拉丁美洲民族主义的再反思》，《山东师范大学学报》（社会科学版）1999年第3期。

对于古巴对外政策的研究主要集中于东欧剧变后的政策调整①。中国学者普遍认为，在此特殊时期，古巴经受了东欧剧变、苏联解体和美国批准托里切利法的三次打击。为突破美国的封锁和孤立政策，古巴积极调整对外政策，逐步从依靠外援转变为自力更生，从输出革命转变为谋求发展，从向苏东国家开放转变为向全世界开放、从与苏东国家合作转变为全方位外交。也有学者②关注古巴革命以来的外交政策演变，将其分为两个主要阶段，第一阶段从1959年革命胜利到20世纪80年代末90年代初东欧剧变、苏联解体，第二阶段从苏联解体至今，分别以“无产阶级国际主义”和全方位多边外交政策为各自的特点。此外，还有学者③对古巴的医疗外交进行了评介。

对于委内瑞拉的外交政策，早期的研究④认为委内瑞拉对外关系的特点是维护和发挥本身的形象和特色，具体表现在维护和普及代议制民主、维护石油出口国的地位、积极参加拉美一体化进程、维护和发展同美国的传统关系、维护外资和外贸政策的多边化等几个方面。查韦斯执政后，委内瑞拉的外交政策因其鲜明的特性受到关注。有学者⑤分析认为，反美外交、石油外交和推动世界多极化是委外交政策中最重要的三项内容，该外交政策对于其拓展外交空间、提高国际和地区影响力、化解美国的遏制和打压起到了积极的作用，但在外交事务中，存在查韦斯个人色彩过于强烈，委美关系未能改善和过于依赖石油等问题，仍需要不断予以关注。另有学者⑥指出，查韦斯推行具有鲜明第三世界立场的国际战略，力图打破制约本国和广大发展中国家发展的不利因素，以改革不公正、不合理的国际政治经济秩序为最大诉求，积极倡导建立多极世界，把南南合作视为发展中国家实现独立和发展、改革现行国际政治经济秩序的关键途径。总体而言，查韦斯的外交政策有力地提升了委内瑞拉的国际影响力，为南南合

① 宋晓平、毛相麟：《世界新格局下的古巴：形势和对策》，《世界经济与政治》1994年第8期；

② 杨建民：《古巴革命以来的对外政策研究》，《拉丁美洲研究》2009年第1期。

③ 孙洪波：《古巴的医疗外交》，《拉丁美洲研究》2007年第5期。

④ 石瑞元：《委内瑞拉对外关系的特点和发展趋势》，《拉丁美洲研究》1997年第2期。

⑤ 赵重阳：《浅析当前委内瑞拉的外交政策》，《拉丁美洲研究》2007年第5期。

⑥ 王鹏、路燕萍：《查韦斯的国际战略和外交政策》，《拉丁美洲研究》2010年第3期。

作注入新的活力，有助于第三世界国家在新旧国际秩序交替进程中寻找更为适合自身的发展新路。

三　美国的拉美政策与美拉关系

美国与拉丁美洲地缘相近、文化和人员交流频繁，拉美的历史发展进程受到美国的深刻影响。因此，美国的拉美政策及美拉关系向来是拉美国际关系研究的重点。

早期对美国的拉美政策的研究成果主要涉及门罗宣言、睦邻政策以及后来不同时期美国政府的对拉政策，重点评介政策内容及其作用。作为美国对拉丁美洲政策的指导原则，中国学者针对门罗宣言和睦邻政策本身及其影响开展了一系列研究。作为美国政府制定拉美政策的基本依据和指导性方针[①]，门罗主义的性质和作用成为中国学者探讨的一个主题，普遍认同的观点[②]是门罗主义是美国统治集团侵略和奴役拉美人民的工具，但也不能完全否定其积极防卫的性质。对于睦邻政策，早期有学者[③]认为它是继前几届政府侵略政策后的一种伪装手段，是美国在特定时间内为其垄断资产阶级保持和巩固在拉美利益的政策。后期的研究[④]注重论及该政策对拉美社会政治、经济和社会发展方面的积极作用，指出睦邻政策促使美洲国家为世界反法西斯斗争做出重要贡献，相比此前历届政府的对拉政策是一个进步。还有学者[⑤]对比门罗主义和睦邻政策，指出睦邻政策是名副其实的拉美政策，而门罗宣言更多的则是美国针对欧洲的政策。关于不同时期美国政府的对拉政策，中国学者的研究重点较集中于里根政府和布什政府。有学者[⑥]指出，里根政府的拉美政策包含四个基本动向，即重视拉美在美国全球战略中的作用；遏制苏古扩张，加紧同苏争夺；修改“人权

---

① 吴晓春、汪世林：《门罗主义——美国拉美政策的基石》，《当代世界》2006年第7期。

② 仲勉：《关于门罗宣言的性质和作用问题的讨论》，《江汉学报》1962年第4期；

③ 陆国俊：《论罗斯福的“睦邻”政策》，《历史教学》1963年第9期。

④ 高平仲：《罗斯福“睦邻政策”的历史作用》，《云南师范大学学报（哲学社会科学版）》1986年第6期；

⑤ 时晓红：《“门罗宣言”与“睦邻政策”》，《山东师范大学学报》（社会科学版）1997年第1期。

⑥ 曹琳、高文：《里根政府对拉丁美洲的政策动向》，《拉丁美洲丛刊》1982年第1期。

外交”政策，改善与某些南美国家的关系；鼓吹建立“北美联盟”和全美洲联盟，“保护美国南、北翼”。也有学者[①]认为，在20世纪70年代末美苏争夺霸权的背景下，里根政府的拉美政策正是美国全球战略调整的重要组成部分，且美苏对抗的思想贯穿于里根政府拉美政策的始终，成为这一政策的基轴和主线。中国学者普遍认为90年代美国对拉美政策做出重大调整，鉴于国际关系重点由军事政治关系向经济关系转变、拉美在国际事务中独立自主倾向不断增强和美国经济实力相对下降，美国对拉政策的调整具体表现为美拉关系由过去的霸主与仆从的关系转向“平等的伙伴关系”。布什政府把建立“自由市场经济”和“民主政治体制”作为新时期对拉美政策的两大战略目标，对拉政策的重点由安全问题转向经济问题，由强调援助转向强调贸易[②]。此外，亦有部分对约翰逊政府和卡特政府对拉政策的研究成果[③]。美国各届政府对拉政策在形式上虽几经变换，但其独霸拉美的基本指导思想却始终未变。

新时期该主题的研究主要涉及不同时期美国政府的拉美政策比较，有学者[④]关注布什政府对克林顿政府拉美政策的批评及其对拉政策的重新设计，也有学者[⑤]指出与第一届布什政府相比，第二届布什政府把“推广民主自由”列为美国外交政策的核心，但总体上仍是上届政府拉美政策的延续。另有学者[⑥]指出，“9·11”事件后，由于反恐而进行政策调整的需要，布什政府对拉美的单边主义倾向更加明显，从而激起拉美国家和人民的反美主义。针对奥巴马政府，学者普遍认为其较布什政府更重视拉美，一定程度上调整了布什的单边主义政策，对拉美采取示好和安抚态度，但未根本改变美国恃强霸道政策和居高临下态度[⑦]。

美国对拉美重要国家的政策也是中国学者研究的议题之一，其中以美

---

① 安建国：《试论里根政府的拉丁美洲政策》，《拉丁美洲丛刊》1985年第1期。

② 朱艳萍：《美国布什政府对拉美的政策》，《拉丁美洲研究》1990年第5期；

③ 朱乐凡：《约翰逊政府对拉丁美洲的侵略政策》，《世界知识》1964年第19期；

④ 曾召耀：《布什政府对拉美政策的重新设计》，《拉丁美洲研究》2001年第4期。

⑤ 齐峰田：《第二届布什政府对拉美的政策》，《拉丁美洲研究》2006年第3期。

⑥ 魏红霞：《九一一事件后美国队拉丁美洲的政策与拉美的反美主义》，《美国研究》2007年第3期。

⑦ 李紫莹：《奥巴马政府拉美政策评析》，《国际问题研究》2010年第6期。

国对古巴的政策[①]为研究重点，其他涉及较多的国家包括巴西[②]、阿根廷[③]、委内瑞拉[④]等。

美拉关系方面，早期的研究主要关注冷战后的美拉关系发展，在国际格局变化的背景下从政策、观念和合作基础等角度分析美国与拉美国家间的转折性变化，强调冷战后随着美国对拉政策的调整，拉美国家由逐步摆脱对美国的依赖转向主动向美国靠拢，积极加强同美国的合作，但美拉之间仍然存在着矛盾和斗争[⑤]。也有学者[⑥]对门罗宣言至20世纪90年代中期的美拉关系发展轨迹进行了考察，指出美拉关系发展过程中存在一定的发展轨迹，即合作—冲突—再合作—再冲突的循环往复、波浪式前进。针对2000年以来美拉关系的发展，有学者[⑦]分析认为布什政府上台后，美国与拉美主要国家的关系出现冷淡、降温或恶化，拉美国家的离美和反美情绪上升，美国在地区事务上的主导权受到挑战。该学者指出，尽管美拉关系不断恶化，但美拉关系的根基并没有受到动摇，美国不会失去拉美。关于奥巴马上台后美拉关系的走向，有学者[⑧]认为尽管奥巴马提出建立“新的美洲联盟”，但美国在拉美的利益只是受到挑战而没有受到直接威胁，拉美不会成为奥巴马对外政策的优先目标，并且奥巴马对拉美左派政府的政策调整形式大于内容。此外，奥巴马在贸易、移民等问题上的政策可能损害美国与某些拉美国家的关系。因此，美拉关系不会从根本上得到改善。

除了拉美地区整体与美国的关系外，拉美重点国家与美国的关系及其对美政策也是中国学者的关注点，研究对象以古巴、巴西、阿根

---

① 焦震衡：《干涉与反干涉的斗争—美国对古巴政策述评》，《拉丁美洲研究》1990年第5期；

② 贺双荣：《布什政府对巴西的政策》，《拉丁美洲研究》2001年第4期。

③ 张世轶：《战后初期美国对阿根廷政策与伊迪—米兰达协定》，《世界近现代史研究》，第5辑，2008年。

④ 焦震衡：《美国为何敌视委内瑞拉》，《拉丁美洲研究》2001年第4期。

⑤ 张文峰：《论冷战后的美拉关系》，《世界经济与政治》1994年第12期。

⑥ 张文峰：《美拉关系发展轨迹初探》，《世界经济与政治》1996年第9期。

⑦ 贺双荣：《布什总统执政以来的美拉关系》，《拉丁美洲研究》2007年第3期。

⑧ 贺双荣：《美国对拉美政策的调整及美拉关系的走向》，《拉丁美洲研究》2008年第6期。

廷和委内瑞拉为代表。对于古美关系的研究起步较早[①]，古巴革命胜利50周年之际，有学者[②]对古美关系的演变进行了梳理，认为古巴革命是美国与古巴关系历史的重要转折点，美国对古巴革命及其后续发展的反应和政策则是冷战环境中美国战略思想的典型表露。全球冷战终结并没有改变古美之间的冷战式关系，凸显了美国政策的单边主义性质、意识形态色彩和国内政治主导倾向。以变革思想当政的奥巴马政府能否为美国与古巴关系带来缓和，对此有学者[③]指出，美国利益集团对古巴传统的冷战思维和强硬政策，加上亟须解决金融危机等问题，奥巴马政府给两国关系带来实质性改变的可能性不大。作为地区大国，巴西与美国的关系很早就成为学者的研究对象。有学者[④]探讨了20世纪初的巴美关系，重点阐述了两国间建立的“不成文的联盟”，指出该联盟是巴西外长为了实现本国的外交政策而采取的与美国主动结盟的政策，强调巴西在联盟中并非被动依附于美国，而是具有极大的自主性。针对卢拉政府时期的巴美关系，有学者[⑤]分析认为卢拉基本沿袭了自20世纪70年代以来巴西政府的政策传统，两国关系依旧保持着“合作与矛盾共存”的基调。但两国关系并未因矛盾的增多而出现恶化的趋势，这一方面反映了巴美关系进入了一个相对稳定的阶段；另一方面体现出巴西在巴美关系中的主体性得到了加强，且在一定程度上得到了美国的认同。同样作为地区大国，阿根廷对美国的政策变化引起中国学者的关注。有学者[⑥]总结，在从1889年至第二次世界大战结束的半个多世纪中，与美国对抗成为阿根廷对外政策的一个突出特点。到20世纪80年代初，除短暂时期外，阿根廷始终对美国采取较强硬的政策。阿根廷与美国的关系自20世纪90年代以来经历了较大转变。对此，有学者[⑦]指出梅内姆政府与美国结盟，推行亲美政策；德拉鲁阿政府和杜阿尔

① 宋晓平：《古巴革命以来的古美关系》，《拉丁美洲研究》1990年第5期。
② 张凡：《古巴—美国关系50年四题》，《拉丁美洲研究》2009年第1期。
③ 齐峰田：《奥巴马当选后美国与古巴关系走向》，《拉丁美洲研究》2008年第6期。
④ 贺双荣：《本世纪初巴西与美国的关系》，《世界历史》1991年第6期。
⑤ 周志伟：《日趋成熟平衡的巴西与美国关系》，《拉丁美洲研究》2007年第3期。
⑥ 曹琳：《冷战后阿根廷对美国政策的变化》，《拉丁美洲研究》1995年第4期。
⑦ 孙洪波：《基什内尔执政时期阿根廷与美国关系》，《拉丁美洲研究》2007年第3期。

德政府时期，阿根廷调整了对美政策，其外交理念的实用主义增强，强调多边主义；基什内尔政府“离美”倾向明显，拒绝追随美国，虽然与美国有分歧，但反美动力不足。查韦斯执政以来的委美关系受到广泛关注，有学者[①]指出，查韦斯总统执行独立自主的内政外交政策，反对美国的干涉与控制，引起美国强烈不满，导致两国关系持续紧张，以查韦斯为代表的拉美左翼力量的兴起最终将迫使美国重新调整对拉美的政策。也有学者[②]认为，委内瑞拉与美国的矛盾主要集中在意识形态、能源与外交三个领域，两国将在外交上展开遏制与反遏制的斗争，同时还将进行“务实外交”以保持接触。此外，墨西哥[③]、巴拿马[④]等国家和美国的关系也是拉美国际关系学者的研究对象。

专著方面，从 90 年代中期开始，陆续出版了一些关于美拉关系和美国的拉丁美洲政策研究的重要学术专著。洪国起、王晓德著的《冲突与合作：美国与拉丁美洲关系的历史考察》（山西高校联合出版社 1994 年版），以冲突与合作为主线，全面论述了冷战前美拉关系的历史演变；徐世澄、张文峰、焦震衡著的《美国与拉丁美洲关系史》（社会科学文献出版社 1995 年版），系统论述了从 18 世纪末至 1993 年底美拉关系的演变，主要特点是以美拉关系史上的重大事件为主线来分析美拉关系[⑤]。

进入新世纪，徐世澄主编的《帝国霸权与拉丁美洲：战后美国对拉美的干涉》（世界知识出版社 2002 年版）主要通过第二次世界大战至 20 世纪末美国在拉丁美洲进行干涉和侵略的具体例子，分析美国霸权主义在拉美的发展历程，通过重点评介二战后美国对危地马拉、多米尼加、智利等 7 个拉美国家的干涉或入侵，美国以维护“人权”和扫毒为名对拉美内政的干涉，以及美国中央情报局对拉美各国内政的干涉，以揭露美国在全球推行的“人权高于主权”的“新干涉主义”，即新霸权主义的本质。

① 王鹏：《查韦斯执政以来的委美关系》，《拉丁美洲研究》2006 年第 1 期。

② 赵重阳：《浅析查韦斯当政以来的委内瑞拉与美国关系》，《拉丁美洲研究》2007 年第 3 期。

③ 李建国：《战后墨西哥的对美关系》，《拉丁美洲研究》1986 年第 5 期。

④ 吴德明：《浅析运河回归后的美巴关系》，《拉丁美洲研究》2001 年第 2 期。

⑤ 朱鸿博：《冷战后美国的拉丁美洲政策》，上海辞书出版社 2007 年版，第 7—8 页。

朱鸿博著的《冷战后美国的拉丁美洲政策》(上海辞书出版社2007年版)以理想主义和现实主义作为主线，重点研究冷战后的美国拉美政策。鉴于以前有关美国拉美政策和美拉关系的研究，偏重于历史事实的陈述以及在帝国主义合作竞争研究中缺少这方面的探索[①]，该著作被视为一种新的补充。

四 中拉关系

中国与拉丁美洲国家在争取民族解放、捍卫国家独立、建设自己国家的事业中有相似的经历，双方在许多重大国际问题上有着相同或者相似的立场。新中国成立以来，中拉关系经历了艰辛开拓、长期积累、稳步发展的过程。中拉关系长期以来一直是中国拉美国际关系学者的研究重点。

早期的中拉关系研究偏重于建交历史的回顾，有学者[②]认为，新中国成立至20世纪80年代中期，中国与拉美国家关系的发展大致经历了民间往来、曲折徘徊和建立外交关系三个时期，相比当时中国和拉美之间比较频繁的政治文化交流，双方经济合作显得很不相称。进入90年代，随着中国改革开放带来的经济迅速发展和国际地位的提高，中拉关系呈现出新的特点而受到关注。有学者[③]从拉美国家的角度考察中拉关系的地位及其演变的历史特征，指出从拉美国家独立至70年代中拉建交高潮期，双边关系的突破性进展是以中国国际地位的提高及中国同世界大国关系的改善为契机。70年代末至90年代中期，拉美国家在与中国发展关系时逐渐放弃“意识形态边疆”，双方在政治、经贸、科技等领域的合作与交流不断加强。该学者将中拉关系地位的提高更多的归结为经济因素，具体表现为中国实行改革开放与拉美国家实现经济更加开放的政策存在契合点，拉美国家太平洋意识的产生和增强，双方经济发展都具有活力。

21世纪初，随着全球化的深入发展，中国和拉丁美洲国家在经贸领

---

① 朱鸿博：《冷战后美国的拉丁美洲政策》，上海辞书出版社2007年版，第190页。

② 钟和：《中国和拉丁美洲友好关系的发展》，《国际问题研究》1984年第1期。

③ 张宝宇：《浅谈中拉关系在各自对外关系中的地位》，《拉丁美洲研究》1995年第1期。

域的合作取得显著成绩，中拉关系的研究也呈现出新气象。有学者[1]关注经济全球化视角下中国与拉美的关系，指出中拉关系迅速发展的动因包括双方在经贸往来互利共赢、能源合作优势互补、中国经济模式的成功，但同时中拉贸易争端呈扩大化趋势，双边关系中还受到台湾问题和美国因素的消极影响。进而建议进一步增强官方和民间两个层面的了解和互信，坚持以经济外交促进双边关系发展，并辩证地对待中、美、拉三边关系。快速发展的中拉关系对中美关系的影响也是中国学者研究的议题之一，有学者[2]从美国政策的角度做了分析，认为美国政府把中拉关系的发展放到中美关系的大框架中进行考量，既没有把中国当作威胁者，也没有看作是机遇。美国在拉美地区“接触”中国的同时，不会放弃其“遏制”的战略因素。也有学者[3]从美拉关系、中拉关系及西半球政治格局变化等视角来探讨“拉美成为中国后院论”产生的客观原因与背景，分析中拉关系的本质及其对美在西半球利益的影响，并对中、美、拉三方如何加强合作、实现“三赢”提出几点政策思考。还有学者[4]回顾并分析中拉关系、美拉关系10年来的发展历程，总结美国因素在中拉关系中的影响力，并尝试提出处理中、美、拉三者互动关系的更好方法。除了传统的中拉政治、经济关系研究进一步加强外，双方在农业、能源、科技、文化、援助等领域的交流与合作也成为研究日益拓展的新领域[5]。新中国成立60周年之际，中国的拉美国际关系学者对中拉关系进行了回顾和思考，有学者[6]将中拉关系历史划分为5个阶段，即民间交往（1949—1969）、建交高潮（1970—1977）、平等互利共同发展（1978—1992）、建立长期稳定关系（1993—2000）以及21世纪的跨越式发展阶段，并将跨越式发展的6个显

① 孙希良、张爱军：《中国与拉美的关系：以经济全球化为视角》，《学术探索》2007年第5期。

② 魏红霞、杨志敏：《中拉关系的发展对中美关系的影响》，《拉丁美洲研究》2007年第6期。

③ 吴洪英：《“拉美成为中国后院论”辨析》，《现代国际关系》2009年第3期。

④ 程洪、于燕：《试述中拉关系中的美国因素（2001—2010年）》，《拉丁美洲研究》2010年第5期。

⑤ 孙洪波：《中国对拉美援助：目标选择与政策转型》，《外交评论》2010年第5期；

⑥ 郑秉文、孙洪波、岳云霞：《中国与拉美关系60年：总结与思考》，《拉丁美洲研究》2009年第S2期。

著特点概括为向战略高度跨越、向平衡的地缘格局跨越、向全方位合作跨越、向多样化的经贸合作方式跨越、向双边关系机制化建设跨越、向加强国际多边合作跨越，指出跨越式发展的根基是50多年“累积式”友好合作中形成的政治互信和价值认同，重要的催化因素则是双方经济增长的共同需求。也有学者①论述了影响中拉关系发展的5个因素，即国力因素、地理因素、美国因素、台湾因素和文化因素，指出当前中拉关系发展正面临重要的机遇期。建议中国通盘制定和实施对拉美地区的战略和政策②。

除了拉美整体与中国的关系，拉美主要国家与中国的双边关系也是中国学者研究的重要议题，其中以巴西、阿根廷、墨西哥等地区大国③为主要研究对象，同时也有少量关于古巴、智利、秘鲁等国④的研究。

专著方面，沙丁、杨典求等著的《中国和拉丁美洲关系简史》（河南人民出版社1986年版）是国内第一部系统、全面论述中拉关系的专著；李明德主编的《拉丁美洲和中拉关系—现在与未来》（时事出版社2001年版）较详尽地回顾了中拉关系的悠久历史，特别是改革开放至20世纪末中拉关系的全面发展，并在此基础上对如何进一步促进中拉关系提出了建议；苏振兴主编的《中拉关系60年：回顾与思考》（当代世界出版社2010年版）将新中国成立60年时举办的“中拉关系60年：回顾与思考”学术研讨会上的论文汇编成集，体现了国内从事拉美研究的学者在研究中拉关系方面取得的部分成果。

五　欧拉关系

拉美与欧洲关系的研究始于20世纪80年代，作为南北经济关系中的重要部分，70年代以来欧拉关系日益发展的趋势引起学者的普遍关注。

---

① 苏振兴：《中拉关系如何面向未来》，《拉丁美洲研究》2009年第S2期。

② 沈安：《关于中国未来对拉美外交战略的思考（上、下）》，《拉丁美洲研究》2009年第4—5期。

③ 以贺双荣：《巴西与中国的经贸关系及发展前景》，《拉丁美洲研究》1995年第1期；晓章：《阿根廷的经济改革与中阿关系》，《拉丁美洲研究》1995年第6期；徐世澄：《对发展中国和墨西哥关系的几点思考》，《拉丁美洲研究》2007年第4期为代表。

④ 毛相麟：《中国与古巴关系的回顾与前瞻》，《拉丁美洲研究》1997年第2期；贺双荣：《中国与智利经济贸易关系的发展》，《拉丁美洲研究》1997年第2期；孙桂荣：《中国同秘鲁的历史关系及两国首次建交》，《拉丁美洲研究》1983年第6期为人表。

有学者[①]指出其原因是多方面的，对于欧洲而言，在世界经济危机的背景下，欧洲需要开辟新的市场以改善自身处境，而在原料来源、制成品市场和投资领域拉美成为重要的发展对象。站在拉美的角度，在经济方面摆脱单纯依赖美国的局面、推动对外关系的多元化，借助欧洲的资金与先进技术发展本国经济，争取在改革旧的国际秩序和反对霸权主义的斗争中得到欧洲的支持，这些都成为双方积极发展关系的推动因素。1994 年以后，欧盟与拉美的关系发生了积极的变化，双方建立了跨地区伙伴关系，跨地区政治对话机制逐步建立和完善，经贸关系迅速发展。对此，有学者[②]认为欧盟对拉新政策的动力主要来自拉美的政治经济变革及地区一体化的发展，同时也指出双边经贸关系发展不平衡，在贸易上存在结构性弱点，发展欧拉关系仍存在一定的障碍。还有学者[③]分析欧盟与拉丁美洲的对话，指出欧盟与拉美通过区域、次区域和国家间的定期对话机制，建立了两大地区间多层次、多领域、多角色的“战略伙伴”关系，强调欧拉对话最突出的特征之一就是地区间关系的不对称性。

此外，还有少量成果关注欧洲主要国家与拉丁美洲的关系发展。有学者[④]从政治和经济两方面入手，分析了 20 世纪初至 90 年代以来德国与拉美国家关系的发展，指出影响双方经贸关系发展的因素包括德国统一、欧洲联盟和美国的制约以及拉美经济形势的影响，并对德拉关系的发展前景作了展望。另有学者[⑤]关注英国在拉美的霸权地位以及拉美国际关系格局的变化，分为独立战争时期、独立战争之后至一战之前、两次大战之间三个阶段，论述并分析了从独立战争到二战前英国与拉丁美洲关系的演变。

六　苏联及俄罗斯与拉美的关系

拉美是苏联在 20 世纪 80 年代改善和发展同第三世界国家关系的重要

---

① 方幼封、徐峰：《欧洲经济共同体与拉美国家经济关系的发展》，《世界经济文汇》1987 年第 1 期。

② 贺双荣：《欧盟与拉美的关系》，《拉丁美洲研究》2000 年第 4 期。

③ 张凡：《欧洲联盟与拉丁美洲的对话》，《欧洲研究》2007 年第 5 期。

④ 焦震衡：《德国与拉美国家关系的发展》，《拉丁美洲研究》1996 年第 1 期。

⑤ 徐小涛：《简论英国与拉丁美洲关系演变过程：从独立战争到二战前》，《华中师范大学研究生学报》2009 年第 4 期。

战略地区之一，中国学者较早就开始关注两者的关系发展。80年代末的研究重点在于戈尔巴乔夫上任后苏拉关系的变化以及苏联对拉美政策的调整，从60年代开始到80年代初苏联在拉美采取的方针主要是以古巴为基地，通过支持拉美各国人民反对美帝国主义和本国独裁统治的民族解放运动，扩大其在拉美的影响力[①]。而戈尔巴乔夫出任苏共总书记后，苏拉关系的变化主要表现为几个方面[②]，即在重点发展同拉美大国关系的同时，对古巴、尼加拉瓜等国的援助更加谨慎；由重视政治和意识形态转向重点发展经济贸易关系；从80年代初期咄咄逼人的进攻态势转为保住在拉美的阵地，避免在“热点”地区同美国对抗。

苏联解体后，俄罗斯与拉美地区的关系发展仍然是中国学者关注的对象。有学者[③]指出，与苏联在拉美积极进行渗透、同美国争夺拉美相反，俄罗斯重新调整了苏联时期同某些拉美国家保持的以意识形态为基本取向的国家关系，在和原有拉美国家建立新关系的同时，在政治、外交、经济和军事等领域，与其他拉美国家积极开展新的全方位的合作关系。也有学者[④]认为，冷战后，由于对外政策重点的转移和国内局势的恶化，俄罗斯对拉美国家实行了冷淡和疏远的外交政策，使它同拉美国家的关系一度处于停滞状态。叶利钦执政的中后期，随着俄罗斯外交战略的调整而实行新的拉美政策，俄拉关系也渐趋活跃。普京上台后俄罗斯积极谋求重返拉美的迹象引发许多学者的关注，有学者[⑤]认为，俄罗斯把一些拉美国家视为与美国抗衡的战略力量，重振与拉美国家的军火贸易，扩展拉美的能源市场，扩大向拉美国家的技术密集型产品的出口；同时积极巩固与古巴和尼加拉瓜的传统关系，重点发展与巴西的战略伙伴关系，尤其与委内瑞拉的关系迅速升温，并强调美国因素是俄罗斯制定拉美政策时考虑的主要方面。对此，有学者[⑥]分析指出，虽然俄罗斯希望通过加强与拉美发展中国

---

① 杨仲杰：《苏联与拉美国家关系的新发展》，《现代国际关系》1988年第3期。

② 徐世澄：《苏拉关系的变化和苏联对拉美政策的调整》，《拉丁美洲研究》1988年第6期。

③ 蔡同昌：《俄罗斯与拉丁美洲国家的合作》，《拉丁美洲研究》1996年第3期。

④ 潘广辉：《转型中的俄罗斯与拉美国家关系的演进》，《拉丁美洲研究》2003年第5期。

⑤ 孙洪波：《俄罗斯在拉美的利益及政策取向》，《拉丁美洲研究》2008年第4期。

⑥ 赵隆：《新形势下俄罗斯拉美战略的调整》，《西伯利亚研究》2009年第3期。

家及新兴市场的合作，对美国的孤立俄罗斯政策形成反制，但其战略的稳定性和持久性受到多方面客观因素的制约，拉美国家本身的一体化进程也对俄战略形成障碍。

七　拉美与其他国家及地区的关系及专题研究

拉美与其他国家及地区的关系虽然不是主流方向，但也出现了一批颇具影响力的研究成果，研究主要涉及拉美与亚太、非洲、中东[①]的关系。20 世纪 90 年代初，中国学者就注意到拉美国家开始积极发展与亚太国家的关系[②]，尤其是在经济合作领域，从而改变长期以来一直依靠欧美的传统格局。随着拉美和亚太地区经贸合作的迅速发展，有学者[③]探讨了 APEC 拉美成员的亚太区域经济一体化战略，即 APEC 策略和 FTA 策略的有机结合。通过这种多元化的亚太区域经济一体化战略，APEC 拉美成员不仅为自身带来了显著的经济效益，也为亚太区域经济一体化进程注入了新的活力。此外，也有学者[④]从历史角度对 16 世纪中期至今的亚洲与拉美的关系进行了梳理。历史上的交往和双方种族与文化的交流奠定了拉美与非洲关系发展的基础，有学者[⑤]指出，目前双方关系的发展已初步形成一套框架体系，在此基础上，双方国家间关系的发展成为推动拉美—非洲关系取得实质性进展的重要力量，双方的合作集中在政治、经济和科技领域。

此外，还有一批专题研究的成果，主要涉及马岛战争[⑥]、古巴导弹危机[⑦]、拉美左派政府[⑧]等。

---

① 参见时宏远：《印度巴西南非对话论坛：缘起、成就与挑战》，《拉丁美洲研究》2009 年第 5 期；孙洪波：《略论伊朗的拉美政策》，《西亚非洲》2008 年第 11 期；李秀珍：《冷战时期拉美地区发展与阿拉伯世界关系原因探析》，《拉丁美洲研究》2008 年 12 月，第 30 卷第 6 期；李秀珍：《冷战期间的古巴与中东关系》，《西亚非洲》2007 年第 6 期。

② 吴国平：《拉美国家积极发展与亚太国家关系》，《瞭望周刊》1993 年第 4 期。

③ 刘晨阳、宫占奎：《APEC 拉美成员亚太区域经济一体化战略探析》，《拉丁美洲研究》2010 年第 3 期。

④ 徐世澄：《亚洲与拉美的关系：回顾和展望》，《拉丁美洲研究》2010 年第 5 期。

⑤ 王涛、易祥龙：《论当代拉美与非洲关系的发展》，《拉丁美洲研究》2010 年第 5 期。

⑥ 尹承德：《马岛之战与国际关系》，《世界知识》1982 年第 14 期。

⑦ 李华：《古巴导弹危机影响初探》，《淮北师范大学学报》（社会科学版）1991 年第 4 期。

⑧ 贺双荣：《拉美左派执政对国际关系的影响》，《学习月刊》2008 年第 9 期。

第四节　拉美地区传统与非传统安全问题研究

拉美地区的安全问题是中国学者较为关注的研究议题之一。除了基本的传统安全问题外，随着全球化进程的发展，金融、生态环境、信息、资源、恐怖主义、武器扩散等等非传统安全问题日益突出。越来越多的非军事性灾难和全球性问题对以军事安全为主要内涵的传统国家安全观念与安全战略造成冲击，成为国际社会实现和平与可持续发展的严重障碍。全球化背景下安全问题的复杂性和多样性，使中国的拉美国际关系学者逐渐超越传统安全问题的研究领域，关注、认识并思考拉美地区新的非传统安全现象。

有学者[①]认为，拉美是当今世界最为和平稳定的地区之一，并将其原因归结为地区各国具有比较相近的历史和文化传统，具有较为相近的经济社会发展水平；多数地区国家均已建立代议制民主体制，易于接受和遵循共同的行为规范和制度；美国对西半球的军事主导地位使外部大国介入和干预地区事务的程度较低；在力量均势结构的作用下，地区各国更倾向于通过和平途径解决争端。尽管如此，拉美地区仍面临着传统与非传统安全问题的威胁，前者表现为霸权主义、领土争端、国家间暴力冲突与军事危机以及潜在的军备竞赛，后者主要包括毒品问题、有组织犯罪、恐怖主义、非法移民、民族关系紧张、资源及环境污染等。拉美地区安全问题的研究对于我国维护国家安全、有效开展地区安全合作具有重要的借鉴意义。

一　地区安全形势

中国学者普遍认为当前拉美地区的安全形势总体稳定、局部动荡[②]，其中暴力冲突与军事危机的源头主要包括缉毒斗争、领土争端、恐怖活动、政权交接或军事政变及国家间矛盾等，而美国和俄罗斯等国家在拉美

---

① 王鹏：《2011 年拉美地区安全形势回顾》，《拉丁美洲研究》2012 年第 1 期。

② 李卫国、路道宽、姚树建：《2009 年拉美地区安全形势透析》，《拉丁美洲研究》2010 年第 1 期。

地区的军事存在则是影响地区稳定的外在因素。与此同时，中国学者一致认为从地区总体形势看，尽管发生了局部冲突和危机，但各国谋求和平稳定、合作发展的大趋势没有改变，且以南美洲国家联盟、里约集团为代表的地区多边机构在化解地区争端、维护集体安全方面发挥日益重要的作用。针对拉美地区的安全形势，有学者①从国际安全和国内安全两个方面进行了分析，指出911事件后，拉美国家之间、拉美国家与美国之间在安全和反恐问题上的合作加强，但也存在不少矛盾和斗争。此外，拉美地区与其他国家的军事合作及其影响②也是中国学者研究的议题。

二　传统安全问题

在传统安全领域，研究关注的问题主要集中在霸权主义、领土争端、由于缉毒斗争和国家间矛盾引发的暴力冲突和军事危机，以及潜在的军备竞赛。

有学者③认为，霸权主义和强权政治是对部分拉美国家安全的主要威胁，最典型的例子是美国对古巴的霸权主义政策。另有学者④分析指出，美国中央情报局对拉美地区事务的干预是美国对拉美政策的重要组成部分，体现的是美国国家利益。国内相关问题的研究成果以《帝国霸权与拉丁美洲：战后美国对拉美的干涉》一书为代表，该书主要通过第二次世界大战至20世纪末美国在拉丁美洲进行干涉和侵略的具体例子，分析美国霸权主义在拉美的发展历程，重点评介二战后美国对危地马拉、多米尼加、智利、古巴等7个拉美国家的干涉或入侵，美国以维护“人权”和扫毒为名对拉美内政的干涉，以及美国中央情报局对拉美各国内政的干涉，以揭露美国在全球推行的“人权高于主权”的“新干涉主义”，即新霸权主义的本质。

关于领土争端方面，有学者⑤指出，拉美部分国家之间存在的领土或

---

①　徐世澄：《拉美地区的安全形势与安全合作》，《拉丁美洲研究》2003年第4期。

②　孙洪波：《俄罗斯加强与拉美的军事合作及其影响》，《国际资料信息》2008年第12期。

③　徐世澄：《拉美地区的安全形势与安全合作》，《拉丁美洲研究》2003年第4期。

④　袁东振、张全义：《美国中央情报局对拉美国家事务的干预》，《拉丁美洲研究》2001年第4期。

⑤　徐世澄：《拉美地区的安全形势与安全合作》，《拉丁美洲研究》2003年第4期。

领海争端，大多是历史遗留下来的。其中有些争端已先后得到解决，但部分国家之间仍存在边界领土（领海）争端，不时引起双边关系的紧张，影响相关国家的安全。也有学者[①]从国际法和国际政治的双重视角考察拉美国家为解决领土争端而进行的国际仲裁及其执行情况，认为基于共同的历史和文化框架，拉美国家形成了一种“美洲国际法”，强调各国有义务和平解决争端。该学者指出，拉美各国倾向于将领土争端通过诉讼和仲裁之类的正式法律程序或半司法程序加以解决，但也有不遵守仲裁裁决的情况。

马尔维纳斯群岛问题是当前拉美国家与地区外国家存在的最主要的领土争端。对此，中国学者早在20世纪80年代起就予以关注，初期研究主要从历史角度介绍马岛争端的由来[②]，逐步深化对该问题的认识[③]。新时期，有学者[④]从地缘政治的角度探讨英阿马岛战争，也有学者[⑤]将马岛问题置于英美国际战略合作的框架内去分析，强调美国在战争中的角色。另有学者[⑥]总结了国内外学术界对马岛战争的研究，将相关研究的重点主题概括为谁拥有马岛主权、战争是否能避免、击沉“贝尔格拉诺将军号”事件以及马岛的未来，同时提出解决争端的唯一选择是外交途径。此外，玻利维亚和智利之间长期存在的出海口问题[⑦]、委内瑞拉与哥伦比亚之间由非法武装组织和贩毒组织活动引起的边境纠纷[⑧]也是中国学者关注的对象。

拉美国家，尤其是南美国家在近年普遍提高军费支出，出现一轮军备更新的热潮。对此，有学者[⑨]分析指出，其背后是拉美国家经济的持续增长、更新军备的客观需求和提升防务能力的强烈愿望，同时强调此轮军备更新热潮并未演变为一场地区性军备竞赛，且总体上拉美军费支出的绝对

---

① 王孔祥：《拉美国家领土争端中的国际仲裁》，《国际关系学院学报》2006年第6期。

② 澄波：《马岛争端的由来和发展》，《拉丁美洲丛刊》1982年第4期。

③ 澄波：《展望马尔维纳斯群岛的前途》，《拉丁美洲丛刊》1982年第5期。

④ 乔正高：《英阿马岛战争的地缘政治观》，《史学集刊》2000年第2期。

⑤ 彭俊：《里根政府与英阿马岛战争》，《贵州师范大学学报》2004年第4期。

⑥ 赵万里：《关于马岛战争研究的几个问题》，《拉丁美洲研究》2010年第3期。

⑦ 胡积康：《玻、智关系的新波折》，《世界知识》1987年第14期。

⑧ 李卫国、杨鹤：《2010年拉美地区安全形势》，《拉丁美洲研究》2011年第1期。

⑨ 王鹏：《2011年拉美地区安全形势回顾》，《拉丁美洲研究》2012年第1期。

值仍然处于较低水平。该学者还建议，拉美国家需要进一步提高军费支出和军备采购的透明度，以便构建互信的双边关系，规避军备竞赛。

三　非传统安全问题

毒品问题、有组织犯罪和恐怖主义是长期以来拉美各国在非传统安全领域面临的主要挑战。由于存在深刻的社会根源，地区各国难以在短期内从根本上解决上述问题，中国学者对此也开展了一定的研究。学者们普遍认为上述问题是相互关联的，拉美的恐怖主义活动常常同反政府游击队及毒品走私联系在一起，恐怖主义组织和游击队组织的活动经费相当一部分来自毒品贩卖[①]。

早期非传统领域的研究较多关注毒品问题，具体涉及毒品问题对拉美国家经济发展的影响及其引发的外交冲突。关于拉美毒品问题的特点，有学者[②]指出，作为拉美许多穷苦人的谋生途径，拉美毒品的生产和销售已经成为一些国家正规经济的补充，同时也是拉美政治腐败、社会动荡不安的诱因之一。不仅如此，毒品问题还成为拉美国际关系，特别是影响美国与拉美国家关系的重要因素。围绕毒品问题引发的哥伦比亚与美国的外交冲突，有学者[③]认为，美国政府以贩毒活动成为美国国家安全的严重威胁为借口，把反毒品政策作为其干涉别国内政、强迫拉美国家开放主权的手段。另有学者[④]指出，美国把打击贩毒视为解决拉美恐怖主义、反政府活动、有组织犯罪等一系列安全问题的核心，并通过提供资金、设备、技术和人员培训以提升其执法能力，以便共同打击贩毒，改善公共安全。关于拉美的扫毒斗争如此艰难的原因，有学者[⑤]分析认为，这主要归咎于客观存在的国际毒品市场需求、国际合作扫毒斗争中的不协调音符，以及拉美国家扫毒斗争受到的多方制约。

反恐斗争是拉美在非传统安全领域面对的另一巨大挑战。对此，中国学者较关注拉美国家之间、拉美国家与美国之间在安全与反恐问题上的合

---

① 徐世澄：《拉丁美洲政治》，中国社会科学出版社2006年版，第248页。

② 吴德明：《当前拉美经济发展进程中的毒品问题》，《拉丁美洲研究》1996年第2期。

③ 徐宝华：《毒品问题引发的哥、美外交冲突》，《拉丁美洲研究》1996年第2期。

④ 王鹏：《2011年拉美地区安全形势回顾》，《拉丁美洲研究》2012年第1期。

⑤ 吴德明：《当前拉美经济发展进程中的毒品问题》，《拉丁美洲研究》1996年第2期。

作与斗争。有学者[①]指出，从总的趋势来看，在911事件后，拉美国家之间、拉美国家与美国之间在安全和反恐问题上的合作日益密切，但同时也存在不少矛盾和斗争，拉美不少国家反对美国以帮助扫毒和反恐为名派军队去干涉拉美有关国家的内政。还有学者[②]对哥伦比亚政府反毒反恐战略进行了评介，并从难民、环境污染、政治和军事几个方面分析了“哥伦比亚计划”对南美邻国的影响。

关于非法移民的问题，有学者[③]认为南北差距是非法移民的根本动因，而美国政策法律上的不稳定性和变动性也导致拉美移民的增多和管理上的混乱。在当今不公正的世界经济秩序中，在南方国家和北方国家贫富差距继续扩大的背景下，拉美国家与美国之间的移民问题很难得到根本解决，只有全球经济均衡发展才是彻底解决移民问题的唯一途径[④]。

拉美地区其他非传统安全问题的研究还涉及金融[⑤]和资源[⑥]等方面。

第五节 拉美地区组织研究

大量国际组织迅速发展并在国际社会中扮演着越来越重要的角色，是20世纪人类社会秩序化、制度化的一道风景线。它对国际关系的影响巨大而深远，并成为国际关系研究不容忽视的领域。随着中国参与国际社会的深度和广度的拓展，国际组织研究日益引起国内学术界的重视[⑦]。

中国的拉美地区组织研究早期较关注美洲国家组织。到了20世纪90年代，在经济全球化和区域集团化大潮的背景下，随着拉美一批新型地区组织的兴起，拉美地区一体化组织成为主要的研究对象。拉美地区组织研

① 徐世澄：《拉美地区的安全形势与安全合作》，《拉丁美洲研究》2003年第4期。

② 杨民：《哥伦比亚政府反毒反恐战略及其对南美邻国影响——解析“哥伦比亚计划”》，《当代世界》2009年第5期。

③ 毛爱华：《拉丁美洲国际移民现状研究》，《世界地理研究》2006年第3期。

④ 白凤森：《美拉关系中的移民问题》，《拉丁美洲研究》1998年第3期。

⑤ 张学勇、金雪军：《经济自由与非传统安全——基于拉丁美洲经济研究》，《拉丁美洲研究》2007年第1期。

⑥ 于民：《拉美石油能源博弈与我国拉美石油能源战略》，《广西社会科学》2010年第2期。

⑦ 门洪华：《关于中国国际关系研究现状的评估报告》，《欧洲》2002年第3期。

究的重点是基于一体化进程分析拉美地区组织的发展，以及对地区组织的具体情况进行介绍和分析，包括地区组织的规则、规范、决策程序、运作方式和作用等。在研究方法上，以描述性分析、历史分析、结构—功能分析为主，但也逐步注重跨学科、多角度的研究。就目前而言，研究领域的具体分布上仍存在严重不平衡，如重点关注政府间组织，对近年来蓬勃发展的非政府组织的研究较为薄弱。对拉丁美洲地区组织的研究为我国开展地区性交流、加强地区性政治经济合作提供了有益的借鉴。

一　拉丁美洲地区一体化

拉丁美洲作为发展中国家中最早开始一体化理论探索和实践的地区，其一体化进程很早就引起了中国学者的关注，研究成果多注重总结、探讨拉美地区一体化的历史性或阶段性成果、存在的问题及其原因，展望一体化的发展前景。

早期的研究[①]认为地区一体化在促进各组织内部贸易的发展、振兴各民族经济和改善拉美在国际中地位等方面发挥了积极作用，指出一体化发展不足的原因主要在于：各国经济发展不平衡，基础条件差异大，彼此获利不均；各一体化组织在对外关税问题上的分歧使政策难以协调；领土争端和边界纠纷造成彼此间不和，不利于经济一体化计划的实施；成员国国内收入分配不均，社会问题多，构成地区经济合作的不利因素。有学者[②]强调拉美地区一体化符合世界经济集团化、区域化的趋势，适应时代的要求，但实现一体化目标并非易事，需充分认识到一体化进程的长期性、曲折性、艰难性。

随着 20 世纪 90 年代一批与传统一体化组织不同的、新型的小地区自由贸易区或共同市场在拉美建立，地区一体化进程出现战略性转变。该阶段虽然出现了一批针对次区域组织的研究成果[③]，但大部分论著仍围绕拉美地区的一体化进程展开。对于地区一体化发展的新情况，有学者[④]认为

---

① 杨斌：《拉丁美洲一体化的发展趋势》，《拉丁美洲研究》1988 年第 6 期；

② 杜广强：《拉美地区一体化的成就、问题与前景》，《历史教学》1995 年第 11 期。

③ 方幼封：《中美洲一体化的发展轨迹及其前进中的困难》，《复旦学报》（社会科学版）1995 年第 4 期；

④ 沈安：《拉美一体化进程的战略性转变》，《拉丁美洲研究》1992 年第 1 期。

这是所有拉美国家主动采取的、着眼于整个地区未来政治、经济和社会发展的战略性转变。也有学者[①]分析了这种调整后拉美地区一体化的新特点，将其总结为从拉美国家的具体情况出发，以务实精神指导和部署一体化行动；地区一体化的机制发生战略性转变，把参与世界经济作为地区一体化的重要目标和内容；一体化合作以贸易为主，逐渐向其他领域拓展；社会各阶层开始参与一体化行动，各地区一体化组织内的主角发生了相应的变化；拉美国家已从过去的孤立和对抗转到积极进行地区合作上来，表现出较为强烈的地区一体化的政治意愿。这背后的原因被归结为国际竞争加剧、新的贸易保护主义抬头、世界经济区域集团化，“美洲倡议”的推动作用，拉美国家的民主化进程和相对稳定的政局，拉美各国的经济调整和改革，以及一些大国的积极推动作用。另有学者[②]将调整后拉美一体化形式和内涵的特点总结为四点，即“新一代”的经济一体化放弃了保护主义，而主张建立自由贸易区；形式多样化，形成多层次、纵横交错的局面；新型一体化是拉美经济改革和贸易自由化的结合体；地区一体化迅速发展是与各大经济集团竞争日趋激烈密不可分的。还有学者[③]对拉美国家经济改革与地区经济一体化重振的关系做了历史考察，指出拉美国家的经济改革和开放进程有力地推动了拉美地区一体化的发展。

作为90年代以来拉美地区经济一体化的新特点，“开放的地区主义”也是中国学者[④]研究的重要议题。有学者[⑤]分析了拉美“开放的地区主义”出现的动因，指出全球化和区域经济一体化以及美国对外贸易政策的转变是拉美出现“开放的地区主义”的外在必要条件，拉美的民主化进程和实行新自由主义经济改革是其产生的内在推动力。该学者认为拉美一体化模式的转变和中国加入WTO为中拉关系的发展提供了机遇，同时也带来了新的挑战。

---

① 徐宝华：《拉美地区一体化发展的新特点和原因》，《世界经济》1994年第5期。

② 王新禄：《拉美一体化的现状、成果和前景》，《拉丁美洲研究》1998年第1期。

③ 徐宝华：《拉美国家的改革与地区一体化重振》，《拉丁美洲研究》1998年第1期。

④ 汤小棣：《拉丁美洲开放的地区主义——拉美经委会经济一体化的新概念》，《拉丁美洲研究》1995年第6期；

⑤ 王萍：《拉美“开放的地区主义”与中国》，《拉丁美洲研究》2002年第5期。

进入新世纪，拉美地区一体化稳步发展，对此有学者①分析了拉美一体化取得新进展的驱动因素，指出除了全球化深入发展、摆脱美国控制和历史文化传统外，新时期拉美地区经济环境日益改善、政治力量对比发生重大变化也有利于推动拉美地区一体化。另有学者②通过对拉美一体化驱动因素的历史考察，认为跨国生产资本形成问题导致了一体化的内在驱动力不足。此外，还有学者对拉美一体化的理论基础③、美洲经济一体化中的南南合作和南北合作④、美洲自由贸易区与拉美一体化⑤进行了研究。

专著方面先后出现了《漫漫探索路：拉美一体化的尝试》（方幼封、曹珺，2000 年）和《走向开放的地区主义——拉丁美洲一体化研究》（王萍，2005 年）。前者从历史学与经济学的视角，运用历史与现实、理论与实际、地区与组织相结合的方法对拉美一体化进行较全面、较系统的论述。后者从理论和实践的角度对拉美一体化进一步深入研究，全面、系统、深入地论述了拉美一体化理论的产生和发展进程，具有重要的理论价值和现实意义。

二 针对重点地区组织的研究

由于美国因素的影响，早期拉美地区组织研究主要关注的对象为美洲国家组织，20 世纪 90 年代新一轮高潮中表现突出的地区组织也相继成为中国学者的研究热点。21 世纪初期左翼政府执政后致力于推进地区一体化，积极探索新模式，为地区组织研究提供了新议题。

（一）美洲国家组织

早期对美洲国家组织的研究多从历史的角度介绍该组织的演变及其作用，主要强调美国的霸权主义对该组织的影响。有学者⑥在分析泛美组织产生的历史背景和思想渊源基础上，指出美国利用美洲国家组织不断加强

---

① 王友明：《拉美区域一体化稳步发展》，《国际问题研究》2009 年第 3 期。

② 王纯：《略论拉美一体化的驱动因素》，《拉丁美洲研究》2008 年第 3 期。

③ 洪国起：《玻利瓦尔主义与拉丁美洲一体化》，《南开学报》1999 年第 5 期；王萍：《普雷维什的地区合作思想及其现实意义》，《世界近现代史研究》第一辑，2004 年。

④ 高静：《美洲经济一体化中的南南合作和南北合作——从理论到实践》，《拉丁美洲研究》2008 年第 3 期。

⑤ 王萍：《美洲自由贸易区与拉丁美洲一体化》，《拉丁美洲研究》2001 年第 6 期。

⑥ 沙丁、杨典求：《美洲国家组织的历史演变及其作用》，《历史研究》1980 年第 2 期。

对拉美国家内政的干涉和控制，但60年代以后随着美国对美洲国家组织控制地位的衰落和拉美国家改革泛美体系的积极斗争，该组织经历了一些变化。该学者强调由于美国和拉美国家间的不平等关系尚未根本改变，以及拉美国家间矛盾和分歧的存在，美洲国家组织内部产生危机的根源依然存在。也有学者[①]进一步指出，美国国际地位的衰落以及作为第三世界重要组成部分的拉美国家的崛起导致美洲国家组织日趋松散。后期，尤其是进入新世纪后，对于该地区组织的研究议题更加多元化，包括美洲国家组织在国际选举观察方面的实践[②]、美洲国家组织的申诉机制在社会权利领域的实践[③]、美洲国家组织的维和机制及其实践[④]等。

（二）安第斯集团及安第斯共同体

对该地区组织的研究主要集中在20世纪八九十年代，包括分析安第斯条约组织在80年代的艰难发展进程，进入90年代后取得的新进展及面临的新形势。作为南美洲安第斯地区发展中国家的区域性经济合作组织，安第斯集团以最大限度地利用本地区的资源加速经济发展为宗旨。有学者[⑤]指出，安第斯集团成立后经历了70年代的发展、80年代的停滞和90年代重新活跃的曲折道路。70年代，安第斯集团协调各成员国经济政策，通过逐步降低关税、消除关税壁垒、统一对外税率等途径鼓励推动了地区内贸易发展，同时通过共同的工业计划，带动了成员国工业生产的专业化和多样化。与此同时，有学者[⑥]认为，由于在上述方面的努力过于脱离各国的实际，集团成员国的工业发展缓慢，一体化也没有取得实质性进展。针对80年代的发展停滞，有学者[⑦]将其原因归结为资本主义世界经济危机的冲击、国际市场原料价格的下跌、贸易保护主义的盛行、贷款利率的上升，以及成员国经济政策的不稳定。进入90年代，

① 曹琳：《美洲国家组织的现状和前景》，《拉丁美洲研究》1987年第3期。

② 贺双荣：《国际选举观察：美洲国家组织在拉美的实践》，《拉丁美洲研究》2006年第6期。

③ 郭曰君、吕铁贞：《美洲国家组织的申诉机制在社会权利领域的实践——兼与其他区域性社会权利的申诉机制比较》，《拉丁美洲研究》2009年第3期。

④ 李巨轸：《略论美洲国家组织的维和机制》，《拉丁美洲研究》2007年第5期。

⑤ 曹珺：《90年代安第斯集团一体化的发展及其前景》，《拉丁美洲研究》1995年第6期。

⑥ 张凡：《安第斯集团步履维艰》，《世界知识》1997年第15期。

⑦ 刁秀斌：《安第斯条约组织在困难中团结前进》，《拉丁美洲丛刊》1984年第2期。

在总结80年代经验教训的基础上，安第斯集团重新转向以实行自由贸易为最初目标和主要内容、以培育参与国际竞争为手段的一体化合作，并取得了一些实质性进展。但是也有学者[1]强调，各成员国经济发展水平不一、对一体化进程各阶段的政策存在意见分歧的同时，由于组织内各成员国之间的经济互补性并不很强，导致成员国纷纷眼光朝外，与集团以外的国家加强联系，上述原因决定了安第斯集团的发展仍将步履维艰。1996年安第斯集团改名为安第斯共同体，也有学者关注并评介安第斯共同体在新时期的动态[2]。

（三）加勒比共同体

对于加勒比共同体的研究主要集中在该地区一体化的历程、成效与面临的困难等议题。有学者[3]指出，作为拉美最早实施一体化的地区之一，加勒比地区一体化取得一定成效，与此同时，该地区组织也面临种种矛盾和困难，其中两极格局的终结导致加勒比国家得到的外部援助和贸易优惠待遇受到影响，经济发展不平衡及合作中受益不均影响了部分成员国对地区一体化的积极性，成员国经济结构相似、互补性差以及政治、地理因素都影响该地区的一体化进程。

（四）中美洲共同市场

关于中美洲共同市场的研究议题主要包括该地区组织的发展轨迹、20世纪90年代的新进展及面临的挑战等。有学者[4]指出，中美洲共同市场并非中美洲国家之间经济联系自然演进的结果，而是政治意愿、历史“惯性”、文明共性、思想的能动作用以及中美洲国家组织和联合国拉美经委会领导所导致的结果。也有学者[5]分析了中美洲一体化的发展轨迹，将其概括为兴盛—衰落—恢复生机，具体对应50至60年代的兴起和发展阶段、60年代末至80年代的停滞阶段以及90年代的重新活跃阶段。其

① 张凡：《安第斯集团步履维艰》，《世界知识》1997年第15期。

② 郭德琳：《安第斯共同体的新步伐》，《拉丁美洲研究》2002年第1期。

③ 曹珺、方幼封：《加勒比地区一体化的成效与困难》，《国际观察》1997年第3期。

④ 雷泳仁：《非经济因素在中美洲共同市场起源中的作用》，《拉丁美洲研究》2000年第4期。

⑤ 方幼封：《中美洲一体化的发展轨迹及其前进中的困难》，《复旦学报》（社会科学版）1995年第4期。

中，90 年代成为学者们的研究重点，有学者[①]认为该阶段中美洲一体化进程取得了新进展，主要表现为经济问题逐渐取代和平进程恢复问题成为中美洲首脑会议的主题，以及在加强地区内部合作的同时注重拓展区域外的合作范围。该学者也指出，该地区组织面临的主要障碍和困难，包括成员国经济发展不平衡导致各国对一体化态度不一；政局动荡、严重的经济和社会问题阻碍一体化的发展；发达国家的贸易保护主义严重威胁中美洲国家扩大出口；冷战结束后西方国家对中美洲国家的援助和贷款减少，等等。

（五）南方共同市场

南方共同市场自成立以来，一直受到国内学者的高度关注，成为拉美地区组织中的重点研究对象。最早的研究出现在 20 世纪 90 年代初，对于当时行将组成的南方共同市场，有学者[②]分析指出，地理连通性是实行经济一体化的重要因素，而阿根廷和巴西两国经济重心的相连形成南方共同市场范围内经济发展的强大动力，是南方共同市场形成和发展的一个积极因素。此外，还有包括语言、宗教、传统、价值观念和历史状况在内的社会文化方面的积极因素。早期对该地区组织的研究主要集中在介绍其基本情况，包括南方共同市场的发展、合作机制及取得的成就，分析其迅速发展的原因、影响和未来面临的挑战[③]。学者普遍认为，世界经济全球化、集团化的大趋势，是促使南方共同市场崛起的外部压力和契机，而拉美国家的经济转型和政治民主化进程创造了良好的内部环境。南方共同市场的作用主要体现在推动拉美一体化、建立美洲自由贸易区、促进与欧盟合作、加强与中国的合作关系等方面。而各成员国经济贸易发展不平衡、内部统一关税任务艰巨、各种摩擦频繁出现、经济政策有待协调和统一等问题是该地区组织面临的主要挑战。

南方共同市场从成立伊始就表现出不同于传统的地区主义特点，即不囿于地区内的发展，积极寻求并扩大与地区外国家的联系，这也成为不少

---

① 幼封、曹珺：《90 年代中美洲共同市场的新进展及其原因》，《世界经济研究》1995 年第 3 期。

② 张宝宇：《阿、巴关系与南方共同市场》，《拉丁美洲研究》1991 年第 5 期。

③ 石瑞元：《南方共同市场的合作机制和发展趋势》，《拉丁美洲研究》1995 年第 6 期。

学者关注的重点，其中以中国和欧盟为主要对象。有学者[①]指出，南方共同市场为中国提供了新的拓展机遇，中国可以利用南方共同市场弥补国内资源不足，扩大对外贸易，拓展经济合作，与此同时，南方共同市场也将是吸引外资和国际贸易中强有力的竞争对手。有学者[②]认为，在南方共同市场对外关系与合作中，与欧盟的合作最令人瞩目。南方共同市场和欧盟出于经济和非经济因素的考虑，积极寻求建立跨洋、跨地区的经济联盟。虽然在双方合作进程中还存在着诸如贸易保护主义、美国因素、南方共同市场内部反对贸易自由化力量等问题，但这并不会改变双方关系的发展前景，欧盟和南方共同市场的合作对于双方不仅具有重要的经济价值，更具有十分重要的战略意义。此外，也有学者从成员国内部的视角出发分析南方共同市场中的政治因素[③]，另有学者探讨南方共同市场与地区其他国家的关系[④]。

（六）南美洲国家共同体及南美洲国家联盟

对于南美洲国家共同体，有学者[⑤]认为它的成立既是南美国家在争取联合自强进程中迈出的重要一步，也是各国多年来积极推动地区政治、经济和基础设施一体化的重大成果。也有学者[⑥]指出，与其他一体化组织相比，南美洲国家联盟设定的目标更为广泛和深刻，其目标与欧盟大体类似，是一个涵盖政治、经济、社会、文化、安全和防务诸领域的主权国家联盟。但另有学者[⑦]认为上述对南美洲国家共同体的评价过于乐观，一方面，南美洲国家共同体在合作议程、机制等问题上成员国之间未达成一致，另一方面，南美洲国家的贸易和经济结构相似，缺乏互补性，导致一些国家缺乏政治热情。

---

① 王萍：《南方共同市场的形成及其对中国的影响》，《拉丁美洲研究》1995 年第 1 期。

② 王萍：《南方共同市场与欧盟合作的战略关系分析》，《现代国际关系》2005 年第 5 期。

③ 李紫莹：《从阿根廷视角看南方共同市场中的政治因素》，《拉丁美洲研究》2010 年第 1 期。

④ 贺双荣：《智利与南方共同市场的关系》，《拉丁美洲研究》1996 年第 1 期。

⑤ 吕军书：《世界主要地区经济一体化组织评介》，《前沿》2006 年第 8 期。

⑥ 沈安：《从经济一体化走向政治经济联盟——拉美团结自强争取独立的历史道路》，《拉丁美洲研究》2011 年第 1 期。

⑦ 贺双荣：《南美国家共同体的形成及前景》，《中国社会科学院院报》2005 年 1 月 18 日第 3 版。

（七）美洲玻利瓦尔联盟

玻利瓦尔替代联盟是委内瑞拉、古巴等国为对抗美国倡导的“美洲自由贸易区”而成立的贸易联盟，政治色彩浓厚，强烈反对美国在拉美推行的新自由主义。对于该联盟的替代性，有学者[①]指出，其主要表现为强调国家的作用，主张内生发展，对不同发展水平的国家进行区别对待，强调公民社会参与一体化进程。美洲玻利瓦尔联盟面临的一系列挑战包括过于依赖委内瑞拉的石油经济、联盟凝聚力问题、联盟理论和实践的脱节等。另有学者[②]分析了“美洲玻利瓦尔替代计划”的背景、倡议与基础，指出该计划迎合了日益强大的区域自主意识，并在区域一体化格局的推动下，成为在传统区域经济整合和新兴区域贸易协议之间为寻求第三条道路进行的尝试。

三　拉美地区组织的问题与挑战

当前拉美地区组织的发展取得了一定的成就，但也面临着困境。对此，有学者[③]指出，区内贸易在拉美地区外贸中所占份额依然较低，拉美次区域一体化组织面临分裂的危险，拉美地区关系出现分歧增多的趋势，对一体化模式的选择仍未达成共识。原因主要是过度的民族主义倾向制约拉美地区凝聚力，过多的表面文章，缺乏务实的实践，过强的意识形态色彩使一体化潜伏危机，受益不均使小国对一体化丧失兴趣，缺少一个在地区一体化中的主导国家，不容忽视的美国因素等。这些拉美地区一体化进程面临的挑战都将影响相关地区组织的发展。

另有学者[④]进一步指出，内聚力不足，因狭隘的民族国家利益而引发的冲突与矛盾始终阻碍着拉美一体化的发展。激进左翼与务实左翼在一体化思路上意见相左，一定程度上形成对峙。而核心领导力量的缺失为美国在拉美制造无处不在的影响创造了条件。该学者强调，拉美一体化的外部

---

① 王鹏：《美洲玻利瓦尔联盟：对一种新型区域一体化模式的分析》，《拉丁美洲研究》2010 年第 5 期。

② 曹海军：《“美洲玻利瓦尔替代计划”：背景、倡议与基础》，《拉丁美洲研究》2010 年第 3 期。

③ 周志伟：《当前拉美一体化现状及陷入困境的原因》，《拉丁美洲研究》2007 年第 5 期。

④ 王友明：《拉美区域一体化稳步发展》，《国际问题研究》2009 年第 3 期。

阻力主要来自美国，认为美国不会放弃其战略屏障，不会容忍激进左翼组织的排美一体化做大做强，美已采取打拉结合的方法分化联盟。在不放弃整体“美洲自由贸易区计划”的情况下，美国通过签订双边自由贸易协定逐步实现美洲自由贸易，分化和瓦解拉美国家主导的一体化进程，以确保其在拉美地区的战略利益。

第六节 拉美与全球治理

全球化的历史进程模糊了国家主权的精确界限，国家间相互依赖程度不断加深，各种国际组织、跨国非政府组织和全球市民社会组织在国际政治经济事务中扮演着越来越重要的角色，全球性问题日益涌现[①]。随着中国改革开放的深化，在国际社会拥有更多的国际利益并日益承担更多的国际责任，全球治理越来越受到中国学者的关注。作为第三世界的代表，拉美国家一直积极参与国际事务，成为全球治理中的活跃角色，相关经验值得借鉴。相比其他领域，拉美与全球治理的研究成果较少，相关研究主要集中于对拉美国家参与全球治理过程的梳理介绍，也有部分针对全球治理具体领域以及全球治理中的中拉合作和拉美非国家行为体的研究。

一 拉美国家参与全球治理的历史与特点

总体而言，战后特别是20世纪60年代以来，随着拉美各国经济实力的增强和捍卫民族权益斗争的发展，拉美各国在外交上的独立性增强，在国际事务中的地位和作用日益重要[②]。有学者[③]将拉美国家参与全球治理的历史总结为两点：实践的先行者，代表和反映南北关系的核心利益和问题实质；理论的自觉，坚守本土化的知识传统，为全球治理和秩序变革提供知识类的公共产品。

在梳理拉美国家参与全球治理的历史时，有学者[④]将其划分为三个阶

---

① 白云真：《全球治理问题研究的回顾与前瞻》，《教学与研究》2007年第4期。

② 徐世澄：《拉丁美洲政治》，中国社会科学出版社2006年版，第257页。

③ 王翠文：《拉美国家参与全球治理的历史与现实》，《南开学报》（哲学社会科学版）2012年第6期。

④ 同上。

段：20世纪40年代至70年代以提出“国际经济新秩序”为标志，是新旧秩序之争阶段；20世纪80年代至90年代，新自由主义的治理模式在拉美由盛而衰，是新自由主义和反新自由主义力量相互消长阶段；20世纪90年代至21世纪的十年，属全球治理时代多元行为主体的“百家争鸣”阶段。该学者还提及拉美国家变革国际秩序的理论与历史遗产，即早在19世纪获得政治独立的拉美国家就开始参与国际事务，是最早倡导主权平等及不干涉原则等国际规范的地区。

也有学者[①]将拉美国家在国际事务中的地位和作用日益重要的表现概括为以下几点：带头掀起捍卫本国海洋主权的斗争，为反对海洋霸权主义做出重大贡献；积极参与创建和参加各种原料生产国和出口国组织；拉美国家在不结盟运动中的作用增强；拉美国家在联合国等国际组织中的独立性和积极作用增强。

二　拉美国家参与全球治理的专题研究

早期的研究大多介绍拉美国家关于建立国际经济新秩序的强烈要求和合理主张及其争取建立新秩序的主要表现，评析拉美国家在变革国际经济秩序中的地位和作用以及相关的限制因素。有学者[②]分析认为，拉美各国长期遭受新老殖民主义的统治和美国的干涉、控制，对于帝国主义的经济掠夺和政治控制体会很深，同时拉美与美国、西欧等工业国家政治经济渊源很深，与其他第三世界国家的关系也在不断发展，因而能起到沟通南北关系和促进南南合作的作用，在改变国际经济秩序的斗争中颇为活跃。在美苏争霸的背景下，该学者结合拉美地区经济实力增强和资源地位提高、寻求独立自主的发展道路、“双重性格”起到沟通南北的桥梁作用、团结传统和集体自力更生的精神、发展主义思潮的引导和影响等因素，认为拉美在变革国际经济秩序的斗争中发挥了越来越大的作用。

而到了20世纪90年代初，面对冷战结束后的新形势和拉美国家的债

---

① 徐世澄：《拉丁美洲政治》，中国社会科学出版社2006年版，第257—262页。

② 王新禄、郭人骅：《拉丁美洲在变革国际经济秩序中的重要作用》，《现代国际关系》1982年第2期。

务危机，有学者[①]指出拉美国家在建立国际新秩序中的地位和作用有所削弱，主要原因在于：两极格局解体后，拉美国家的国际地位有所下降，影响力减弱；美国利用拉美经济困难施加压力，削弱了拉美国家在国际事务中的积极作用；拉美国家的注意力多集中在解决国内经济和地区一体化问题上，而对建立国际新秩序的关心程度相对减弱，但同时肯定拉美在未来建立国际新秩序进程中仍将是一支重要力量。

气候变化作为对环境的巨大威胁日益受到国际社会的重视，并逐渐成为全球治理问题中的一大议题。拉美国家在该议题上的表现引起中国学者的关注，有学者[②]分析了2009年哥本哈根气候峰会中拉美与加勒比国家的不同态度，指出拉美和加勒比国家的经济结构不尽相同，各国面临政治、经济利益的差异，因此从各自需要出发，务实应对气候变化仍将是地区国家在未来气候问题上所持的基本立场。巴西拥有亚马孙森林面积的三分之二，可再生能源占能源消费的比重大大高于世界平均水平，使其在世界气候变化谈判中占有举足轻重的地位，巴西的气候变化政策也成为中国学者关注的领域。有学者[③]指出，巴西在气候变化问题上的认知、应对策略、国际谈判立场经历了3个阶段：拒绝和抵制、建设性参与和积极推动，其政策及立场的转变是外部和内部因素共同作用的结果。巴西在气候问题上有三大战略目标，即采取积极的应对策略，高举联合国气候变化谈判的大旗，提高巴西在环境问题上的国际话语权，巩固巴西的大国地位；通过推动全球气候谈判，促进巴西极具国际竞争力的可再生能源产业的发展；作为新兴的发展中大国，避免承担过多的减排责任而影响本国的经济发展，同时通过减少亚马孙森林的砍伐取得国际援助，实现该地区的可持续发展。在具体的谈判策略方面，巴西不仅与发展中国家结盟，而且与法国等发达国家采取共同立场，力图使自己掌握全球气候变化谈判的话语权，争取获得国际援助[④]。

① 杨斌：《国际新秩序与拉丁美洲》，《拉丁美洲研究》1991年第5期。

② 吴国平：《应对气候变化：拉美和加勒比国家的挑战和选择》，《国际交流》2010年第1期。

③ 贺双荣：《巴西气候变化政策的演变及其影响因素》，《拉丁美洲研究》2013年第6期。

④ 贺双荣：《哥本哈根气候大会：巴西的谈判地位、利益诉求及谈判策略》，《拉丁美洲研究》2009年第6期。

作为一个新兴大国，巴西在参与全球治理的过程中对现有全球治理机制的改革具有浓厚兴趣，在联合国改革问题上，巴西是积极的支持者和推动者。对此，有学者[①]分析了巴西“入常”的有利条件，一方面巴西有大国的抱负，成为联合国安理会常任理事国是巴西实现其大国理想最重要的目标之一，另一方面巴西入常符合安理会改革的目标，即寻求区域平衡和增加发展中国家的席位。但同时，该学者指出，否决权和安理会新的常任理事国资格问题使“4 国集团”入常提案缺少现实可行性，而阿根廷、墨西哥等拉美国家的反对和缺乏美国的支持也令巴西入常要求受到限制。

三　中拉合作推动全球治理变革

近年来，中拉贸易合作实现了跨越式大发展，但双方在全球治理方面的合作却相对滞后，如何加强中拉合作推动全球治理变革成为拉美国际关系学者研究的议题。除了与巴西等少数几个拉美国家在“金砖国家”、“基础四国”等框架内建立合作机制之外，中国与拉美国家在全球治理上的对话与合作机制还未建立起来，因此有学者[②]提出中国与拉美国家亟须建立全球治理合作机制：一方面，在推动全球治理结构变革的问题上，中国和拉美国家拥有共同的诉求，即希望提高发展中国家的代表性推动国际关系民主化，更加关注和平与发展议题，希望加强和完善国际法与国际规制、加强联合国等国际组织在多边论坛中的作用，反对发达国家的制度霸权。另一方面，拉美国家在全球治理中的地位和作用日益彰显，是全球治理机制中重大发展议题的推动者和发展中国家利益的代言人，因而被中国视为推进全球治理机制变革的重要伙伴。与此同时，学者指出，拉美地区的力量对比变化导致利益主体日趋多元化，这为中拉在发展中国家身份认同基础上的全球治理合作带来一定的挑战。此外，拉美国家在政治、经济、对外政策方面的差异以及拉美地区一体化组织的碎片化都将影响中拉间有效的跨地区对话机制。

---

① 贺双荣：《联合国改革与巴西“入常”问题》，《拉丁美洲研究》2005 年第 4 期。

② 郑秉文，贺双荣：《中拉合作推动全球治理变革》，《中国社会科学报》2013 年 2 月 1 日第 A04 版。

四　拉美非国家行为体在全球治理中的角色

进入 21 世纪，全球政治经济秩序出现较大变化，拉美地区参与全球治理的行为体及其政治选择出现了多元化的取向，该现象引起了国内学者的极大研究兴趣，其中金砖国家、圣保罗论坛、拉美地区一体化组织和非政府组织等成为研究重点。

2008 年全球金融危机引发欧美经济衰退，进一步加强了以“金砖国家”为代表的新兴发展中大国对全球经济增长的推动作用。中国学者普遍认为金砖国家是全球治理体系中新崛起的重要力量，对新兴国家的发展具有重大意义。但同时，金砖国家机制虽然在某种程度上有利于新兴大国，但是在引领全球治理改革方面的作用依然有限。有学者①分析了中国和巴西在金砖国家机制内的合作及其意义，认为金砖国家机制是新兴发展中国家参与全球治理、在国际社会争取更大发言权的重要舞台，中巴两国利用金砖国家机制在应对气候变化、推动国际金融体系改革和完善国际金融治理等领域协调立场、开展合作，提高了发展中国家在国际事务中的影响力。并且指出，金砖国家机制相对于联合国等传统的多边对话机制有其明显的优势：第一，金砖国家机制由于成员数量少，在具体问题上达成共识的效率高；第二，在国内问题上，金砖国家都处于相同的发展阶段，发展中都面临着共同的问题，为金砖国家之间的合作提供了广阔的空间；第三，在国际问题上，金砖国家身份相同，立场接近。因而得出结论，未来金砖国家机制将会成为中巴多边合作更加倚重的平台。

20 世纪 90 年代后，在巴西劳工党的组织下先后成立圣保罗论坛和世界社会论坛，讨论世界经济和拉美经济发展的重要问题，探讨替代新自由主义的方案，成为全球公民社会富有活力的象征。有学者②指出，圣保罗论坛已成为拉美地区和世界最重要的左派政党和组织的论坛，对拉美左派的崛起、巩固和发展起了重要的推动作用，使拉美的政治格局发生了重大

---

①　金彪：《浅析中国和巴西多边框架内的合作——从联合国到金砖国家机制》，《拉丁美洲研究》2012 年第 2 期。

②　徐世澄：《近年圣保罗论坛与拉美左派的巩固与发展》，《马克思主义研究》2012 年第 11 期。

变化。另有学者①进一步分析了圣保罗论坛的“替代”色彩，认为反新自由主义是其“替代模式”的基调，全面民主是“替代”的前提，并强调论坛提出的“替代”不仅限于经济层面，而是把政治、社会、文化的一体化和社会公正作为长期目标。对于圣保罗论坛面临的挑战，该学者认为，论坛缺乏形成统一的、明确的、独立的思想体系的能力；虽然在整体上具有反新自由主义、反帝国主义、反新旧殖民主义、反歧视主义等色彩，但在一些具体层面上仍有分歧；新自由主义的影响在文化、意识和政治领域出现衰退，但在经济领域尤其是在国家经济政策的决策者思想中仍占主导地位。

结合拉美经验，中国拉美国际关系学者针对全球治理的具体领域展开了视角各异、深浅不同的研究，同时对中国参与全球治理提出了有针对性的建议。

第七节　中拉关系研究

一　近代中国人的拉美观察

近代以来，随着清朝“开眼看世界”，中国学人就在积累、归纳、总结对拉丁美洲的认知。晚清的几位重要知识分子，或前往拉美考察，或将这片次大陆纳入到他们的未来政治设想之中；他们对拉美的观察，寄托了中国人对平等的国际关系和国家发展机遇的想象。

在拉美国家中，巴西是较早与中国建立交往的国家之一。1881 年李鸿章与巴西使节磋商谈判，双方签署了中国近代史上第一个平等条约，其中包括“互给最惠国待遇而取消了关税协定等内容。”② 此时，距离鸦片战争结束已将近四十年，清朝已经和英、法、俄、西、德等国签署了几十项不平等条约。可以说，中国与拉丁美洲的交往，从一开始就给中国在世界舞台上寻找“平等待我之民族”留下了希望，因此中国学人对建立良好、平等的中拉关系始终抱有期待。

---

① 范蕾：《圣保罗论坛的“替代”色彩》，《拉丁美洲研究》2005 年第 3 期。

② 茅海建：《天朝的崩溃：鸦片战争再研究》，生活·读书·新知三联书店 2005 年版，第 544 页。

八年之后，1889 年 3、4 月间，正值巴西废奴令颁布一周年之际，清政府委派兵部候补郎中傅云龙为“游历使”，前往巴西考察，主要内容是调研海外华工情形是否已有所改善。而这一时期，巴西种植园主为了弥补废奴之后种植园劳动力的巨大空缺，也在游说巴西政府派遣特使，前往澳门，期待与清政府磋商引入华工的计划。[①] 傅云龙自光绪十三年出发，先后游历了美国、古巴、秘鲁，并在 1889 年 3 月 7 日至 4 月 5 日在巴西考察一个月，归国之后，不仅提交了派遣华工事宜的报告，还有多种著述面世。[②]

与傅云龙类似，另一位晚清外交家崔国因也出版了共计 16 卷的《出使美日秘三国日记》，这也是近代中国人观察拉美的重要文献。从光绪三年（1887 年）开始，清政府总理衙门要求驻外使臣必须写工作日记，“凡有关系交涉事件及各国风土人情，该使臣皆当详细记载，随事咨报。数年之后，各国事机，中国人员可以洞悉，不至漫无把握。”崔国因对秘鲁报告，大体体现了这一要求。他的日记记载从光绪十五年（1889 年）九月初一到光绪十九年八月初四的涉外重大事件。[③]

1892 年，鉴于美国大陆铁路竣工，输入的华工无处安置，遂通过排华法案，而各国纷纷效法，中国海外移民日益艰难。同时，国内广东等地人口过剩，造成社会危机。前驻美公使郑藻如向李鸿章递交条陈，要求清廷派人主动前往巴西，商讨广东向巴西移民办法。这一情形自然也引起了粤人当中有识之士的特别关注。

数年前的 1888 年，粤人康有为赴京应试，再次不第，但是他利用在北京的机会，完成《一上皇帝书》，提出“变成法”、“通下情”、“慎左右”三项基本建议，但没有对清室直接产生政治影响。此时的康有为深感“虎豹狰狞守九关，帝阍沉沉叫不得”，一度曾萌生离邦去国之念头。而出国移民的首选就是美洲，他曾考虑到美洲讲学，到巴西搞“农垦”。

① 1888 年，巴西废除奴隶制，此时咖啡产量已经超过全世界总量的一半，急需华工补充各大种植园劳动力。

② 傅氏归国后，于 1902 年撰写完成《巴西、秘鲁、加纳大图经》共 6 册。

③ 李景屏：《一部晚清出使日记及其启示》，收入《明清论丛》（第五辑），紫禁城出版社 2004 年版，第 542—550 页。

回到广东后，他又听闻巴西来华招工。[1] 于是他又计划实行粤人的大规模移民，所谓“欲开巴西以存吾种”，他撰文指出，“中国人满久矣，美及澳洲皆禁吾民往……遍考大地可以殖吾民者，惟巴西，若吾迁民往，可以为新中国。”当然，这一计划并未付诸实现，[2] 但我们仍可以读出，以康有为为代表的一代晚清知识人，对美洲已经有一定认知；他们乐观地估计，在当时的世界霸权格局下，唯有拉美是一个尚能争取生存空间并发展盟友的地方。特别是巴西，这个“希望之国”寄托了中国人对平等、机遇等发展目标的想象。

二 1949—1979 年的中拉关系认知

但中国学者真正建立起对中拉关系“不至漫无把握”的实质性构想，还需等待新中国成立之后。新中国创建之初到新时期莅临，是中拉关系研究的第二阶段。周恩来针对“冷战”的错综复杂局面提出渐进积累的发展模式，而毛泽东“三个世界”战略思想为这一时期的中拉关系认知提供了理论指导。

实际上，拉丁美洲及加勒比国家是与新中国建立外交关系最晚的一个区域，而且冷战时期由于美国在经济、政治上的阻隔，双边关系发展迟缓。黄志良大使撰写的《新大陆的再发现》一书提供了中拉交往的宝贵史料，书中指出，在冷战时期，美方“严格禁止拉美国家政府和新中国进行官方接触，甚至阻挠、破坏拉美和中国的正当贸易”。拉美国家也普遍对新中国存有较大疑虑，继续同台湾地区保持所谓的“外交关系”，并在联合国等国际机构中追随美国，反对恢复中国的合法地位。鉴于发展中拉关系的多重阻力，周恩来总理确立了新中国与拉美国家应“积极开展民间外交，争取建立友好联系和发展文化、经济往来，逐步走向建交的基本方针，并具体指示：发展同拉美国家的关系要细水长流、稳步前进；即使民间往来也要从拉丁美洲的实际情况出发，不使拉美友好人士受到伤害

① 康有为当时曾撰有《中国不能逃中南美之形势》一文。

② 此计划搁置的原因，茅海建在《巴西招募华工与康有为移民巴西计划之初步考证》一文中已经做了令人信服的分析，《史林》2007 年第 5 期。梁展《政治地理学、人种学与大同世界的构想——围绕康有为〈大同书〉的文明论知识谱系》一文，结合《大同书》等著作，深入讨论了康有为移民巴西计划之中的人种学想象，《外国文学评论》2014 年第 4 期。

和感到为难”。周总理将这一判断形象地表述为，中拉友好往来要采取渐进的积累方式，不要希望抱个“金娃娃”，以免过高地提出超乎实际的要求。而中国外交界也确实依据这一判断，“从一片空白起步，采取了一种‘累积式’发展、稳步向前推进的方针”。

1956年7月14日，毛泽东同两位拉丁美洲人士谈话时再次阐发“美帝国主义是纸老虎”的论断，他指出，“我们和拉丁美洲的朋友，和亚洲非洲的朋友，是处在同一种地位，做同样的工作，为人民办点事，减少帝国主义对人民的压迫。搞得好了，可以根本取消帝国主义的压迫。在这一点上，我们是同志。”① 对于革命胜利后的中国而言，拉美朋友在最低层面上是一个有资质的对话者，在最高层面上是实现解放人类这一共产主义事业的合作伙伴。古巴革命胜利后，1960年9月中古两国建交，古巴成为第一个与新中国建交的拉美国家。古巴及受古巴革命影响的反殖民斗争引起了中国领导人的瞩目。延续这一战略判断，1974年，毛泽东又提出了“三个世界”的战略思想，指出“亚洲除了日本，都是第三世界，整个非洲都是第三世界，拉丁美洲也是第三世界”。

由于这一时期，任何见诸报端的对中拉关系的表达都不可能脱离上述基调，因此这一时期的中拉关系研究是高度“一体化”的。中国政府和人民积极支持拉美各国人民争取民族独立和反帝、反殖的正义斗争，如支持巴拿马人民收回运河区主权、拉美国家捍卫200海里海洋权和争取建立拉丁美洲无核区的斗争，而这一阶段的成果主要是出现了《人民日报》等重要报章上的社论性文章及一批介绍情况性质的文章或编译书籍。譬如1968年7月12日《人民日报》评论员文章指出：“拉丁美洲不仅是美帝国主义独占的‘后院’，而且是它的一个极为重要的战略要地。美帝国主义为了实行它的反革命全球战略，千方百计地加强对拉丁美洲的控制。但是，事情总是走向美帝国主义愿望的反面。……拉丁美洲人民的革命斗争，同亚洲、非洲和世界各国人民的革命斗争汇合在一起，正在给美帝国主义以沉重的打击。”这样的文字背后是旗帜鲜明的第三世界解放斗争必将胜利的信念。同期也有不少文章保留了中拉民间外交的真情实感，记录了当时的历史情境，如《人民日报》1960年3月22日发表的罗叔章的智

① 《毛泽东选集》第五卷，人民出版社1977年版，第289—292页。

利访问记《在铜的故乡》等等。

三　20 世纪 80 年代的中拉关系研究成果

在中拉关系研究的第三个阶段即 20 世纪 80 年代，国内拉美研究学者开始以专著形式出版了对中拉关系发展历程的研究成果。随着华侨归国热的升温，“拉美华人华侨”这一话题也获得多位研究者的关注。

80 年代的中拉关系研究成果首先体现在“填补空白的”《中国和拉丁美洲关系简史》（1986）的出版上。[①]《简史》共分八章，并有序言和附录［中拉关系大事年表（1575—1984）］，约 29 万字。全书按照时间顺序，分若干历史阶段叙述了中国和拉丁美洲在远古时期的文化接触、始于 16 世纪的早期贸易往来、清末中国和拉丁美洲国家正式建交、民国时期的经济和文化交流，以及中华人民共和国成立后（截至 1984 年）中拉关系的发展进程。评论者认为，本书有四个特征：（一）扼要地、但又系统地介绍了中外史学家对中拉古代文化联系的研究信息；（二）充分肯定了华工在早期中拉关系史中的地位和作用，并以大量史实论证了契约华工的性质；（三）比较深刻地阐明了中拉关系与中国和西方列强外交关系的不同实质，肯定了中拉关系的外交准则；（四）强调了新中国成立后我国同拉丁美洲诸国所建立的新型的国家关系，并指出了中拉关系发展的未来前景。[②]

拉美华人华侨研究在 80 年代也有不少成果。[③] 中国与西班牙交流史专家张铠翻译了瓦特·斯图尔特的《秘鲁华工史（1849—1874）》[④]，几年之后，拉美史学专家李春辉、杨生茂等又编写了《美洲华人华侨史》[⑤] 一书。该书的第五编题为“拉丁美洲的华侨、华人”，此编又分为六章，分述早期“契约华工”、早期华侨的变迁和华侨组织、早期华侨对拉丁美洲的贡献，以及墨西哥、中美和加勒比地区华侨及南美华侨等情况。

---

① 沙丁、杨典求、焦震衡、孙桂荣：《中国和拉丁美洲关系简史》，河南人民出版社 1986 年版。

② 陆国俊：《一部填补空白之作——〈中国和拉丁美洲关系简史〉评介》，《世界历史》1987 年第 3 期。

③ 分国别的华侨著述，实际上还可以追溯到 1933 年陈孟渝的《古巴华侨概况》。

④ 参见《秘鲁华工史（1849—1874）》，海洋出版社 1985 年版。

⑤ 参见李春辉、杨生茂等主编：《美洲华人华侨史》，东方出版社 1990 年版。

此书史料翔实，如对秘鲁早期华工形同奴隶的悲惨境遇的描述，“华工活到工作期满的不及1/3，每一田庄都有一块中国人的坟地”等等细节，读时令人动容，同时也能感到作者的考据功夫。本书高度赞美了华人在美洲解放运动中的贡献（如古巴十年解放战争期间的华工起义一节）以及华人华侨对拉丁美洲建设所做的牺牲，如华工参加巴拿马运河建设的表现等等。

美洲华侨相关著述的兴盛，实际联系着改革开放之后的华侨归国热。80年代初的对外开放政策给予外资超国民待遇，而海外华侨在文化上与中国隔膜最小，同时也和留居大陆（尤其是南方原籍省份）的亲族保持着联络，因此率先回国投资。这一群体的来源、传承、海外业绩所引发的兴趣，自然也影响到学术写作。

华人华侨的事迹，也是海峡两岸在80年代共同关注的一个话题。我国台湾正中书局这一时期也出版了一套拉美华侨概况系列，其中包括《哥伦比亚、厄瓜多尔华侨概况》（陶长仁著）、《多米尼加、海地共和国华侨概况》（梁贤继编著）、《阿根廷、智利、乌拉圭华侨概况》（杨镕鉴著）、《委内瑞拉华侨概况》（杨锋编著）、《秘鲁华侨概况》（袁颂安著），分别叙述拉美各国华侨情况，陈匡民还著有《美洲华侨通鉴》（美洲华侨文化社）一书。

关于拉美华人的研究，新世纪之后还有不少成果，其中李安山《拉丁美洲华侨华人研究概述》[①] 较为全面地梳理了这个学科的发展。分国别论述华工与华人移民拉美的研究有董经胜的《华工问题与中墨建交始末》[②] 等文章、李安山的《生存、适应与融合：牙买加华人社区的形成与发展（1854—1962）》等。2012年又有一部全面论述拉美华人华侨的移民史、社团与文化活动的专著出版，即《拉丁美洲华侨华人移民史：社团与文化活动远眺》。[③]

① 李安山：《拉丁美洲华侨华人研究概述》，载《亚太研究论丛》，第1辑，北京大学出版社2004年版，第245—247页。

② 董经胜：《华工问题与中墨建交始末》，《拉丁美洲研究》2005年第6期。

③ 高伟浓：《拉丁美洲华侨华人移民史》，暨南大学出版社2012年版。

四　20世纪90年代以来的中拉关系研究

进入20世纪90年代以来，随着中国国家领导人多次出访拉美，国内拉美研究界开始有意识地总结、提炼中拉交往不同历史阶段的成果与经验。2009年社科院拉美所召开的“中拉关系60年：回顾与思考”学术研讨会是相关思考的集中体现。2000年以来，中拉关系研究呈现出多元化的趋向，例如论述中拉经贸合作已成为中国在拉美的“常规利益”，研判中拉关系当中的美国因素，归纳中拉民间交往的历程及影响等，总之，对中拉合作的历史与前景进行了“多视角分析”。

1990年，时任中国国家主席杨尚昆对墨西哥、乌拉圭、阿根廷和智利进行了国事访问，这是中国国家元首第一次访问拉美国家。杨尚昆主席提出了中国同拉美发展友好合作关系的四项原则：第一，以和平共处五项原则为基础，同所有拉美国家，包括未建交国家发展友好关系；第二，平等互利、互通有无、取长补短，不断开拓经贸往来和经济技术合作；第三，彼此尊重对方的传统和价值观，加强民间往来和交流，广泛开展各种形式的文化交流；第四，在国际事务中，密切磋商，互相支持，加强合作，为建立国际政治和经济新秩序而共同努力。三年之后，1993年11月，中国与区域大国巴西，建立了长期、稳定、互利的战略伙伴关系，这标志着中拉关系的新开端。1995年11月，江泽民会见古巴领导人菲德尔·卡斯特罗时表示，“加强同拉美国家在内的发展中国家的团结与合作是中国外交政策的基本点”。1997年12月江泽民在墨西哥参议院演讲时强调，“中拉应该站在历史的高度，放眼未来，大力加强中拉友好合作。这不仅符合中拉人民的根本利益，而且对于增强发展中国家在世界经济中的总体实力，促进发展中国家在国际事务中发挥更大的作用，具有重要的意义”。中国领导人前往拉美的一次次“高访”，不仅带去了双边或多边的合作项目，引起了民间关注拉美国家的热情，还在有形或无形地敦促拉美学者对新时期的中拉关系发展进行描述与提炼。

2001年出版的李明德主编的《拉丁美洲和中拉关系——现在和未来》一书正是对这一需求的总结和提炼。该书全面而详尽地回顾了中拉关系发展历史，与《中国与拉丁美洲关系简史》前后承继，叙述了改革开放到20世纪末中拉关系发展的全貌，并进一步提出了政策建议。

2004 年，胡锦涛访问拉美四国，并出席了在智利首都圣地亚哥举行的 APEC 首脑峰会，许诺向一些拉美国家投资，用于改善其基础设施建设，特别是和出口有关的港口铁路等。访问期间，胡锦涛提出了外交工作同国家发展的关系更加紧密，必须依靠发展、服务发展、促进发展，切实维护全方位对外开放条件下我国发展利益的重要指示。

2008 年 11 月，中国政府首次发布了《中国对拉丁美洲和加勒比政策文件》，文件明确指出，中国政府从战略高度看待对拉关系，致力于同拉丁美洲和加勒比国家建立和发展平等互利、共同发展的全面合作伙伴关系。同年 11 月 20 日，胡锦涛在秘鲁国会演讲时强调，中国一贯从战略高度重视发展同拉美的友好合作，中拉利益融合达到了前所未有的深度，双方关系水平达到了前所未有的高度。

领导人对中拉关系的展望，恰好与中国学人对中拉关系研究的总结性工作同步。

2008 年、2009 年，由于时近新中国成立 60 周年纪念，学界出现了几次集中讨论中拉关系、阐发针对这一主题的学术观点的重要场合。2009 年 8 月 29 日，中国社科院拉美所召开“中拉关系 60 年：回顾与思考”学术研讨会。这次学术会议的主要成果，均收入苏振兴主编的《中拉关系 60 年：回顾与思考》（当代世界出版社 2010 年）一书。

还有几位学者，将会议的主旨发言整理成长文，题为《中国和拉美关系 60 年：总结与思考》。这篇论文尝试总结新中国建立后中拉关系的长期发展特征，提出中拉关系的现状是，已经“从长期累积稳步推进到跨越式发展，形成了目前全方位、多层次、宽渠道和官民并举的发展新局面”，进而归纳出建国 60 年来，“中拉关系呈现出特有的累积—跨越式发展特点。”所谓跨越式发展有六个显著特点：第一，向战略高度跨越。第二，向平衡的地缘格局跨越。第三，向全方位合作跨越。第四，向多样化的经贸合作方式跨越。第五，向双边关系机制化建设跨越。第六，向加强国际多边合作跨越。预言了中拉经济关系将持续发展的必然趋势后，作者结合当年中拉贸易数据、中国政府高访成果，进一步呼吁，“从战略高度考量中拉关系中的经济因素已刻不容缓”。这一重新战略考虑的要点之一是尽管台湾地区因素仍被视为中国在拉美的核心利益，但因其具有历史复杂性，短期内难有实质性突破，因此，经济发展利益需要转变为中国在拉美的“常规利益”，而常规利益正上升为中拉关系中的“重中之重”。至于发展利益的主要内涵，论文定位在“对中国来说，拉美是其工业原料的重要供应地，并逐渐成为中国能源来源地多元化的现实选择和中国企业布局海外的战略性支点”。对拉美来讲，论文提出“中国是拉美的贸易天使”、“中国是拉美基础设施建设的外援”，“而拉美国家始终在对中国关系中以追求经贸合作的实际利益为重点，并把中国看作对外经贸关系多元化的战略选择”。为了实现上述效果，论文提出“妥善处理贸易摩擦”、“深化战略互信”等政策建议。[①]

为了反思这种中拉关系发展的新局面，强调中国与发展中国家的关系在中国外交中的基础地位，《对中国与发展中国家政治关系的再思考》一文的作者认为，中国与发展中国家关系的历史基础主要体现为其广泛的政治包容性。针对现实问题的再辨析，作者不同意一些论者提出的“发展中国家全面分化的态势似成定局”的论断，而是指明中国与发展中国家关系仍然具有广泛的政治基础，两者之间的分析和争议并不是当代国际关系中的主要矛盾，更不具有绝对的对抗性质。在兼顾与发达国家关系，与之协作处理和解决与中国利益关联较大的地区稳定问题，树立“负责任大国”的良好形象的同时，中国外交还必须照顾到“长远发展格局，而不能为短期的利益而损伤中国在发展中世界的战略部署”。[②]

吴白乙等著的《转型中的机遇——中拉合作前景的多视角分析》[③]一书对新时期中拉关系的地位与作用进行了全面阐述。全书立论是出于如下考虑：(1）在中国对外关系，特别是21世纪以来的国际合作格局中，拉美地区具有充分的标志性；（2）拉美地区的地域空间、自然禀赋与文化开放性可以为中国提供继续成长的战略性支撑；（3）拉美地区发展多样性将是中国推进全球大国外交的最佳试验场。其后，各章从多学科视角，探讨了“拉美地区能否为中国进一步利用‘两个市场、两种资源’提供有力支撑”这样一个命题，涉及领域包括拉美地区的市场潜力与贸易和

① 此外，杨万明的论文《中国对拉丁美洲国家外交政策之研究（1990—2006)》较为全面地梳理了中国对拉美政策。

② 吴白乙：《对中国与发展中国家政治关系的再思考》，《拉丁美洲研究》2010年第4期。

③ 吴白乙等：《转型中的机遇——中拉合作前景的多视角分析》，经济管理出版社2013年版。

投资环境、中拉货币领域合作及其对人民币国际化、拉美能源、人力资源、拉美“政治文化和制度特性”、对拉美地区安全状况及拉美在全球和中国外交格局中的地位与作用。

同样是研判中拉关系走向，《中拉关系如何面对未来》给出了三点建议：第一，重视60年来的基本经验，审时度势，适时调整政策，有效地运用不断增强的国力因素，理性地化解各种不利因素的消极影响；第二，当前新兴市场国家国际地位上升，中拉双方共同的“发展利益”进一步凸显，相互合作的愿望和能力进一步增强，双边关系发展正面临新的机遇期；第三，认真贯彻中共中央关于“构筑中拉全面合作伙伴关系”的基本方针，以经贸合作为重点，坚持平等互利、共同发展的原则，着眼于长远发展，立足于分阶段推进，把中拉关系推向更高的发展阶段。①

鉴于冷战后的世界是“美国治下的和平时代”，中国学者始终较为关注美国对中拉关系的影响，“后院”说法和“门罗主义”长期影响着中国学者对美拉关系乃至中拉关系的判断，这组文章中或有涉及我国台湾问题的分析。

《近期中拉关系的发展与美国的拉美政策》一文指出，“（虽然）美国认为，中国在拉美的活动是一个新兴大国崛起的表现，但美国未将中国在拉美的存在看作实质威胁。……美国对拉美的外交政策没有作出较大和实质的改变。”作者举1996年巴拿马运河两岸的港口私有化的案例，证明快速发展的中拉关系成为美国观察和判断中国影响力的一面镜子和试金石。涉及中拉美三边问题的文章还包括《美国对中国加强与拉美合作的认识与政策》②、《试述中拉关系中的美国因素（2001—2010年）》③、《论美国对中拉关系发展的“忧虑”》④、《“拉美成为中国后院论”辨析》⑤ 等。

中拉民间外交是当代中拉关系的初始阶段，但对这一领域的理论研究

---

① 苏振兴：《中拉关系如何面向未来》，《拉丁美洲研究》2009年第S2期。

② 王晓梅：《美国对中国加强与拉美合作的认识与政策》，《教学与研究》2007年第2期。

③ 程洪、于燕：《试述中拉关系中的美国因素（2001—2010年）》，《拉丁美洲研究》2010年第5期。

④ 董国辉：《论美国对中拉关系发展的“忧虑”》，《福建师范大学学报》2013年第5期。

⑤ 吴洪英：《“拉美成为中国后院论”辨析》，《现代国际关系》2009年第3期。

反而起步较晚。2014 年发表的《中国对拉美民间外交：缘起、事件及影响》指出，中国对拉美民间外交政策、经验是在拉美开展具体民间交往过程中逐渐形成的，着眼于长远、坚持求同存异、广交朋友是主要经验，此外还讨论了经贸关系的“催化”作用。在提炼“中国对拉美的民间外交思想和政策”方面，文章归纳出中国民间外交思想是，第一，着眼于长远，怀持战略耐心；第二，坚持求同存异，广交朋友；第三，民间外交形式多样；第四，坚持平等相待，不卑不亢。而“中国对拉美的民间外交政策”包括，第一，挤进去策略；第二，建立据点策略；第三，发展实验性经贸关系策略；第四，扩大文化交流策略。[①] 2002 年，《中国对外友协在推动中拉关系方面的作用》阐明，民间友好交往是中国总体外交的重要组成部分。作为民间组织，中国对外友协和中拉友协长期配合国家总体外交，积极促进中拉友好关系的发展。与此相关，《全国妇联在推动中拉关系中的作用与地位》[②] 也提供了民间外交的史料。

中国对拉美对外援助研究，目前还较为少见。2010 年《中国对拉美援助：目标选择与政策转型》指出，尽管拉美不是中国对外援助重点区域，但援外始终是有效的政策工具。文章还提出了 90 年代以来中国对拉美援助方式的转型：第一，人道主义紧急救灾援助力度不断加大；第二，无偿物资援助显著增多；第三，优惠贷款在援助结构中居主导地位；第四，大型标志性成套项目援助引人注目；第五，人力资源培训规模呈扩大趋势；第六，开始尝试向拉美的地区组织提供援助。八九十年代，在巩固和扩大外交阵地的同时，中国对拉美的援助开始强调“平等互利、共同发展”的合作理念。新世纪以来，中国加大了对拉美的援助力度，大型标志性成套项目增多，特别是人道主义救灾援助成为新时期对拉美外交的亮点，也是中国在拉美构建“软实力”的关键环节。

至于中国在拉美的软实力、文化交往及对拉美的认知，有《中拉文

① 孙洪波：《中国对拉美民间外交：缘起、事件及影响》，《拉丁美洲研究》2014 年第 3 期。

② 赵丽蓉：《全国妇联在推动中拉关系中的作用与地位》，《拉丁美洲研究》2002 年第 5 期。

化的特点、历史联系及相互影响》[①]、《中国在拉美的软实力：汉语传播视角》[②]、《关于加强中拉历史文化交流的几点想法》[③] 等文。值得一提的是，2008 年中国社会科学院发表了关于“中国人心目中的拉丁美洲”的舆情调研。调研的主要目标是统计、分析中国民众对拉丁美洲的了解程度如何，如何看待中拉关系的现状与未来。针对“你对中拉关系的评价和发展中拉关系的愿望”这一问题，中国民众表示了较为强烈的关注，相当多的受调查者希望能进一步加强中拉关系，同时还表示应加强中拉文化交流和民间交往，希望获得更多的有关拉美的渠道和信息。[④]

21 世纪以来，许多中国曾驻节拉美的外交官出版了他们的回忆录和回忆文章。譬如李同成、黄士康主编：《中国外交官在拉丁美洲》（上海人民出版社 2005 年版）、黄志良《新大陆的再发现：周恩来与拉丁美洲》（世界知识出版社 2004 年版）、《中拉建交纪实》（上海辞书出版社 2007 年版）、朱祥忠《我的拉美外交生涯》（上海辞书出版社 2009 年版）等，这些著述均细腻地回顾了中拉建交及双方关系发展的历程，特别是追诉了中国外交官在此间发挥的作用，为此后中拉关系研究提供了重要素材。

---

① 徐世澄：《中拉文化的特点、历史联系及相互影响》，《拉丁美洲研究》2006 年第 5 期。

② 马洪超、郭存海：《中国在拉美的软实力：汉语传播视角》，《拉丁美洲研究》2014 年第 6 期。

③ 李北海：《关于加强中拉历史文化交流的几点想法》，《拉丁美洲研究》2008 年第 1 期。

④ 舆情调研《中国人心目中的拉丁美洲》，《拉丁美洲研究》2008 年第 5 期。

第 五 章

拉美社会文化研究[①]

第一节　拉美社会文化学科的发展

虽然由于现行学术体制安排，社会文化专业时常被连缀起来，构成区域研究下属的一个研究分支或子类，但实际上，社会学研究与文化研究之间已经跨越了社会科学（Social Sciences）与人文学（Humanities）的界限。具体到拉美社会领域研究和拉美文化研究，两者的起步与发展都呈现出不同的历史轨迹。但除了研究对象可能存在交叉之外，两者还分享一个共同的问题意识，那就是进入20世纪80年代之后，中国社会科学领域与人文科学领域都出现了要求在经济发展之外，更多关注中国社会变迁与发展的呼声。[②] 中国学术界认识到，“经济发展是社会发展的重要内容，却不是全部内容。相对于社会发展来说，经济发展只是一个方面，此外还有政治、科学、技术、文化教育等领域的发展。”[③] 当经济具备一定基础之后，就应该把发展战略转到满足民众生活的各方面需求，以实现人的全方位发展，而文化需求也是人的全方位发展的重要组成部分。

关于社会学的研究对象，学界还有许多讨论，但宽泛而言，其研究领域包括社会系统的发生与发展规律、结构与功能；社会结构中的社会关系，尤其是人与社会的关系；其他各类社会问题研究。就拉美社会研究而

---

① 本章执笔：魏然（第一、六节），文学博士，中国社会科学院拉美所助理研究员；王帅（第二、三、四、五节），拉美研究硕士，中国社会科学院拉美所助理研究员。

② 这一诉求在制度上的显现便是，1980年中国社会学恢复重建。

③ 沈杰：《我国社会学重建以来的学科发展》，《北京青年政治学院学报》2001年第10卷第2期。

言，又可分为如下几类。

一 对拉美社会发展的研究

正如本书第一章所说，作为区域研究的拉美研究是以现代化研究作为起始点的，现代化研究框架下的发展研究一直是从事拉美学科的专家关注的焦点。

“中等收入陷阱研究”是中国拉美研究界进行了深入讨论、长期跟踪，并引起了社会高度重视的一个研究方向。2011 年以来，中国学术界出现了大量研究“中等收入陷阱”的文章，问题的起始是，2010 年中国人均国内生产总值超过 4000 美元，依照世界银行的标准，中国已成为“中高等收入国家”，而二战结束后，许多发展中经济体都陷入了快速增长之后的停滞，增速放缓，社会问题频发。而大量拉美国家（如阿根廷）被认为是“中等收入陷阱”的典型案例国家。拉美研究学者充分讨论了这个学术热点，在研究拉美个案的同时，也尝试为中国发展的关键环节建言献策。本章第五节将讨论国际学界对“中等收入陷阱”的界定，梳理国内拉美学界讨论此问题的重要篇章。除去论文，2012 年和 2013 年，中国社科院拉丁美洲研究所出版了研究此问题的系列丛书《中等收入陷阱：来自拉丁美洲的案例研究》① 和《跨越中等收入陷阱：巴西的经验教训》②，而拉美地区年度发展报告《拉美黄皮书》，也于 2011 年和 2012 年分别推出《智利：即将走出“中等收入陷阱”的首个南美国家——还政于民 20 年及其启示》和《拉美地区落入“中等收入陷阱”的考察：全要素生产率的分析框架》两篇特别报告，上述专论集中体现了这一话题的研究成果。

二 拉美社会结构研究

由于中国社会的一个基本问题是“城乡二元结构”问题，城乡关系、城市化或小城镇研究是社会学长期关注的热点。学界对城市化的主要观点，包括主张现阶段应选择以大城市为主体的城市化模式，认为“只有

① 郑秉文主编：《中等收入陷阱：来自拉丁美洲的案例研究》，当代世界出版社 2012 年版。

② 郑秉文主编：《跨越中等收入陷阱：巴西的经验教训》，经济管理出版社 2013 年版。

大城市的发展才能极大地提高社会经济效益”；也有人主张选择以发展中等城市为主体的城市化道路，或主要依靠发展小城镇实现城市化。上述讨论的焦点之一就是如何借鉴西方国家城市化经验，避免“现代城市病”。而传统上，拉美就是超大城市化发生的主要区域。故此，拉美研究界很早就意识到这一领域的社会关注度，《拉丁美洲城市化：经验与教训》[①]（2011）就是这一领域成果的集合。此外，对拉美城市化进程的研究还包括国别案例分析，墨西哥城在拉美城市化进程的国别研究中受到特别青睐，20 世纪 90 年代就有多篇文章专门讨论。

三 拉美社会问题研究

学界普遍认为中国和拉美数个国家都处于社会转型时期，而社会转型时期也是一个社会问题高发期，具体到拉美国家，细加分类就包括社会安全问题、腐败问题、劳动就业问题、社会公平问题、收入分配问题和贫困问题、女性问题、教育问题、少数族裔问题（在拉美国家主要体现为印第安人问题）、生态环境问题等等。其中，社会政策研究，特别是社会保障制度研究是拉美研究近期取得成果较丰富、较有特色的一个领域。

1. 收入分配问题。收入分配问题的提出，源自中国独特的历史境遇。20 世纪 90 年代初中国改革开放深化，1993 年市场物价波动，“收入差距”这个原本陌生的词汇开始变成人们生活的常态。放眼海外，拉美各国普遍属于收入分配最不平等的国家之列，学界自然而然地将眼光转向拉美，希望总结其发展过程中的经验、教训，可为中国未来的经济发展提供参考。中国学者对这一问题的前期研究主要集中在历史成因、税收体制、土地改革等宏观因素的影响方面，2005 年以来对该问题的研究开始深入到某一特定的影响因素内部做定量分析。本章第三节将对相关文章与专著做细致分析。

2. 贫困问题研究。90 年来以来，拉美研究学者就特别关注贫困现象，《拉美贫困问题之我见》《拉丁美洲现代化进程中的贫困问题》等文对“绝对贫困”“相对贫困”的定义、贫困问题的历史成因都做了学理性分析。进入 21 世纪之后，拉美的贫困化问题并没有出现根本上的改观，因

① 郑秉文主编：《拉丁美洲城市化：经验与教训》，当代世界出版社 2011 年版。

而贫困化问题一直获得讨论，屡有新作发表，而且引入了新的视角，如《贫困化：拉丁美洲现代化的悖论》[①] 一文就指出全球化情境可能加剧了拉美社会的贫困化。

3. 社会保障政策研究。中国拉美学者对拉美多个国家社会保障制度的研究，兴起于20世纪90年代，近年来取得了众多成果。其研究对象，广义上包括社会保险制度和社会救助制度，其中对拉美的社会保障制度改革的研究集中在养老金制度、医疗保险制度和社会救助制度三个方面。重要论文包括《拉美“增长性贫困”与社会保障的减困功能——国际比较的背景》[②]《增强社会凝聚力：拉美社会保障制度的改革与完善》[③] 等。在拉美国别研究方面，重要论文包括《社保改革“智利模式”25年的发展历程回眸》[④]《古巴的社会保障制度：发展、挑战与改革》[⑤]《阿根廷的社会保障制度及其改革》[⑥] 等。

四 拉美文化学科的建立和发展

如上文所说，拉美社会研究与文化研究具有不同的历史轨迹。拉美文化研究与中拉交往历史之间的关系更为密切。

本章第七节将20世纪50—70年代初创时期的拉美文化研究描述为“文化外交的延伸部分”，而冷战是这一学科分支发展的直接情境。冷战时代，西方世界对中国进行经济、政治遏制的同时，也伴随着文化上的封锁，中国学人介绍拉美文化，意味着寻找认同中国政治实践的域外盟友和同路人。1946年3月5日，英国首相丘吉尔在美国的富尔敦市发表“铁

---

① 王萍：《贫困化：拉丁美洲现代化的悖论》，载《“发展中国家化模式”学术讨论会论文汇编》，2005年。

② 郑秉文：《拉美“增长性贫困”与社会保障的减困功能——国际比较的背景》，《拉丁美洲研究》2009年第S2期。

③ 房连泉：《增强社会凝聚力：拉美社会保障制度的改革与完善》，《拉丁美洲研究》2009年第S2期。

④ 郑秉文、房连泉：《社保改革“智利模式”25年的发展历程回眸》，《拉丁美洲研究》2006年第5期。

⑤ 袁东振：《古巴的社会保障制度：发展、挑战与改革》，《拉丁美洲研究》2009年第4期。

⑥ 刘纪新：《阿根廷的社会保障制度及其改革》，《拉丁美洲研究》1994年第6期。

幕”演说，这标志着冷战时代的开始。在冷战对峙中，美国及其西方盟国不承认中华人民共和国，以政治上孤立、经济上遏制、军事上威胁等方式试图消灭社会主义中国。鉴于地缘政治的原因，中国很难放手，直接与作为美国“后院”的拉美进行政治与经济上的沟通，因而只能选择“累积式”的民间外交方式。正如毛泽东所指出的，“只要拉美国家愿意同中国建立外交关系，我们一律欢迎。不建立外交关系，做生意也好，不做生意，一般往来也好”。[①] 文化往来当然是“一般往来”的重要形态，从历史上看，它也是政治破冰的重要途径。因此，在这一时期，国家领袖非常重视同拉美文学、艺术人士开展“民间外交”，比如毛泽东、周恩来等都曾多次接见来访的拉美文化界客人。

值得注意的是，在这一文化外交行为中，一切安排都需要经过政府的批准：什么人物可以邀请访问、举行怎样的欢迎仪式、何种级别的领导负责接见，都需进行审批；同样地，“是否翻译其作品，如何选择，多大篇幅，发表在什么杂志上，如何评价其人其作……没有一项可以随心所欲，任意而为。”[②] 因此，如果说所谓“民间”文化交流基本是政府行为，那么作为其重要形式之一的拉美文化研究当然也是国家政治的一部分。

20 世纪 60 年代初古巴与我国建交，这一事件给拉美文化研究带来了巨大的动力。除去政策支持和民众的阅读兴趣，更为直接的效果是，它推动了全国西班牙语教育机制的迅速建立，培养了西语和研究拉美的后辈人才，这一转折对拉美文化研究的积极作用一直延续至今。[③]

80 年代初，整个社会期待吸收更加多元的外国文化作品，因而对拉美文化的介绍、研究也开始摆脱“政治性过强”、“千篇一律”的面貌。一些中国学者开始探索拉美的多元文化特性，如刘文龙的专著《墨西哥：

① 黄志良：《新大陆的再发现：周恩来与拉丁美洲》，世界知识出版社 2004 年版，第 51 页。

② 滕威：《“边境”之南：拉丁美洲文学汉译与中国当代文学（1949—1999）》，北京大学出版社 2011 年版。

③ 中国大陆西班牙语专业开设于 1952 年。当时要来北京参加“亚太和会”的拉美代表占全体与会代表的三分之一左右，而其中大多数人不会讲英文或拒绝讲英文。可是，由于当时中国大学一直没能设置西语专业，一时之间没有翻译可用。周恩来得知后，指示外交部立即在北京外国语学院增设西班牙语专业。这一安排是国内西语教育的开端。详情参见滕威《“边境”之南：拉丁美洲文学汉译与中国当代文学（1949—1999）》，北京大学出版社 2011 年版。

文化碰撞的悲喜剧》就是这一时期的代表作。但 80 年代拉美文化对中国最重要的影响，无疑是被称为“拉美文学热”的翻译高潮。在“文化大革命”中备受压抑的西方现代派文学在 80 年代迅速具有了合法性，其对当时知识分子的影响远远超越了今天外国文学的辐射范围。而在整个 80 年代的外国文学译介高潮中，拉美“魔幻现实主义”文学和拉美当代新小说对当代的知识界留下了深刻的印记。

90 年代以来，中国的拉美文学研究领域涌现了一批有影响的著作，包括索飒的《丰饶的苦难》（1993）、郝名玮、徐世澄合著的《拉丁美洲文明》（1999）、朱龙华的《叩问丛林：玛雅文明探秘》（1999）。特别是《丰饶的苦难》一书，以丰沛的情感向中国知识界介绍了拉美文化思想上最为核心的左翼思想资源，弥补了 80 年代以来知识界偏向欧美的过于狭窄的知识视野，该书的影响早已溢出拉美研究界而为其他人文领域研究广泛征引。

一批拉美文化最核心的作品也在新时期翻译成中文，其中包括加西拉索·德拉·维加的《印卡王室述评》（1993）、贝尔纳尔·迪亚斯·德尔·卡斯蒂略的《征服新西班牙信史》（1997）、乌拉圭作家加莱亚诺的《拉丁美洲被切开的血管》（2001）等重要著作的中译本。

此外，拉美研究学者还撰写了一系列针对拉美文化与拉美政治、国际关系、思想运动之关系的专论，这一倾向展示了拉美文化研究日益强烈的跨学科倾向。

第二节　拉美城市化问题研究

1978 年改革开放以来，随着中国城市化进程的明显加快，关于城市化速度及随之产生的问题在中国学术界引发了一些争论。与此同时，同为发展中国家的拉美各国，其城市化已达到较高水平，城市化率达到甚至超过发达国家，“城市病”问题逐渐凸显。这便引起了中国拉美研究学者的注意，他们对拉美国家城市化发展进程、快速发展的原因以及已经出现的种种诟病进行了系统的分析和总结。

中国拉美学界对拉美城市化问题的关注时间较早，成果也较为丰硕。20 世纪 80 年代至今，已有数十篇学术论文发表，两本专著出版。

一　对拉美地区城市化发展进程的研究

中国拉美研究学者对拉美城市化问题的考察首先着眼于对历史上拉美城市化发展进程的研究①。对于拉美各国城市化进程的起步时间，在拉美学界一直存有争议，现普遍采用“拉美城市化起步于20世纪40年代”的提法②。

20世纪40年代之前，拉美各国的城市发展已有近两千年的历史，古代印第安文明时期便出现了城市。而在此后300年的殖民统治时期，西葡殖民者在拉美创建了现行的城市体系。对这一阶段拉美城市的建立与发展，中国学者进行过一定的研究③。在独立后的数十年间，拉美国家经济发展缓慢，城市发展也裹足不前。直至19世纪下半叶，随着拉美初级产品出口经济的繁荣，拉美国家城市化开始迅速发展，二战以前出现了拉美国家早期城市化④。20世纪30年代，特别是二战结束之后，拉美国家开始向进口替代工业化的内向发展模式转型，这一过程大大推进了拉美的城市化进程。中国拉美学界对拉美城市化的研究也主要集中于这一时期⑤。

中国拉美研究学者将1940年以来拉美城市化的发展进程主要分为两个阶段：以1975年为分界点，前一阶段为拉美城市化的加速期，而在后一阶段，由于受到工业化发展进程、人口自然增长、农村及国际移民等因素的影响，拉美国家的城市化增速明显放缓。这一时期，拉美国家城市化进程的特点主要包括：城市化速度超过拉美历史上的任何时期；城市首位

① 相关研究如周厚勋：《拉美城市化的发展与演变》，《拉丁美洲研究》1991年第3期；韩琦：《拉丁美洲的城市发展和城市化问题》，《拉丁美洲研究》1999年第2期。

② 苏振兴：《拉丁美洲城市化进程及其特点》，载郑秉文主编《拉丁美洲城市化：经验与教训》，当代世界出版社2011年版。

③ 相关研究如马凤岗、郭晓宁：《试论殖民地时期拉美城市的建立及其对拉美社会的影响》，《山东师范大学学报》1994年第6期。

④ 对这一时期城市化的研究成果主要有马凤岗：《19世纪末20世纪初拉美城市化的发展及对拉美社会的影响》，《临沂师专学报》1996年第2期。

⑤ 相关研究如林玉国：《战后拉丁美洲的城市化进程》，《拉丁美洲研究》1987年第2期；马凤岗、张弘：《试析二战后拉美农村人口迁往城市的原因及影响》，《临沂师专学报》1998年第1期；程洪、陈朝娟：《论20世纪拉美城市化进程及其对中国的启示》，《拉丁美洲研究》2006年第2期。

度较大，城市化速度过快，出现大都市化和“城市过度化”[①]；各国间城市化水平差异较大；城市规模扩大，并呈现职能多样化、结构复杂化和布局分散化的特征[②]。

此外，对拉美城市化进程的研究还包括国别案例分析和国际比较研究。在拉美学界，目前对拉美城市化进程的国别研究主要以墨西哥作为考察对象国[③]。而在国际比较研究中，则主要以美国的城市化进程作为参照系，其主要结论为：盎格鲁美洲基于新英格兰清教徒的理想而起源，城市化受商业资本主义发展的影响而启动并推进；而拉美的城市化则是在土地和资源被强占的背景下，在初级产品出口型经济高潮时期，由外部因素推动而逐渐发生了早期城市化，而这一过程主要以农村人口向城市集中、商业获得增长但城市工业能力没能同等发展为基本特征[④]。这种对比研究，从根本上阐释了拉美地区与美国的城市化进程无论是自启动之初的基础条件方面，还是此后的发展方式方面，均有明显差异。

二　对拉美地区城市化引发的经济、社会问题的研究

中国拉美研究学者将焦点同样放在对拉美城市化进程中出现的各类问题的探究上。事实上，早在20世纪80年代已有学者开始关注这一点，拉美的过度城市化让城市处于超饱和状态，城市设施无法满足市民需求，工业、制造业集中，城市无序发展[⑤]。拉美超速、无节制的城市化给拉美经济社会带来了极大危害，在学界已达成普遍共识：拉美城市化进程不仅没有带来高度工业化和经济繁荣，相反还使得农业衰败、乡村凋敝，造成城乡之间、地区之间的经济发展不平衡，人口大量涌入少数大城市，在那里形成规模庞大的城市贫民区，并由此引发了大量的社会和环境问题，如污

① 韩琦：《拉丁美洲的城市发展和城市化问题》，《拉丁美洲研究》1999年第2期。

② 周厚勋：《拉美城市化的发展与演变》，《拉丁美洲研究》1991年第3期。

③ 相关研究如林玲：《墨西哥的城市化与经济发展》，《拉丁美洲研究》1993年第3期；杨启藩：《墨西哥人口城市化回顾与展望》，《拉丁美洲研究》1996年第1期；吕军：《试论墨西哥的城市化进程》，《拉丁美洲研究》1999年第5期。

④ 刘文龙、罗平峰：《近代拉美与美国城市化的不同进程与经济职能》，《拉丁美洲研究》2000年第5期。

⑤ 刘雨中：《拉美城市的梦魇》，《世界知识》1987年第11期。

染、交通拥挤、水电供应困难、治安混乱、滋生毒品暴力犯罪等[①]，给城市的进一步发展和现代化建设带来障碍[②]。中国学者认为，经济增长乏力的拉美国家已无力提供足够的基础设施和公共服务机构，这导致了拉美城市中住房短缺现象极为严重[③]，贫民窟、棚户区大量出现，失业增加、非正规就业不断扩大，由此产生了严重的城市贫困化现象，加剧了社会贫富差距。此外，还有学者将拉美城市化问题的原因总结为：农村人口在短时间内以爆炸性速度流入城市并造成混乱，在大城市中逐渐形成了“边缘群体”或“边缘阶层”，这种超前和过度城市化造成了自然、社会和生活环境的恶化[④]。

拉美国家在短时间内接近或达到欧洲发达国家的城市化水平，其“超前”的城市化规模无法与拉美当前的经济发展水平相适应，难免产生许多复杂的社会问题。中国学者试图将具体原因系统阐释为：城市化进程与人口增长高峰相逢，农业“技术现代化”的路径选择及不合理的土地占有制和农村贫困化趋势[⑤]都促使农村人口加速外流，城市化进程缺乏政府的规划与引导，经济活动特别是工业生产布局过于集中，此外全球化和经济开放等也是重要的影响因素[⑥]。实际上，拉美各国独立后的国家重建之路异常艰难，国家制度建设尚不完善，政府的宏观政策和控制软弱无力；好逸恶劳、鄙视劳动、向往和盲目模仿西方国家富裕生活的影响以及拉美社会对城市美好生活的宣传[⑦]都在一定程度上促成了拉美的过度城市化。

近些年来，同发达国家一样，在拉美地区同样出现了逆向城市化现

① 韩琦：《拉丁美洲的城市发展和城市化问题》，《拉丁美洲研究》1999 年第 2 期。

② 程洪、陈朝娟：《论 20 世纪拉美城市化进程及其对中国的启示》，《拉丁美洲研究》2006 年第 2 期。

③ 张家唐：《拉美的城市化与“城市病”》，《河北大学学报》（哲学社会科学版）2003 年第 3 期。

④ 袁东振：《混乱和无序：拉美城市化的教训》，《科学决策》2005 年第 6 期。

⑤ 林玉国：《战后拉丁美洲的城市化进程》，《拉丁美洲研究》1987 年第 2 期。

⑥ 苏振兴：《城市化、城市治理与“贫困城市化”》，载苏振兴主编《拉美国家社会转型期的困惑》，中国社会科学出版社 2010 年版。

⑦ 程洪、陈朝娟：《论 20 世纪拉美城市化进程及其对中国的启示》，《拉丁美洲研究》2006 年第 2 期。

象。但有所不同的是，拉美国家的逆向城市化是一种失控的城市化进程，是低收入阶层被社会边缘化的表现。有学者将农村剩余劳动力由传统农业向商品农业流动，继而向城市流动，并最终完成与经济发展阶段不相适应的急剧城市化过程，称为“农民的城市”①。这一过程得到了农业现代化模式偏差形成的“离心力”和城市工业化拉动下的“向心力”的合力推进，然而其结果是城市经济的“第三产业化”和城市建设中的“贫民窟包围城市”。拉美国家城市中劳动力供给远远大于劳动力需求的矛盾和劳动力技能与素质不适应市场需求的结构性矛盾，成为“超前”城市化引发社会冲突的主要根源。

三　对中国经验教训的启示

鉴于拉美国家城市化进程中出现了严重的经济社会问题，这对我国产生的经验教训是极为丰富而深刻的。中国学者在这一方面进行了富有针对性的研究，且提出了值得借鉴的重要启示：城市化必须建立在农业发展的基础之上，必须遏制低效益的传统第三产业过度膨胀，必须避免旨在大城市急剧扩张的城市化道路，政府必须及时合理地引导和调控人口流动，②等等。

第三节　拉美收入分配及贫困化研究

一　对拉美收入分配问题的研究

中国拉美学界对拉美地区收入分配不平等问题的研究，始于20世纪90年代中期。20世纪90年代初，适逢中国改革开放进入深化阶段，收入差距问题开始在中国社会显现，中国学者对这一问题的敏感度逐渐萌发。与此同时，同属发展中国家的拉美各国，其收入分配问题不仅长期普遍存在，且不平等程度较高。对拉美国家收入分配问题进行研究、总结其中的经验与教训，可为中国提供有益借鉴。

---

① 张勇：《农民的城市：拉美国家城市化背后的劳动力流动》，《红旗文稿》2004年第3期。

② 张惟英：《拉美过度城市化的教训与北京人口调控》，《人口研究》2006年第4期。

纵观近20年来中国拉美学界对这一问题的研究，学者们首先普遍致力于对拉美地区贫富差距的程度及其发展趋势进行论述。总体上讲，拉美地区的收入分配不平等问题由来已久，基尼系数长期处于高位，贫富差距较大甚至悬殊，是除撒哈拉以南外，非洲收入分配最不平等的地区。因拉美地区各国国情的差异，不同国家收入分配的状况呈现不同特征。

其次，中国学者将造成拉美地区贫富差距悬殊的影响因素作为研究的重中之重。在世界范围内，对收入分配不平等问题的研究通常以探讨经济增长与收入分配的关系为切入点。在此基础之上，中国拉美学界以对拉美国家现代化进程中不同发展阶段贫富差距的状况入手展开讨论。拉美国家在现代化进程的不同阶段选择了不同的发展路径，如先后采取了初级产品出口、进口替代工业化和新自由主义改革的发展道路。对不同经济发展模式的选择决定了一国政府将采取怎样的发展思路，以及怎样的经济社会政策，而这些又会对拉美的收入分配格局产生直接影响。有学者认为，“经济增长、收入分配与社会贫富分化三者之间存在着直接的因果关系”[①]。具体来讲，拉美地区通行的一些经济发展理论片面追求经济增长而忽视社会的协调发展，如“滴漏机制”、“蛋糕”论和“积累优先”论等，对该地区的收入分配状况产生了消极影响。对此，中国学者进行了详细论述[②]。

与此同时，中国拉美学界对已给拉美收入分配产生重要影响的结构性因素进行了大量研究。许多影响因素得到了大部分学者的认同，而在不同的文章中被多次提及。如一次分配中的生产要素分配、就业和教育因素，二次分配中的税收制度、政府的社会支出因素等等。

事实上，中国学者对影响拉美收入分配问题的前期研究主要集中于对历史情况、税收制度、土地改革、就业、教育、政府干预及社会政策的作

① 苏振兴：《增长、分配与社会分化——对拉美国家社会贫富分化问题的考察》，《拉丁美洲研究》2005年第1期。

② 相关研究如袁东振：《对拉美国家经济与社会不协调发展的理论分析》，《拉丁美洲研究》2005年第3期；苏振兴：《增长、分配与社会分化——对拉美国家社会贫富分化问题的考察》，《拉丁美洲研究》2005年第1期。

用等因素的分析；同时涉及了对消费结构的反作用力①、宏观经济是否稳定②、资本密集型的工业化模式及通货膨胀水平③、工会的作用及经济发展周期的影响④等因素的探讨。应该说，当时的研究范围较为广泛。然而，随着越来越多的中国学者对拉美收入分配问题的关注，特别是2005年以来对该问题的研究更加倾向于集中深入探讨某一特定的影响因素。例如，分析金融危机及其治理对收入分配可能带来的影响——由于在金融危机及其治理过程中涉及自非金融系统参与者向金融系统参与者的金融转移，这种金融转移及其分配恶化了拉美国家的收入分配状况，加重了贫困程度⑤；分析拉美国家的税制改革对收入分配的影响——拉美国家的税制改革没能改善其收入分配的状况，但税制结构和税收征管的变化对收入分配具有一定影响⑥，等等。此外，还有学者将拉美国家同其他具有类似发展经历但目前收入分配状况较为良好的国家进行对比分析，从而推断出影响拉美收入分配问题的症结所在⑦。

在许多学者的文章最后，会基于拉美地区收入分配问题的经验教训进一步总结出对中国的借鉴意义。如有学者通过对拉美发展进程的梳理，总结出这一问题实际上为历史上等级制度的遗留问题以及经济发展政策的选择问题，从而得出中国要注重民本思想、加强政府的社会功能以及寻求效率和公平平衡点的启示⑧；另有学者通过论述制度、政策与收入分配的关系，最后得出中国必须高度重视生产要素占有的公平性，对发展与改革模式的选择至关重要以及政府必须干预收入分配的启示⑨，等等。事实上，不乏文章直接以拉美收入分配问题对中国的启示立意而撰写，这里不做

① 江时学：《论拉美国家的收入分配》，《世界经济》1995年第12期。

② 白凤森：《对拉美收入分配问题的几点思考》，《拉丁美洲研究》1998年第5期。

③ 江时学：《分享增长：拉美与东亚的收入分配比较》，《拉丁美洲研究》1999年第2期。

④ 袁东振、曹淑芹：《拉美收入分配为何不公》，《拉丁美洲研究》1999年第3期。

⑤ 陈志刚：《危机、金融转移与收入分配：拉美的经验及中国的启示》，《广州大学学报》（社会科学版）2007年第1期。

⑥ 孙静：《拉美国家税制改革对收入分配的影响》，《拉丁美洲研究》2009年第6期。

⑦ 江时学：《分享增长：拉美与东亚的收入分配比较》，《拉丁美洲研究》1999年第2期。

⑧ 王萍：《拉美收入分配极化及其对我国构建和谐社会的启示》，《江汉大学学报》（社会科学版）2007年第3期。

⑨ 陈平：《制度、政策与收入分配——拉美收入分配问题的历史演变及其对中国的启示》，《拉丁美洲研究》2008年第2期。

赘述。

二　对拉美贫困化问题的研究

拉美的贫困问题一直是拉美社会问题研究中关注的重点，自 20 世纪 90 年代以来，其研究成果的数量稳步增长。一方面，贫困问题被认为是世界性难题，而拉美的贫困问题十分严重，贫困人口数量庞大，从整个地区来看，截至目前，减贫工程仍任重而道远。另一方面由于中国一直致力于改善贫困问题拉美的经验教训尤其具有参考价值，中国学者希望可以从中找到治贫的可行之道。

对贫困问题的研究首先需要明确如何对贫困程度进行界定，即要明确"贫困"以及"赤贫"的判定标准。在中国拉美学界，关于"贫困"和"赤贫"的界定标准曾有过一段时期的讨论。最终，学者们普遍采用世界银行和联合国拉美经委会公布的，以"人均月收入不足 60 美元的视为'贫困'，不足 30 美元的视为'赤贫'"作为主要判断依据，这也是目前公认的较为科学的测定标准①。此外，对贫困问题的描述方法还包括将其划分为"绝对贫困"与"相对贫困"，以及区分为狭义贫困与广义贫困等②。

同收入分配问题一样，一些学者在拉美国家的经济发展进程中考察该地区贫困现象的变化趋势。有学者将 20 世纪 30 年代至 90 年代拉美地区的现代化发展进程划分为五个阶段，发现在不同阶段拉美贫困问题也有不同表现。总体上看，拉美国家在现代化进程中，经济取得了长足进步，但贫困问题也在加剧③。而另有学者同样发现，拉美的贫困问题与现代化目标相违背，拉美地区的贫困率与经济增长同步，有时甚至超过经济增长率，特别是在 20 世纪 80 年代拉美地区贫困人口剧增，而 90 年代后实行的减贫计划也没能取得明显改善④。

对此，有学者试图通过新古典经济学的增长模型，对这种被其定义为

---

① 白凤森：《拉美贫困问题之我见》，《拉丁美洲研究》1997 年第 5 期。

② 揭光虹：《拉丁美洲现代化进程中的贫困问题》，《武汉教育学院学报》1999 年第 2 期。

③ 同上。

④ 王萍：《贫困化：拉丁美洲现代化的悖论》，载《"发展中国家化模式"学术讨论会论文汇编》，天津，2005 年。

“增长性”贫困的社会经济现象加以诠释[①]。其研究发现：增长有助于减贫，但增长不能必然解决问题，如果没有适当的社会政策，贫富分化将日趋严重，减贫也愈发困难；初始收入差距越小，同样幅度的增长对减贫的效果越明显；拉美经济增长与贫困率之间似乎存在“3%拐点假说”，即在拉美当增长率低于约3%时，减贫的效果并不明显，甚至出现二者同时上扬的态势，于是拉美减贫的一个重要前提就是需要更高速的增长。

关于拉美地区贫困问题特征的研究，中国学者在20世纪90年代的文章中将其总结为具有“贫者更贫、富者更富”的趋势[②]，两极分化严重，农民特别是印第安农民贫困程度空前[③]，而随着农民移居城市，贫困人口的区域分布也在发生改变[④]。中国学者对拉美贫困化向特定地区、特定部门以及特定群体[⑤]分布的特征进行了一定研究。此外，研究还发现不同拉美国家的贫困程度也不尽相同。进入21世纪后，拉美的贫困化问题并没有得到明显改善，上述贫困化特征仍在中国拉美学界的研究中被反复提及。

对于拉美贫困化问题的产生原因，中国拉美学界进行了大量研究。具有代表性的、已获得普遍认可的原因主要有：殖民地历史遗留问题，二元社会结构的影响[⑥]，经济危机带来的失业以及不稳定的宏观经济让贫困问题雪上加霜，经济发展战略的选择对拉美贫困化的影响严重[⑦]，社会政策的减贫功能不力以及收入分配不公等。除此之外，有学者认为全球化同样

---

① 郑秉文：《拉美“增长性贫困”与社会保障的减困功能——国际比较的背景》，《拉丁美洲研究》2009年第S1期。

② 郝名玮：《拉美贫困问题与“民众经济”的兴起》，《拉丁美洲研究》1994年第1期。

③ 沈安：《全球贫困化趋势与拉美国家克服贫困的斗争》，《拉丁美洲研究》1995年第1期。

④ 柯幸福：《从恰帕斯事件看拉美的贫困化问题》，《湖北大学学报》（哲学社会科学版）1995年第5期。

⑤ 如林华：《拉美儿童和青少年的贫困问题》，《拉丁美洲研究》2004年第4期。

⑥ 有学者专门以此为角度分析了拉美自历史上便形成的二元社会结构，以及由此发展起来的二元土地制度和二元种族结构对拉美贫困化造成的影响。见洪国起：《拉美国家社会贫困化的历史根源及思考》，《“发展中国家化模式”学术讨论会论文汇编》，天津，2005年。

⑦ 这里中国拉美学界主要探讨了新自由主义改革对拉美贫困问题的影响，认为拉美新自由主义的经济改革和社会政策不利于贫困问题的改善。参见白凤森《拉美贫困问题之我见》，《拉丁美洲研究》1997年第5期；撖其籍：《拉美新自由主义改革与贫困问题》，硕士毕业论文，对外经贸大学，2007年，等等。

让拉美的贫困问题加剧，拉美国家的诸如财政金融政策、税制等经济政策同样在减贫方面收效甚微[①]。而人口增长过快、拉美地区领土争端导致政局不稳、拉美地区的政治体制改革落后于经济调整、缺乏有力的政府监督机制、贪污腐败横行[②]、性别歧视[③]等方面的问题也对拉美的贫困化产生消极影响。

此外，有学者对拉美贫困化带来的后果及产生的影响进行了总结，使得实现减贫更显意义重大。现在中国拉美学界内达成共识的、有利于减贫的措施主要包括：促进就业，增加社会支出，推动社会保障体系的发展，特别是推行有条件的现金转移支付更有利于代际减贫。然而，有学者认为，贫困问题归根结底是收入分配问题，亟须建立一套能够实现公平分配的制度化机制[④]。而拉美现存的反贫困计划只是通过社会保障系统提供的一种暂时性疗法，它们只针对贫困的结果而非贫困的根源[⑤]。

值得一提的是，中国拉美学界对拉美地区贫困化问题的研究已开始着眼于对有代表性的国家的研究，如以阿根廷为国别案例[⑥]。

第四节　拉美社会保障制度研究

中国拉美学界对拉美社会保障制度的研究起步于 20 世纪 90 年代中期，2000 年以后初具规模。这与中国社会保障制度的发展状况不无关系——中国于 1978 年改革开放之后开始了对社会保障制度的改革，直至 2002 年逐步完成社保体系的框架构建，自 2003 年中国社保制度改革进入

① 王萍：《贫困化：拉丁美洲现代化的悖论》，《“发展中国家化模式”学术讨论会论文汇编》，天津，2005 年。

② 柯幸福：《从恰帕斯事件看拉美的贫困化问题》，《湖北大学学报》（哲学社会科学版）1995 年第 5 期。

③ 赵蕊：《拉美国家贫困问题的生成及其启示》，载《〈资本论〉与贫困问题研究——陕西省〈资本论〉研究会 2005 年学术年会论文集》，2005 年。

④ 白凤森：《拉美贫困问题之我见》，《拉丁美洲研究》1997 年第 5 期。

⑤ 王萍：《贫困化：拉丁美洲现代化的悖论》，《“发展中国家化模式”学术讨论会论文汇编》，天津，2005 年。

⑥ 相关研究如沈安：《贫困化成为阿根廷经济可持续发展的主要制约因素》，《拉丁美洲研究》2003 年第 5 期。

全面推进阶段。事实上，中国在社会保障领域改革的不断深入，拉美国家智利在该领域取得享誉世界的“智利模式”的成功经验，都极大地促进了中国对拉美社会保障制度研究的发展。

一　对拉美社会保障制度发展阶段的研究

拉美的社会保障制度建立较早，距今已有近110年历史，目前发展已较为成熟，在发展中国家处于较高水平。中国学者试图对拉美社会保障制度一百多年来的发展进行阶段性划分，主要有三种划分方式：

第一，依照时间划分：20世纪初至20世纪40年代，拉美各国陆续出台社会保险制度，标志着拉美社会保障制度开始建立；20世纪40年代至70年代为拉美各国社会保障制度逐步形成阶段[①]；20世纪80年代以来，为拉美各国对社会保障制度进行调整和改革阶段。

第二，依据国别划分：第一组先行国家包括智利、乌拉圭、巴西和阿根廷，在俾斯麦社会保险模式的影响下，于20世纪20—30年代建立了具有“保守主义”福利制度特征的社保制度；第二组国家包括哥伦比亚、哥斯达黎加、墨西哥、巴拉圭、秘鲁、委内瑞拉等国，它们于第二次世界大战结束后开始建立社保制度，因在一定程度上受贝弗里奇思想的影响，建立的社保制度具有“社会民主主义”福利体制的特征；20世纪50—60年代，上述两组国家的福利体制不断融合发展，与此同时，第三组国家主要指中美洲国家，开始建立社保制度；进入70年代以后，拉美国家的福利制度呈现出欧洲大陆“普救型”模式的特征[②]。

第三，依据拉美国家经济发展战略的不同选择划分：这一划分方法主要以20世纪80年代拉美债务危机为标志。债务危机之前，拉美地区普遍采用以国家为主导的发展主义道路，社会保障制度还处于发展的早期阶段；债务危机之后，拉美国家转而采取以“华盛顿共识”为基础的私有化战略，进行新自由主义的福利改革，削减了社保财政支出，实行社会保障制度的私营化管理；然而，近30年来新自由主义改革模式宣告失败，

---

① 刘沅：《拉美社会保障制度的发展及其问题》，《拉丁美洲研究》1995年第5期。

② 房连泉：《社会分化、贫富差距与社会保障——拉美国家福利体制变革的经验教训》，《拉丁美洲研究》2008年第2期。

“普惠主义”等有关社会和谐的主题成为拉美各国社会保障制度改革的新导向，而这种变化与拉美国家政治生态“向左转”不无关系①。

二　对拉美社会保障制度改革的研究

中国拉美学界对拉美社会保障制度的研究主要集中于对20世纪80年代以来拉美各国社会保障制度改革的研究。广义上，社会保障制度（亦可称为社会福利体系）主要包括：社会保险（包括养老保险、医疗保险、失业保险等）制度和社会救助制度。拉美的社会保障制度改革主要发生在养老金制度、医疗保险制度和社会救助制度三个方面。

（一）对拉美养老金制度改革的研究

拉美国家对养老金制度的改革是拉美社会保障制度改革中的重点。1981年智利在新自由主义改革的背景下，首先对本国的社会保险制度进行私有化改革，并引导了此后其他国家对社保改革的私有化风潮。中国学者对改革前拉美社会保险制度的弊端进行了细致分析，发现拉美各国普遍采取的现收现付的社会保险制度，其碎片化特征非常明显（即不同社会阶层、不同部门以及不同行业有不同的社会保险制度），此外还普遍存在权益保障不平等、财政负累等问题②。特别是养老金制度——作为社会保险制度中的重头，更因其传统基金积累率和投资回报率低、而管理成本高的问题，造成政府高额补贴，财政难以为继。

中国学者对拉美国家养老金的改革模式做出如下划分：（1）替代式，即智利模式，以私营养老金制度取代原有的公共养老金制度，建立个人账户并由私营养老基金公司管理，除智利外，采用此种改革模式的国家有玻利维亚、墨西哥、萨尔瓦多、多米尼加和尼加拉瓜；（2）混合式，即把公共养老金计划和私营养老金计划合为一体，互为补充，阿根廷、乌拉圭、哥斯达黎加和厄瓜多尔属于这一类型；（3）并行式，即私营养老金计划与公共养老金计划并存，二者选择其一，两种计划处于竞争状态，属

① 林卡：《收入差距和社会公正：拉美国家社会保障体系的发展及其经验》，《社会科学》2011年第10期。

② 房连泉：《增强社会凝聚力：拉美社会保障制度的改革与完善》，《拉丁美洲研究》2009年增刊。

于这一类型的国家有秘鲁和哥伦比亚，但这种模式存在是长期并行还是继续向私营模式转型的问题，其具有较强的过渡性和不确定性①。中国学者认为，每个国家对改革模式的不同选择，由其所处的社会、经济和政治环境共同决定。

还有学者将拉美养老金制度改革的过程总结为：组织结构从多重体制转向统一体制；管理体制从由政府管理转向由私营养老基金会管理；管理目标从单纯的资金管理转向以增值为目的的投资管理；管理方式从政府的财政管理转向基金的独立运作；筹资与支付方式从该体系储蓄基金的整体积累转向由完全或部分会员以个人账户储蓄的形式积累②。

对这种为提高效率而引入私人管理的基金积累制养老金制度，中国学者也进行了绩效状况评估③，认为：这样激进的结构性养老金制度改革在促进劳动力市场发展、推动资本市场和减少财政负担等方面取得了显著成效，改革的方向最好趋近于建立多支柱的养老金模式。但问题仍然存在，如拉美各国政府为养老金制度承担了清偿转制成本和担保责任的财政责任，这相应增加了政府的财政成本，形成了新的财政风险隐患；性别差异在养老金制度中非常明显，女性参保率远远低于男性；大量非正规就业人员和贫困人口被“排除”在制度之外，等等。

对拉美养老金制度的研究，在中国学界还不乏一些国别案例分析，这里以对智利养老保险制度的研究较为多见④。

（二）对拉美医疗保障制度改革的研究

中国学者对拉美医疗保障制度改革的研究，同样立足于传统医疗保障

---

① 详见刘纪新：《拉美国家养老金制度改革研究》，中国劳动社会保障出版社2004年，北京。该著作对导致和影响拉美养老金制度改革及改革模式选择的因素进行了分析，并着重阐释了智利模式。此外，该书全面介绍了其他拉美国家制度构成和政策选择中的特点，并综合比较拉美三种主要改革模式的异同。最后该书分别探讨了拉美改革中的转轨问题和养老基金问题。并参见刘纪新：《从拉美实践看政府在社会保障改革中的职责》，《拉丁美洲研究》2002年第6期。

② 刘沅：《拉丁美洲的养老金制度改革》，《世界经济与政治》1996年第5期。

③ 孙静，刘昌平：《拉美国家结构性养老金制度改革与绩效评价》，《拉丁美洲研究》2008年10月。

④ 相关研究如房连泉：《建立国家主权养老基金——来自智利的经验启示》，《拉丁美洲研究》2008年10月；郑军、张海川：《智利养老保险制度早期发展脉络的政治经济学分析》，《拉丁美洲研究》2010年6月；唐俊：《巴巴多斯首创非缴费型养老金制度的历史与借鉴——从制度创新的视角》，《拉丁美洲研究》2010年4月。

制度的诟病，进而论述拉美国家的改革方向。截至目前，对该领域的研究成果较少。

中国学者的研究指出，传统上拉美国家的医疗保障制度以国家提供的公共保障计划为主，覆盖范围有限，医疗服务质量差，财政负担繁重。自20世纪80年代以来，拉美各国开始对医疗保障体制进行改革。改革的方式同样以引入私有化机制、加入私营部门保险计划的手段为主。除此之外，许多拉美国家还将医疗保障设施的控制权、医疗设备和服务人员下放到地方政府。有学者对改革成效加以评估，认为这种改革模式可以提高医疗服务的效率和质量，增加患者个人选择以形成良性竞争，同时减轻国家的财政负担，不仅有利于提高医疗保障覆盖面、逐步将社会贫困人口纳入公共保障计划中，还可以促进改善服务质量，增强医疗保障计划的吸引力，降低医疗成本，等等①。

同样地，关于拉美医疗保障制度的研究，中国学者也做了一定的国别案例初探②，这里不做赘述。

（三）对拉美社会救助制度改革的研究

中国学者将拉美社会救助制度的发展总结为三个特点：传统社会福利体制时期，拉美国家的社会救助计划非常有限，仅有零星的救助项目，社会救助制度在福利体系中处于边缘地位；20世纪80年代以来，随着拉美国家进行社会保障制度改革，目标定位型的社会救助政策成为福利制度的重要内容，并开始建立以私营保险计划为主体、以社会救助网络为辅助的社会保障制度框架；然而，由于社会保险制度的私有化改革在减贫方面作用有限，甚至拉大了贫富差距，20世纪90年代以来，拉美国家开始推进一场“改革的改革”，许多拉美国家开始引入新型社会救助制度。

中国学者将这种新型社会救助制度概括为，以“发展”为价值理念，把救助资格与教育培训、医疗服务和个人就业等促进人力资本发展的政策

① 房连泉：《社会分化、贫富差距与社会保障——拉美国家福利体制变革的经验教训》，《拉丁美洲研究》2008年第2期。

② 相关研究如齐传钧：《墨西哥医疗卫生制度的变迁与改革》，《拉丁美洲研究》2010年第4期；王诺：《古巴医疗体制的评价及其对中国的启示》，《拉丁美洲研究》2009年第4期。

结合起来，这种模式改变了过去社会救助制度在社会保障体系中残补、边缘的地位，显示了拉美社会保障制度关注重心与发展方向的转变①。有条件的现金转移支付计划即为这种新型社会救助制度的典型案例之一，引起了中国学者的特别关注②。

三 对拉美社会保障制度改革新趋势的研究

中国学者认为③，20世纪80年代以来，拉美地区的社会保障制度改革虽然使许多国家建立起统一的社会保障制度（依赖市场及个人储蓄的保障计划），改善了原有体制下的分配不公，但也产生了新的社会分化问题。这种新的社会分化存在于正规与非正规部门、男性与女性、工薪与非工薪阶层以及城乡之间。此外，私营社会保险制度不利于弱势群体、私营养老金计划缺乏相应的再分配功能、社会救助计划的减贫功能微弱，使得拉美的社保制度在反贫困方面仍作为有限④。

在此背景下，21世纪以来，拉美国家开始对社会保障制度进行新一轮的改革与调整。中国学者将其社保改革新趋势的特点总结如下：私有化改革的步伐放缓；着重加强政府角色，加大政府对社会保障的投入，扩大覆盖面，扩大现金转移支付计划⑤；开展结构性改革调整，如智利增加一个社会互济养老金（也称社会基础养老金）；进行参量式改革调整，如提高退休年龄、加强缴费与待遇间的关联、削减待遇水平等⑥。

---

① 张浩淼：《拉美的新型社会救助与对中国的启示》，《安徽行政学院学报》2010年第2期。

② 如郭存海：《巴西和墨西哥的“有条件现金转移”计划评析》，《拉丁美洲研究》2010年第4期。

③ 房连泉：《增强社会凝聚力：拉美社会保障制度的改革与完善》，《拉丁美洲研究》2009年第S1期。

④ 对此专门有学者进行了社保制度减贫功能的研究，详见郑秉文《拉美“增长性贫困”与社会保障的减困功能——国际比较的背景》，《拉丁美洲研究》2009年第S2期。

⑤ 杨一帆《国际社会保障政策中的社会现金转移计划：关键问题与政策启示——基于拉美和非洲等国政策创新的比较研究》一文对社会现金转移计划的三种主要类型——非缴费型养老金、家庭现金救助和附加条件的现金救助的内容和基本原则进行了探讨，《经济社会体制比较》（双月刊）2010年第5期。

⑥ 房连泉：《增强社会凝聚力：拉美社会保障制度的改革与完善》，《拉丁美洲研究》2009年增刊。

总结起来即为，拉美国家已经建立起依赖于家庭或集体保障的多层次、多支柱、复合型的社会保障制度，它包括缴费型和非缴费型的社会保险制度以及国家财政转移支付的社会救助计划等。这场改革让拉美国家的社会保障制度得到进一步完善，不仅增加了其制度运作的可持续性，也增强了人们的选择自主性。

四　对拉美社会保障制度的其他研究及启示

对于拉美社会保障制度的国别研究，中国拉美学界也取得了许多成果。这些研究成果主要围绕智利①和阿根廷②的案例研究，也有一些对其他国家社保制度的研讨③。

此外，在中国学界的研究成果中，不乏就社会保障制度将拉美国家同其他地区国家进行国际比较的文章，如同欧美国家④、非洲国家⑤的国际比较，还有同中国社保制度进行对比的文章，值得一提的是，有学者从文化与制度安排的角度将二者进行了比较分析⑥。

实际上，中国学者对拉美社会保障制度研究的意义更多的在于为中国提供改革的经验教训及启示。对我国进行社保体制改革的主要启示有：改革需抓住有利时机坚决推进，一旦改革的进程被拖沓，制度的转轨成本将是巨大的；改革的进程需要不断补充相关法律法规，严格监管；改革的推进需要财政保障，并明确政府在社会保障行为中的位置与责任；完善社会

---

① 相关研究如郑秉文、房连泉《社保改革“智利模式”25年的发展历程回眸》，《拉丁美洲研究》2006年第5期等。

② 如刘纪新：《阿根廷的社会保障制度及其改革》，《拉丁美洲研究》1994年第6期；郑秉文：《拉美“增长性贫困”与社会保障的减困功能——国际比较的背景》一文对阿根廷社保制度应对经济危机的改革做出评估，《拉丁美洲研究》2009年第S1期；郑秉文、房连泉：《阿根廷私有化社保制度“国有化再改革”的过程、内容与动因》，《拉丁美洲研究》2009年第2期。

③ 相关研究如袁东振：《古巴的社会保障制度：发展、挑战与改革》，《拉丁美洲研究》2009年第2期；房连泉：《20世纪90年代以来巴西社会保障制度改革探析》，《拉丁美洲研究》2009年第2期。

④ 郑秉文：《拉美“增长性贫困”与社会保障的减困功能——国际比较的背景》，《拉丁美洲研究》2009年第S1期。

⑤ 杨一帆：《国际社会保障政策中的社会现金转移计划：关键问题与政策启示——基于拉美和非洲等国政策创新的比较研究》，《经济社会体制比较》（双月刊）2010年第5期。

⑥ 郑秉文：《中国与拉美社会保障比较：传统文化与制度安排——提高覆盖率的角度》，《拉丁美洲研究》2009年第1期。

保障制度的初衷，从完全注重效率转向关注效率与公平，从单纯强调经济快速增长转向将经济和社会政策结合发展；将“公正发展”“经济与社会协调发展”以及促进人力资本发展的理念融入减贫和改善不平等的计划当中作为新的政策目标。

第五节　拉美“中等收入陷阱”问题研究①

2010年中国人均国内生产总值超过4000美元，依照世界银行的标准，中国已成为“中高等收入国家”。然而，这同时意味着中国即将迎来跨越中等收入发展阶段、跻身高收入国家行列的挑战。根据世界银行的研究发现，“二战”结束以来，许多发展中经济体在经历了一定时期的快速增长之后，只有少数国家能够进一步发展达到高收入水平，相当多的经济体在达到中等收入水平之后，增长率明显放缓，从而长期徘徊于高收入国家行列之外。最典型的例子就是以阿根廷为代表的一些拉美国家。于是，近年来特别是自2011年以来，中国学术界出现了大量以拉美国家陷入“中等收入陷阱”为案例分析的文章，试图以此提出中国在面临进一步跨越发展的关键节点时，可以参考的经验和教训。而在中国拉美学界，更是引发了对拉美国家陷落“中等收入陷阱”问题的广泛讨论。

一　学界对“中等收入陷阱”概念的争论

“中等收入陷阱”的概念首先由世界银行于2006年第一次提出，2007年世界银行在《东亚复兴：关于经济增长的观点》的研究报告中第一次使用了“the Middle—income Trap”一词并明确了它的概念，即当一国或地区人均GDP达到3000美元时，各经济体从低收入经济体成长为中等收入经济体的发展战略对于它们向高收入经济体攀升将不能重复使用，进一步的经济增长被原有的增长机制锁定，人均国民收入难以突破10000美元的上限，从而进入经济增长阶段的停滞徘徊

① 拉美“中等收入陷阱”问题研究属新兴命题，此类研究成果多完成于2010年之后，超出本报告计划涉猎范围。但鉴于该项研究在拉美社会文化学科中的重要性和独特性，本节对超出年限的文献均予以保留。

期。此后的2010年，世界银行对这一概念又做了进一步阐释。然而截至目前，在世界范围内仍然缺乏对这一概念的规范性定义或者理论支撑。

事实上，“中等收入陷阱”的提法在学界内一直颇受争议。关于是否存在“中等收入陷阱”，在国内外学术界普遍存在着肯定者、否定者和辩证看待者三种观点。在中国拉美学界，同样有不同的声音。有学者认为[①]，“中等收入陷阱”的概念已被曲解，概念内容也被不断“扩容”，认为“中等收入陷阱”的概念本应较为狭窄，即主要指“一国在跻身于中等收入国家行列后，由于劳动力成本的上升及自身产业结构缺乏科技创新，其出口产品国际竞争力下降，进一步发展面临困境”，“中等收入陷阱不是指发展中国家（中等收入国家）在经济和社会发展道路上或现代化道路上遇到的一切问题……将人均国民收入能否达到12196美元视为能否跳出中等收入陷阱的标志，完全是一个伪命题……这一概念的唯一可取之处是它指出了及时调整发展模式、优化增长方式和加大科技创新力度的紧迫性和必要性”。然而，中国学界的大多数学者对于是否存在“中等收入陷阱”仍持肯定和辩证看待的观点，研究成果也多以剖析“中等收入陷阱”成因及总结其经验教训为主。

二　学界关于拉美“中等收入陷阱”问题的研究现状

应该说，2011年以来，中国拉美学界对拉美国家长期陷入“中等收入陷阱”而无法自拔的状况颇为关注，并进行了集中而系统的研究。2011年第九届、第十届全国人大常委会副委员长、中拉友好协会会长成思危和中国社会科学院副院长李扬在中国社会科学论坛“中国和拉美可持续发展的挑战：基础设施和城市化”中就分别以“中等收入陷阱”为题发表演讲[②]。由此可以看到“中等收入陷阱”问题的重要性。

2012年和2013年“拉美研究系列丛书”中的《中等收入陷阱：来自

① 江时学：《“中等收入陷阱”被“扩容”的概念》，《国际问题研究》2013年第2期。

② 详见成思危：《转变经济发展方式规避“中等收入陷阱”》，《拉丁美洲研究》2011年第3期；李扬：《借鉴国际经验应对“中等收入陷阱”的挑战》，《拉丁美洲研究》2011年第3期。

拉丁美洲的案例研究》[1] 和《跨越中等收入陷阱：巴西的经验教训》[2] 相继出版。前者从产品空间理论、拉美国家的发展模式、外部需求角度、拉美地区产业结构、政治学视角以及进口替代工业化角度出发，对拉美国家陷入“中等收入陷阱”、导致发展障碍的根源性因素进行了规范性和实证性的研究。其中一个章节是对巴西陷落“中等收入陷阱”历史经验的探讨，另有三个章节重点分析了拉美国家案例对中国跨越“陷阱”的启示。后者则进一步选取巴西作为典型案例国家，集中分析了巴西经济发展、教育问题、不平等问题、社会保障、低储蓄现象、财政政策、营商环境、对外贸易、农牧业科技创新、公共政策、城市化问题、社会政策转型、中产阶级、收入分配政策等影响巴西跨越“中等收入陷阱”的因素，并总结了巴西在发展过程中的经验与教训。

此外，拉美地区年度发展报告《拉美黄皮书》，也于2011年和2012年分别推出了《智利：即将走出“中等收入陷阱”的首个南美国家——还政于民20年及其启示》[3] 和《拉美地区落入“中等收入陷阱”的考察：全要素生产率的分析框架》[4] 两篇特别报告。前者以智利即将成为首个走出“中等收入陷阱”的南美大陆经济体为背景，以智利还政于民20年的发展成就为切入点，从经济模式、社会模式和政治模式转型的视角对其发展道路进行了深入探讨。该报告认为，“在威权统治下实行自由市场改革并实现经济增长是可能的，而民主体制则应力避民粹主义倾向。……智利的成功之处在于，其通过组建联合政府为既定发展模式过渡提供了制度保障，从而终结了其他拉美国家体制性‘钟摆现象’。……良好的经济和社会制度是实现社会发展的前提，也是最终实现政治民主的刚性条件，而对广大发展中国家而言，根据国情选择发展道路并对改革优先顺序做出统筹安排至关重要”。而2012年的特别报告则将研究重点置于整个拉美地区陷

① 郑秉文主编：《中等收入陷阱：来自拉丁美洲的案例研究》，当代世界出版社2012年版。

② 郑秉文主编：《跨越中等收入陷阱：巴西的经验教训》，经济管理出版社2013年版。

③ 郑秉文，齐传钧：《智利：即将走出“中等收入陷阱”的首个南美国家——还政于民20年及其启示》，载《拉美黄皮书：拉丁美洲和加勒比发展报告2010—2011》，社会科学文献出版社2011年版。

④ 齐传钧，郑秉文：《拉美地区落入“中等收入陷阱”的考察：全要素生产率的分析框架》，载《拉美黄皮书：拉丁美洲和加勒比发展报告2011—2012》，社会科学文献出版社2011年版。

入“中等收入陷阱”的经济表现和原因考察。该报告认为，拉美地区落入“中等收入陷阱”的经济表现主要有三：拉美地区经济增长于20世纪70年代后期开始衰退，自80年代以来波动剧烈、危机频发，该地区各经济体经济增长趋于分化。此外，报告在分析了各个因素之后，认为全要素生产率下降是造成拉美地区经济增长停滞的主要原因，并明确指出，“长期以来在拉美各国普遍存在资源配置基础薄弱、研发和创新能力基础薄弱”的情况，这在根本上“限制了拉美地区市场机制的有效发挥，阻碍了技术进步以及企业的创新活力”。最后，该报告在全文基础上总结了拉美地区的基本教训，为处于中等收入阶段的国家指明了规避“陷阱”的启示。

三　学界关于拉美“中等收入陷阱”问题研究的主要观点

中国学者普遍认为拉美“中等收入陷阱”问题首先是一个经济增长停滞或者相对（发达国家）停滞的问题，它让拉美国家在经济上追赶发达国家的进程陷入发展瓶颈，而导致这种状况的原因同时又对拉美国家的政治和社会生活产生了深刻影响。部分中国学者正是从这一点出发，试图探讨拉美地区经济增长与社会发展的矛盾。有学者将拉美国家陷入“中等收入陷阱”的表现，描述为“有增长而无发展”的困惑，认为拉美经济增长和社会发展失衡之谜在于，错失了转换发展模式的良机，从而削弱了经济增长的可持续性，利益集团之间始终存在“变革与反变革”的斗争，宏观经济政策偏差放大了经济的波动性，国家作用在不同时期都走向极端而使公共政策难以发挥效果①。

其中，“错失经济增长引擎的转换良机”成为中国学界对拉美国家最终落入“中等收入陷阱”达成共识的原因之一。有学者将此总结为，“如何实现经济增长引擎从原有社会边际收益较高的部门向新的社会边际收益较高的部门转换，是经济发展进入中期以后摆脱‘中等收入陷阱’的核

① 张勇：《“中等收入陷阱”：拉美国家的反面教训》，《中国保险报》2010年9月1日第5版。

心问题”[1]。反观拉美，其“社会阶层的分化和割裂酿就的社会冲突，将绝大多数公共支出吸附到非生产性领域的公共安全和社会福利上来”，这不仅促成了超越经济发展水平的“福利赶超”，也削减了政府的生产性公共支出。与此同时，收入不平等和社会冲突诱发的“福利赶超”又恶化了政府的财政能力，导致政府功能失灵，影响了经济增长。而“制度改革的迟滞或缺失导致了经济发展陷入要素市场机制提高要素使用效率与收入平均分配之间的矛盾，这种两难冲突恶化了经济政策本身的制定”，使经济发展最终陷入“陷阱”。

此外，有学者从拉美国家跌入“中等收入陷阱”产生的问题表现着手，总结其中的经验教训及应对措施[2]。这些问题主要包括：盲目追求“大城市化”，误将教育市场化等同于私有化，忽视农民利益，社会运动缺乏管控，社会治安不容乐观，消费拉动经济的动力长期不足等。更有学者直接指出[3]，“拉美国家的‘中等收入陷阱’实际上是由发展模式上的资源诅咒、城市化进程中的过度城市化、社会保障私有化等涵盖经济社会发展过程的多重问题交织结合在一起形成的”，“而这一切与拉美各国指导思想上盛行一时的新自由主义思潮有着莫大的关系……21 世纪以来，拉美一些国家开始对新自由主义思潮进行反省和扬弃，已经呈现出走出中等收入陷阱的良好势头”。中国学者普遍认为，拉美国家跨越“中等收入陷阱”的措施可以包括，开展与新自由主义交锋的“思想战”，以就业为重点、教育为基础、医疗为保障，全方位地实施扶贫计划，努力缩小贫富差距，逐步完善社会政策的决策机制，鼓励各种社会组织以不同方式参与其中。即，若要探寻走出“中等收入陷阱”之路，拉美国家必须从指导思想、经济发展模式、城市化进程、社会保障制度改革等多个角度进行多重探究。

中国拉美学界对拉美“中等收入陷阱”的研究还涉及拉美与亚洲国

---

① 时磊，刘志彪：《“福利赶超”、政府失灵与经济增长停滞——“中等收入陷阱”拉美教训的再解释》，《政治经济学研究》2013 年第 00 期。

② 王友明：《拉美陷入“中等收入陷阱”的教训、经验及启示》，《当代世界》2012 年 7 月。

③ 唐俊：《拉美“中等收入陷阱”探析》，《浙江外国语学院学报》2012 年第 1 期。

家的国际比较研究[1]，认为拉美国家要实现经济的进一步发展就应抓住经济增长方式的转型机遇、从而实现“包容性增长”。此外，对这一问题的考察还有以墨西哥和巴西作为国别案例的研究成果。认为，墨西哥的“中等收入陷阱”问题是“进口替代”工业化模式的后遗症，并受到了新自由主义经济改革的影响[2]。而另一篇文章《墨西哥应对“中等收入陷阱”的主要政策及启示》[3]，则主要引述了墨西哥国内学者对墨西哥处于从中等收入向高收入过渡阶段及其影响因素的看法。巴西陷入“中等收入陷阱”已有38年，其根本原因在于负债增长战略贻误了发展模式调整的时机。21世纪以来，巴西的发展战略在大方向上是正确的，特别是卢拉执政期间，政府重视经济转型，转变了对外贸易的结构，推出了一系列改善收入分配的政策，增加了社会支出，让人看到巴西走出“中等收入陷阱”的希望[4]。

“中等收入陷阱”实际上是一个跨学科的综合性问题，恰好中国正处于转型的关键节点，中国学界多个学科对此均格外关注。同时，拉美国家是世界范围内“中等收入陷阱”问题的典型国家且在区域分布上较为集中，中国学者在进行国际经验比较研究时，几乎无一例外地会选择拉美国家作为参照。甚至有大量非拉美学界的学者直接以拉美国家的“中等收入陷阱”问题为研究对象，以得出对中国的警示。他们认为，拉美一些国家落入“中等收入陷阱”的实质在于未能及时转变经济发展的模式。对于问题的成因其观点也较为一致，主要包括：长期奉行单一的经济战略如进口替代模式，而未能做出及时调整；社会政策失当，收入分配不公；超前的城市化进程超过了工业化的承载能力；忽视市场规律的民粹主义和福利“赶超”超越了经济增长的承受能力；新自由主义经济改革的影响

① 郑秉文：《“中等收入陷阱”与中国发展道路——基于国际经验教训的视角》，《中国人口科学》2011年第1期。

② 陈迎春：《“中等收入陷阱”及其对中国的警示意义》，《电子科技大学学报》（社科版）2012年第4期。

③ 王青：《墨西哥应对“中等收入陷阱”的主要政策及启示》，《重庆理工大学学报》（社会科学版）2012年第10期。

④ 董经胜：《巴西怎样陷入和摆脱“中等收入陷阱”》，《中国民商》2013年第7期。

以及政治上的动荡和官员腐败等①。

第六节　拉美文化研究

正像世界拉美研究学科起步于古巴革命，中国学者对拉丁美洲文化的介绍、研究也与20世纪60年代保持着紧密关系。针对拉美文化的研究，往往蕴含着一种历史经验的体认和情感上的支持，携带着60年代的痕迹，其中的有些篇章，可以被视为“民间”文化外交的一种形式。

一　20世纪50—70年代：文化外交的延伸部分

战后冷战时期，由于美国及其西方盟国的封锁，新中国与拉丁美洲之间难以建立深入的政治、经济关系，因而文化就成了外交“破冰”的突破口。可以说，文化交流和经济外交是拉美民间外交的两大主要形式。当时，通过中拉之间的民间文化交流的关键机构——“世界和平理事会”，墨西哥共产党领导人、著名画家的迭戈·里维拉、智利诗人聂鲁达、古巴诗人纪廉、巴西作家亚马多、委内瑞拉作家米盖尔·奥特罗·席尔瓦都曾参加该机构的活动，来到社会主义中国，参与文化沟通。中国同拉美国家开展民间外交的目的是打破以美国为首的资本主义阵营的封锁，为了实现这一目标必然要借重拉美左翼和共产党人的帮助，因此在此期间来华的文艺、文化人士多为拉美共产党员或同情共产主义事业的同路人。正是在这一条件下，当时国内发表了一批介绍拉美左翼作家和文化名人的研究文章，他们的部分著作也被译成中文。

智利诗人聂鲁达是一个典型个案。1951年聂鲁达受邀访华，《人民文学》《新华月报》《中苏友好》《世界知识》《翻译月刊》等很多报纸、杂志都刊登了介绍他生平和作品的文章。“拉丁美洲的良心”“斗士”“和平战士”“人民诗人”“中拉友谊之春的第一燕”，这些修辞常常出现在评论聂鲁达的文章中。② 对他的翻译、介绍也更多强调他的政治诗人身份，而

---

① 杜传忠、刘英基：《拉美国家中等收入陷阱及对我国的警示》，《理论学习》2011年第6期；王传涛：《论拉美国家中等收入陷阱及对我国的启示》，《学理论》2012年第28期。

② 滕威：《聂鲁达在当代中国》，载洪子诚主编《新诗评论》，北京大学出版社2005年版。

较少提及他早年发表的《二十首情歌和一首绝望的歌》等抒情诗作品，评论着重强调他反法西斯、反美帝国主义的斗争性。根据滕威的考证，1950 年上海新群出版社出版的袁水拍从英文转译的、聂鲁达的名诗《让那伐木者醒来吧》，是新中国出版的第一部拉美文学汉译作品。[①] 正如上文所说，尽管此时聂鲁达作为诗人已经蜚声世界文坛，但对他的选择主要还是出于文化外交的考量，看重的是聂鲁达的智利共产党领袖和“世界和平理事会”理事的政治身份。除聂鲁达之外，巴西作家亚马多的研究、翻译也较丰富，而研究的初衷也较为接近。1960 年 4 月《读书》就曾发表文章，介绍了 50 年代后期集中翻译的拉美文学、文化书籍。[②]

二　20 世纪 80 年代：拉美文化作为多元异域文化的一支

在 20 世纪 50 至 70 年代，我国翻译、介绍拉美文艺作品方面已经取得一定成绩，但学者和机构对于研究对象的选择，并没有多少自主空间，都属于政策安排，相关机构对拉美文化的介绍也始终采取“具有高度选择性的方针”，因而研究成果有时呈现出“千篇一律”或政治宣传意味过浓的情况，而这一情况与拉美文化多元而丰富的现实并不相符。20 世纪七八十年代的人们期待结束文化的匮乏状态，渴望学习更为丰富的域外文化，因此，这一时期的拉美文化研究选题明显更加多元、丰富。

80 年代，一些中国学者开始深入思索拉美特殊的多元文化特性。刘文龙《拉丁美洲混合文化结构》《现代拉美文化科学的外源性》等文章及专著《墨西哥：文化碰撞的悲喜剧》就是这一领域的代表作。所谓混合文化结构，其主要成分是“从 16 世纪起就移植而来的欧洲—基督教文化和残存的美洲土著文化，以及伴随奴隶制度而来的非洲黑人文化”。这种混合文化形成的历史条件，包括伊比利亚国家殖民扩张和统治，与非洲和亚洲原住民相比，美洲土著文明在欧洲基督教文明入侵后遭到全面彻底的破坏，而殖民地时期奴役性的社会经济制度造成不同的种族和文化汇集于

① 1951 年为迎接聂鲁达来华，袁水拍又选译出版了《聂鲁达诗文集》，由郭沫若题写书名。参见滕威《“边境”之南：拉丁美洲文学汉译与中国当代文学（1949—1999）》，北京大学出版社 2011 年版。

② 文高：《近两年来翻译出版的拉丁美洲文学作品》，《读书》1960 年第 4 期。

拉美，从而引起了各种异质文化的混合。文章最后指出，“可以把现代拉美人划分为三大历史文化构型：第一，土著民族、代表与欧洲文化相冲突的美洲土著文明的幸存者。第二，新民族，是欧洲殖民者与美洲土著居民或非洲黑人在种族和文化方面先冲突后融合的结果。第三，移民民族，是到海外进行垦殖的欧洲人及其后裔，他们基本保持了欧洲文化的许多特点。”① 捕捉到拉美的多元文化特征这一点表明，中国学者开始注意到拉美在60年代左翼激进文化之外的另一个核心特征，这一转变也配合了80年代渴望广泛吸纳异域文化产品的时代心理。关于这一话题的出版物还包括《启蒙思想与西班牙美洲殖民地独立运动》②《新大陆发现的宗教因素》③《活跃的拉美解放神学》④ 等文章及一大批资料性翻译文献。

80年代的中国读者期待多元开放、兼容并包，并可以尽量同步地吸纳西方文化。正是在这一条件下，中国读者发现了拉美的“魔幻现实主义”文学。1987年，李陀发表文章《要重视拉美文学的发展模式》，他指出：“我以为从对外国文学的译介方面来说，把拉丁美洲的当代文学介绍到中国来，恐怕是近几十年中最重大的一件事了。”⑤ 实际上，80年代中国的寻根文学和先锋小说，无不受到拉美文学的深刻影响；莫言、铁凝等中国作家群体2015年陪同李克强总理访问哥伦比亚等国时，对这一点再次进行了确认。⑥ 加夫列尔·加西亚·马尔克斯（Gabriel García Márquez）、豪尔赫·路易斯·博尔赫斯（Jorge Luís Borges）、胡安·鲁尔福（Juan Rulfo）、马里奥·巴尔加斯·略萨（Mario Vargas Llosa），这样一批拉美作家成了被80年代的中国作家视为楷模式的人物；而“魔幻现实主义”文学也是拉美文化给现代中国重要的馈赠之一，一部《百年孤独》成为其言必称道的写作圣经。

---

① 刘文龙：《拉丁美洲混合文化结构》，《拉丁美洲研究》1989年第4期。

② 郝名玮：《启蒙思想与西班牙美洲殖民地独立运动——兼评苏亚雷斯的“权力”观》，《世界历史》1986年第9期。

③ 裴培等：《新大陆发现的宗教因素》，《拉美史研究通讯》1988年第17—18期。

④ 沈安：《活跃的拉美解放神学》，《世界知识》1989年第9期。

⑤ 李陀：《要重视拉美文学的发展模式》，《世界文学》1987年第1期。

⑥ 易典：《李克强的“文艺范”哥伦比亚之行：经济文化两手抓》，人民网2015年5月22日，链接 http：//politics. people. com. cn/n/2015/0522/c1001－27044216. html，检索日期2015年5月24日。

拉美文化、尤其被统称为“魔幻现实主义”的当代文学对中国当代文化界的影响深远，一批学者在当时就试图对这一现象做出理论回应，如赵德明《试论二十世纪拉美文学的走向》、陈光孚《文学时空论——兼谈拉美新小说的时空观》、刘习良《拉美文学爆炸和我们的追求》、艾斐《“寻根文学”与拉美魔幻现实主义文学的关系》等等。虽然对“魔幻现实主义”的价值判断不尽相同，但假如通读这些文章，不难发现研究者都没有将拉美文学作为欠发达的第三世界文学看待，而是通过诺贝尔文学奖这个重要的中介，我国研究者开始反思拉美文学何以成功获得世界文化场域的瞩目。

80年代末的中国再度开启现代化的进程，渴望着重新“走向世界”，因而这一阶段经常被称为“新启蒙”时代。发展和现代化被建构为社会共识，知识界似乎重新回到了五四时期“向西方学习”的旧命题。因此这一时期对拉美的关注，就不再是讴歌“反帝热情”或揭露美帝国主义在西半球的文化侵略，而是如何摆脱贫困与落后状态、告别专制与蒙昧的命题。

事实上，上述被中国读者和作家们津津乐道的作家和艺术家们，大都崛起于60年代，他们讨论的话题深刻联系着拉美后殖民时代的政治困境和文化现实。但在80年代的语境中，任何联系着激进的60年代的语言与修辞，都让人联想到改革开放前的历史记忆。因此在80年代——这个20世纪中国再一次掀起向西方学习高潮的时代——对拉美文化的认知，经历了一次“去革命化”的过程。但这并非80年代中国独有的文化现象，在拉美本土也出现了“告别革命”“告别60年代”现象，而这种语境构成了80年代中国对拉美文化接受的特殊方式。

三　20世纪90年代以来：新时期的文化热点

20世纪90年代以来，中国拉美文化研究的主题日益多元，研究方法也有诸多突破。倘若按照研究主题与文类划分，则有如下几大类：

（一）关于五百周年纪念和哥伦布航行历史意义的研究

1992年，这一纪念美洲“发现”500周年的重要年份，对于国外和中国的拉美文化研究而言都是意味深长的。这一年，墨西哥知识分子开展了规模空前的论战。曾昭耀的《为了思考的纪念》对论争的详情做了描述：拉美知识分子围绕“发现”还是“相遇”，“纪念”还是“抵制”等问题展开思考，主张“两个世界相遇”的主要理论武器是哲学家塞亚的“掩盖”理论，他认为“1492 年以后拉丁美洲的历史就是一部欧洲征服者、统治者把美洲大陆本土文化相当发展的水平掩盖起来并加以埋葬和歧视的历史……而现在的任务是要发现至今仍然被掩盖着的东西，也就是说，拉丁美洲要进入一个‘自我发现的阶段’”。文章作者呼吁，要警觉“历史健忘症”，“1492 体系”就是依靠军事霸权建立起来的，而现在的霸权主义还在强迫世界各国回到自由资本主义的老路上，这些现象都值得我们注意。①

而中国学者也围绕这一话题进行了丰富的讨论。1991 年 9 月，大连举行了“哥伦布远航美洲第二次学术讨论会”，李慎之在题为《哥伦布远航美洲 500 周年的几点感想》的讲话中一开头就提到，在初中二年级的英语课本《泰西三十轶事》里，第一个故事就是《哥伦布竖鸡蛋》。② 可以说，不论如何看待地理“大发现”及其开始的五百年殖民史，哥伦布和他代表的西方现代化进程都给国人留下了不可磨灭的印象，如何理解这一问题是思考拉美文化的基础。

正如郝名玮所说，1992 年前后发表的相关研究主要分为两类：一类是对哥伦布的生平和身世、其西航的路线及所到之处作具体史实的考证和考察；另一类是对哥伦布西航的时代背景、动机目的、历史意义、美洲的“发现权”、“发现”还是“相遇”等问题进行阐释。这组文章包括：郝名玮《哥伦布研究中几种观点质疑》、《哥伦布与“Las Indias”》、胡幸福《走出哥伦布研究的误区》、俞旦初《哥伦布在近代中国的介绍和影响·系年记事简编》（该文分为三部分）、沈敏华《中国对哥伦布的评析》、曾昭耀《为了思考的纪念》。此外，从 20 世纪 30 年代就开始的“中国人发现美洲之谜”，又被重新提出，还有其他多篇史地、考证文章，在此不一一列举。其中，有作者认为，“哥伦布西航的主观意图是占领岛屿和大陆，从事征服和殖民。他是近代欧洲向外扩张、从事殖民活动的始作俑者。这样说并不意味着要否定他西航的客观效果……但也要充分认清他殖

① 曾昭耀：《为了思考的纪念》，《拉丁美洲研究》1992 年第 6 期。

② 该文载《拉丁美洲研究》1991 年第 6 期。

民扩张的面目。”相当的拉美研究学者认为“对哥伦布的评价要坚持两分法。”① 这一判断包含了究竟是全面拥抱现代化进程，还是对殖民史保持警醒的立场判断的重大问题；90 年代初，“四个现代化建设”已成为社会共识，发展与进步的论断几乎覆盖一切人文科学领域，但相比之下拉美文化研究的作者们大都坚持了一种客观、批判的立场。关于哥伦布航行意义的研究，表面是史学研究，实则联系着如何看待拉美文明的基本走向，联系着拉美文明内部哪种要素占据主导位置，联系着“明天为谁降临”的关键问题。

（二）拉美文化通论的写作

1999 年，郝名玮、徐世澄的《拉丁美洲文明》面世，该书是世界文明大系丛书的第十一卷。两位作者将拉丁美洲历史纵向划分为古代文明、近代文明形成、近代文明发展、现代文明，共四编，以介绍拉丁美洲文明的发展及更替过程。《拉丁美洲文明》并没有平铺直叙，径直讲述拉美文明起源或古代文明，而是在序编里，用三章篇幅叙述了拉丁美洲的定名、地理环境、自然环境、区域划分及文化特色等坐标式问题，让普通读者可以更为准确地定位拉丁美洲文明在世界文明中的位置。作者明确指出，“文明的核心是语言”，因此该书使用语言来划分拉丁美洲的文明区域（西语地区、葡萄牙语地区、英语地区、法语地区及荷兰语地区），而后细致地从各个语言区域，分析了其地理环境特征、种族构成、文化特色和宗教信仰问题。②

类似著作还有郝名玮、徐世澄在 2002 年合著的《神奇的拉丁美洲》。该书从世界文明史发展的角度，以历史发展为线索，叙述了拉丁美洲形成、发育的全过程，概说了拉美文明的根基——古代印第安文明、近代文明的初创时期（16 世纪到 18 世纪末）、近代文明的发育状况（18 世纪到 20 世纪初），最后一部分介绍了 20 世纪现代文明。

刘文龙的《拉丁美洲文化概论》出版于 1996 年，本书实际上延续了作者在 20 世纪 80 年代提出的拉美文化的混同结构的理论支点，全书精湛地研究分析了新大陆社会发展的跳跃性特点：从“单质演进”的美洲土著原始社会或早期奴隶社会一下子跃进到欧洲殖民主义统治下的封建—资本主义

① 郝名玮：《哥伦布与“Las Indias”》，《拉丁美洲研究》1992 年第 6 期。

② 郝名玮、徐世澄：《拉丁美洲文明》，中国社会科学出版社 1999 年版。

社会。在此基础上，拉美形成了新型文化结构：以欧洲的基督教文化为主体，兼收并蓄了美洲印第安文化和非洲黑人文化的多元混合文化。作者还很有见地地论述了20世纪以来拉美的文化民族主义及社会文化现代化问题。

鉴于中拉民间交往趋热，国内读者对文明概述类书籍的渴求增强，相信在未来一段时间还会有类似读物面世；上述几种读物已经提供了全面、清晰和基础理论性的叙述，可以说是国内文明概述类书籍的出色样板。

（三）《丰饶的苦难》与索飒的拉美文化研究

20世纪90年代初，中国社会科学院拉丁美洲研究所刘承军，以索飒为笔名，在国内重要学术刊物《读书》连载拉美文化研究笔记，引起了较大反响。这一系列笔记后来以“丰饶的苦难”为题，1993年由云南人民出版社出版。

索飒在《丰饶的苦难》前言里开宗明义地写道，“对于像拉丁美洲这样的第三世界地区，我们迄今为止的许多认识往往是一种没有意识到的欧洲人目光的折射。”① 作者认识到，80年代以来，中国读者对于拉丁美洲历史与文化的“缺失”折射出某种历史“觉悟”的缺失，为此着力介绍了新老殖民者侵害美洲大陆的“原罪”、南北两个美洲在正义和人道等伦理范畴内的观念差异、古巴的象征意义等左翼思想资源②。可以说，索飒向中国知识界介绍持批评立场的拉丁美洲文化和思想史也是一种弥补思想资源盲点的尝试。该书的影响已溢出拉美研究界而为其他人文领域研究广泛征引。在全面介绍拉丁美洲思想与哲学的专著《拉丁美洲思想史述略》的前言中，作者指出这是一部具有自觉的选择意识的作品，并非期望对拉美所有思想大家的言论与著作进行评述，而是着重强调具有人道主义色彩、反殖民精神、文化自觉意识的拉美思想者③。同时，索飒希望将对拉丁美洲文化的长期观察，表达为众多中国读者所感受的体认与情感。《潜

① 索飒：《丰饶的苦难》，云南人民出版社1993年版。

② 本书的第三章更是深入到思想、宗教、音乐、文学等方面，介绍了拉美解放神学、智利新歌运动，为“地球上的受苦人”（法农语）而写作的拉美诗人与小说家。

③ 例如书中使用较长篇幅对拉斯·卡萨斯神父的人道主义思想、墨西哥哲学家塞亚提出的“具体的人道主义”对拉美哲学发展的贡献等进行评述。行文进入20世纪之后，作者高度赞扬了具有乌托邦精神的哲学思想议题，如格瓦拉的新人思想、墨西哥副司令马科斯的反对21世纪资本主义的言论与实践等。

入美洲：把我的心染棕》这部形似游记的文化调研著作（实际有明确的调研计划），以生动的形式介绍了在厄瓜多尔、秘鲁、玻利维亚、古巴、墨西哥等拉美国家“遭遇”的多种议题：殖民主义的遗产、美洲农作物对世界和当代拉美人生活的意义、原住民知识的保存方式、第三世界对转基因技术的看法、地缘因素对发展的影响……①

可以说，索飒提出的中国人的拉丁美洲文化研究，具备了不同于英国伯明翰学派主张的文化研究或当代美国学院文化研究的独到之处②。作者未曾将拉美的欠发达或发展中的挫折与困境，单纯地视为“问题”，而是发现了所谓“发展”与“进步”之外的伦理价值与精神价值；未笃信现代学术研究方法能够真正破解所谓“发展问题”，而是反身质询现代学术方法的种种盲点乃至错谬。也正因为如此，作者往往宁愿选择富于生活质感的散文或随笔，类似作品集中收录在《西班牙散记》《彼岸潮涌：拉丁美洲随笔》当中。

索飒的拉美文化研究，在根源上联系着中国50—70年代的议题，保持着对第三世界人民历史经验的体认和情感上的共鸣③，同时也清楚地注意到，进入后冷战时代，问题变得更为复杂，批判的任务更加艰难④。但无论如何，拉丁美洲反殖民斗争的三个基本目标，即经济正义、大众民主和文化解放，还没有完成。为此作者提出，不能放弃60年代的文化遗产，同时也要面对全球化时代的新环境，提出新的解决方案。

（四）对拉美文学、文化经典的译介

在拉美文化研究的初创阶段，翻译的作用至为关键。由于语言的藩篱，没有大批学者投入精力译介拉美文学、文化经典，一般读者乃至不能流畅阅读西文的研究者都无从感受拉美文化的原貌和特性。

① 详情参看《潜入美洲：把我的心染棕》，青海人民出版社2009年版。

② 其主张的拉美文化研究，并不是阅读后现代理论之后的中国化的成果或学术时尚的套用；在行文中，也驳斥了下述学界现象，即第一世界学院提供理论，“做研究”，而第三世界提供仅作为材料的“文化”，“被研究”。

③ 这一点可参见她为加莱亚诺的《拉丁美洲被切开的血管》所撰写的推荐序言。20世纪50—70年代，国内对拉美文化的介绍，主要集中在拉美去殖民化（descolonización）运动当中的两组主要矛盾，即资产阶级和无产阶级的矛盾、帝国主义与民族国家的矛盾所带来的文化现象。

④ 主要体现在帝国主义和民族—国家、资产阶级与无产阶级等主体变得面目不清了；在后工业社会的资本主义时代，权力的中心分散化了，等等。

在拉美文学翻译上，云南人民出版社助力颇多。1986 年夏天，中国西葡拉美文学研究会副会长陈光孚在第二届全国外国文学图书出版工作会上所作关于拉美文学的学术报告对该社当时的负责人刘存沛产生较大震动。他认为，云南这块土地和拉美大陆在社会进程、经济发展、文化多元等方面有很多相似之处。故此，《胡安·鲁尔福全集》《百年孤独》《最明净的地区》《跳房子》这些拉美当代文学最核心的作品，经由翻译家和出版社的双重努力终于呈现在中国读者面前。对于这一过程，滕威的专著《“边境”之南：拉丁美洲文学汉译与中国当代文学（1949—1999）》做了全面而有深度的介绍。该书以文化研究和翻译研究的方法，将拉美文学的译介放入时代语境和文化政治运作的机制当中加以考察，是第一部以西方文化理论成功阐释中国拉美学本土经验的出色著作。

2001 年，乌拉圭作家加莱亚诺所著《拉丁美洲被切开的血管》的中译本终于在延宕多年后面世。该书用海盗小说和爱情故事的形式，讲“地球的富有”如何造成了“人类的贫困”，解释发达国家、跨国企业、金融机构用什么样的文明手段延续“古老的掠夺战”。虽然批评者认为它并非严谨的学术著作，但本书的许多基本观点在国内不胫而走，成了人们讲述拉美问题的前提。值得一提的是，加莱亚诺的另一部重要作品也正在被翻译成中文，即《火的记忆》三部曲：该书是用编年史的样式写成的“美洲生命史”。三部曲的前两本叫作《创世纪》和《面孔与面具》，处理的是前哥伦布时代和五百年殖民史的前四百年。《风的世纪》是三部曲的最后一部。可以说，“《火的记忆》恰是用几百个有色彩的短篇，串讲了美洲心史。”①

此外，加西拉索·德拉·维加的《印卡王室述评》② 和贝尔纳尔·迪亚斯·德尔·卡斯蒂略的《征服新西班牙信史》③ 等重要文献也相继译成中文，为研究者带来了可供征引的基本素材。

（五）关于拉美文化与政治及国际关系的讨论

拉美文化自然深刻牵涉着政治、国际关系、思想运动等问题，而怎样

---

① 魏然：《逝者加莱亚诺》，《财经》2015 年第 12 期。

② 参见加西拉索·德拉·维加：《印卡王室述评》，白凤森等译，商务印书馆 1993 年版。

③ 贝尔纳尔·迪亚斯·德尔·卡斯蒂略：《征服新西班牙信史》，商务印书馆 1997 年版。

认识这些问题又关系着对中拉关系走向的判断。

原住民问题研究也是新时期学者关注的焦点之一。随着推行新自由主义经济政策带来的社会危机，在1992年反对纪念“哥伦布发现新大陆”500周年运动中崭露头角的拉丁美洲印第安人运动，近年来逐渐发展壮大。刘承军在研究文章中指出，“在今天的拉丁美洲，尤其是在安第斯山地区，印第安人已成为当仁不让的历史主角……是什么力量造成了这一历史性变化呢？我们可以分析反资本主义全球化的国际背景，欧洲民主势力对拉丁美洲印第安人运动的某种支持，拉丁美洲进步运动的上升趋势，等等。但是，最本质的原因是印第安人长期受到极端不公正待遇这一历史事实。”[①] 关于这一话题的其他研究还包括《拉美印第安人运动兴起的政治与社会背景》[②]《浅议拉丁美洲印第安人问题》《拉丁美洲印第安人和“民族一体化”问题》《原住民电影意味着什么》[③] 等等。

关于拉美文化与中拉关系，徐世澄指出，如今，中国和拉美之间的文化交往和联系更加频繁和密切，“文化交流与合作在巩固中拉传统友好合作关系和建立21世纪中拉友好合作关系中，与中拉政治、经贸关系并重，为不断加深中拉政府和人民之间的相互了解，以及增进彼此的团结与合作发挥着不可或缺的作用”。为此，加深对拉美文化的认识仍旧是中国拉美学的当务之急。

四　结语

简要勾勒出中国拉美文化研究发展的粗略（显然尚不全面的）轨迹之后，笔者认为，真正的文化研究应秉持一种尊重文化的态度，承认世界各国、各地区的共同体有保留自身传统的权利，有选择今天生活方式的资格，有判断未来向何处去的能力。哈里森和亨廷顿编著的《文化的重要作用：价值观如何影响人类进步》一书，虽然也强调文化事关重大，但其框架是完全以所谓进步和发展为先导的，文化只能被放置在究竟是促进

---

① 刘承军：《拉丁美洲印第安人运动的崛起》，《拉丁美洲研究》2005年第10期。

② 苏振兴：《拉美印第安人运动兴起的政治与社会背景》，《拉丁美洲研究》2006年第6期。

③ 魏然：《原住民电影意味着什么：写在“拉丁美洲印第安运动：影像与现实”研讨会之后》，《当代电影》2013年第2期。

发展还是阻碍发展的角度被评判，而这种观点实际上是对文化的贬损：其作者假定那些不便于经济增长的文化都应被改造甚至消灭。[①] 承上所述，中国的拉美文化研究，由于一定程度上保持了20世纪60年代的精神遗产，因而保留了对这一霸权论调的批判力，进而努力摆脱“西方目光的折射”，力图找到中国的知识主体观看拉美的角度。而这一研究传统是中国拉美文化研究重要的精神内核。

① 参见劳伦斯·哈里森、塞缪尔·亨廷顿：《文化的重要作用：价值观如何影响人类进步》，程克雄译，新华出版社2010年版。

第六章

中国主要拉美研究机构的演变

近年来，世界多极化进程呈现出不可逆转的势头，中国与外部世界的关系也进入新的发展和调整时期。随着拉美与中国经贸关系的迅速发展，中拉全方位合作进入新阶段。2014—2015 年间，习近平主席倡导构建中拉五位一体新格局、打造中拉命运共同体；2015 年 1 月，中国—拉共体论坛首届部长级会议在北京拉开帷幕，李克强总理也提出了中拉产能合作的“3×3”新模式，这些战略举措无疑为中拉双方在政治、经贸、文化等方面的交流以及在国际和地区事务中的合作创造了更为有利的条件，为中拉关系发展提供了新的契机和广阔的平台。

与此同时，国际形势的发展也迫切要求中国从事拉美问题研究的机构和相关人员对拉美地区的现实问题进行深入而系统的研究。正如中国社会科学院院长王伟光在中国社科院拉美所、拉美学会联合主办的拉美所成立 50 周年纪念大会上指出的，当前拉丁美洲和加勒比地区整体实力明显上升，国际地位不断改善，在应对重大国际事务中的作用日益突出。中国与拉美和加勒比绝大多数国家同属发展中国家，双方在未来将具有更广泛的共同利益。中拉关系的深入发展也将对中国的拉美研究提出更高的要求。做好拉美研究，不仅将为国家对外关系变化、提升起到智力支撑作用，而且可以通过借鉴相关经验，为中国经济社会的可持续发展提供有思想性和政策价值的建议。[①]

除中国社科院拉美所外，北京大学、南开大学、中国现代国际关系研

---

① 吴白乙：《中国社科院拉美所成立 50 周年纪念大会暨“拉美现代化进程及其启示”学术研讨会》，《拉丁美洲研究》2011 年第 4 期，第 77 页。

究院、对外经济贸易大学、上海国际问题研究院、湖北大学、福建师范大学等单位都有长期从事拉美研究的专家，活跃在拉美研究第一线。近几年，在教育部的支持下，高校中的一些区域国别研究基地逐渐建立起来。2010年，西南科技大学、天津外国语大学成立了拉丁美洲研究中心。浙江外国语大学、河北师范大学、安徽大学、中国人民大学等高校也相继成立了拉美研究机构。随着研究机构和人员的增多，研究领域不断拓展，研究内容不断深化，中国拉美研究事业迎来了蓬勃发展的新时期。

一 中国拉丁美洲史研究会

中国的拉丁美洲史研究作为一门独立的分支学科，是新中国成立后才逐步确立起来的。1959年古巴革命的胜利对拉美各国民族民主运动的发展和国际政治关系的变化产生了重要影响，中国理论界和学术界开始高度关注拉美历史和现状的研究。

1964年，在毛泽东主席关于加强国际问题研究指示的推动下，中国建立了研究拉美史的专门科研机构，如南开大学拉丁美洲史研究室、复旦大学拉丁美洲研究室、武汉师范学院巴西史研究室。北京大学和复旦大学还招收了中国第一批拉美史的研究生。上述研究机构的学者如李春辉、程博洪、罗荣渠、黄邦和等人成为新中国从事拉美史教学和研究的开拓者和带头人。①

1979年12月初，在武汉洪山宾馆举行的中国世界史学术讨论会上，在中国社会科学院世界历史研究所、拉丁美洲研究所，北京大学、复旦大学、河北大学、武汉师范学院（即现在的湖北大学）等单位的倡议下，“中国拉丁美洲史研究会”正式成立，并举行了第一届会员代表大会暨“20世纪拉美的重大变革和21世纪拉美史研究的重点与方向”学术讨论会。② 会议推举中国人民大学李春辉教授为学会首任理事长，程博洪、沙丁、罗荣渠为副理事长，黄邦和担任秘书长（后又当选为副理事长），秘书处设在武汉师范学院。

---

① 王晓德、雷泳仁：《中国拉丁美洲史研究回顾》，《历史研究》2000年第5期。

② 有关中国拉丁美洲史研究会学术讨论会、《拉丁美洲史研究通讯》等内容由中国拉丁美洲史研究会秘书长董国辉教授提供的资料改写而成。

截至2014年，中国拉丁美洲史研究会成功举办了十余次全国性学术讨论会。其中1992年10月在北京举办的第九次学术讨论会是一次规模盛大的国际学术讨论会，把中国纪念哥伦布航行美洲500周年的活动推向了高潮。1999年11月在北京举办的中国拉丁美洲史研究会第五届会员代表大会决定将秘书处从湖北大学迁至南开大学。2012年10月，由中国拉丁美洲史研究会主办、福建师范大学社会历史学院承办的中国拉丁美洲史研究会第八届会员代表大会暨"拉丁美洲文化与现代化"学术讨论会在福建武夷山召开，在10月20日中国拉丁美洲史研究会理事会换届选举中，南开大学拉丁美洲研究中心韩琦教授再次当选为常务副理事长，王萍教授当选为副理事长，董国辉教授当选为秘书长，南开大学周恩来政府管理学院王翠文副教授当选为副秘书长，学会秘书处仍设在南开大学。

中国拉丁美洲史研究会自成立之日起，就定期编印会刊《拉丁美洲史研究通讯》，至2014年已出版了60期，内容主要包括论文、资料和信息。虽然《拉丁美洲史研究通讯》只限内部发行，但所刊论文富有新意，史料价值很大，已成为中国拉美史研究者进行学术交流和了解最新学术动态的园地。研究会还发动会员翻译了数百万字的拉美史原始资料。此外研究会组织编写了四卷本的《全国馆藏拉丁美洲中外文目录》，将各地的拉美图书尽收其中，该目录虽属自编自印，仅限于会员中间发行，但甚受会员的欢迎和好评，至今在进行拉美史专题研究上依然具有很重要的参考价值。研究会主持编撰了《中国大百科全书·世界历史》卷中的拉美史部分，共近千条辞目，30余万字。为了及时反映国内拉美史研究成果，研究会组织编写了《拉丁美洲史论文集》（1986年）和《通向现代世界的五百年——哥伦布以来东西两半球汇合的世界影响》（1994年）。

2013年8月，中国拉丁美洲史研究会正式出版了《拉丁美洲文化与现代化》一书，该书收录了学会于2012年10月召开的第八届会员代表大会暨"拉丁美洲文化与现代化"学术讨论会的论文30篇，从拉美地区文化、拉美国别文化、中国与拉美的文化交流、拉美语言和文学四个方面，系统地阐述了拉丁美洲文化与现代化问题。

中国拉丁美洲史研究会自成立以来，组织全国从事拉丁美洲史的教学、科研人员开展拉美史研究，推动本学科的学术讨论和信息交流，增进中国人民与拉丁美洲人民之间的友谊。

二　中国拉丁美洲学会①

为建立一个统一的、以研究拉美当代问题为目标的全国性学术交流平台，集中全国拉美研究力量探讨重大理论和现实问题，推动中国的拉美研究事业发展，中国拉丁美洲学会成立。

1984 年 5 月，在山东烟台市举行拉丁美洲学会成立大会暨“拉美民族民主运动”学术讨论会。会议通过了《中国拉丁美洲学会章程》。会议选举产生了由 39 人组成的首届理事会。学会理事会第一次会议决定聘请前中国社科院副院长、时任社科院顾问的宦乡同志为学会名誉会长；聘请张致祥、楚图南、陈忠经、周而复、郑为之、程博洪为学会顾问；选举外交部原驻巴西、古巴大使张德群同志为会长；选举中国人民大学教授李春辉、中联部拉美局副局长杨白冰和拉美所副所长苏振兴为副会长；选举徐世澄为学会秘书长，中国现代国际关系研究所（后改为中国现代国际关系研究院）拉美处处长汪于麟、北京外国语学院（后改为北京外国语大学）副院长申春生为副秘书长。

拉美学会成立 30 多年来，先后由张德群（1984—1992 年）、蒋光化（中联部原副部长，1992—1998 年）、苏振兴（1998—2014 年）和李捷（2014—）担任学会的会长。

拉美学会成立后，已举办了 20 多次全国性的研讨会，学会历年研讨会的主题与中国的改革开放、中国的外交政策和拉美的现实问题密切相关，如“跨入 90 年代的拉丁美洲”（1988 年 10 月，苏州），“世纪之交的拉丁美洲及中拉关系”（1998 年 10 月，北京），“中国‘入世’后的中拉关系”（2002 年 8 月，大连），“中拉关系 60 年：回顾与思考”（2009 年 8 月，北京），“拉美现代化进程及其启示”（2011 年 7 月，北京）等。2013 年 10 月，由中国拉丁美洲学会和中国社科院拉美所主办的“国际变局中的拉美：形势与对策”学术研讨会暨拉美学会换届工作会议在京举行。来自全国各地的学者、专家、官员及媒体人士 150 人出席本次会议，提交学术论文 61 篇。

2012 年 11 月、2014 年 7 月，拉美学会正式出版了论文集《拉美国家

① 参见中国拉丁美洲研究网，http：//ilas. cass. cn/cn/index. asp。

现代化进程及其启示》及《国际变局中的拉美：形势与对策》，《拉美国家现代化进程及其启示》收录了 2011 年 7 月中国社科院拉美所、中国拉丁美洲学会联合主办的拉美所成立 50 周年纪念大会暨“拉美现代化进程及其启示”学术研讨会论文 27 篇，从政治、经济、社会等角度论述拉美国家现代化的表现，阐释拉美国家现代化进程中遇到的问题，总结拉美国家现代化进程的若干启示等，是近年来国内学术界有关拉美现代化问题的又一重要研究成果。《国际变局中的拉美：形势与对策》收录了 2013 年 10 月中国拉丁美洲学会和中国社科院拉美所主办的“国际变局中的拉美：形势与对策”学术研讨会论文 30 篇，内容涉及拉丁美洲和加勒比地区经济、政治、文化、外交以及中拉关系等，是国内学界 21 世纪拉美发展及中拉关系研究领域的重要研究成果。

除上述全国性学术讨论会以外，拉美学会还会同中国社科院第三世界研究中心、古巴驻华使馆、中国拉丁美洲史研究会、南开大学、北京大学、复旦大学等有关单位联合举办了其他一些学术活动。拉美学会的成立和成立后的各种活动为加强拉美所与中国和外国拉美学界的联系，为促进拉美所和中国拉美研究事业的发展，起到了积极作用。

三　中国社会科学院拉丁美洲研究所[①]

中国社会科学院拉丁美洲研究所正式成立于 1961 年 7 月 4 日，成立初期由中国科学院哲学社会科学部和中共中央对外联络部共同领导，从 1964 年 9 月起归中联部统一领导。1981 年 1 月 1 日起归属中国社会科学院。拉美所现有在职人员 50 余人，是目前国内最大的从事拉美政治、经济、社会文化、对外关系的综合性研究机构，是中国拉美研究的重要阵地和国际拉美研究学术交流的重要平台。

拉美所的研究领域包括拉美和加勒比地区的政治、经济、国际关系、社会、文化以及地区重大理论和现实问题。随着中拉经贸关系、政治互信和外交往来的迅猛发展，关于拉美经济和社会问题的研究不断深入，拉美所取得了一批在社会上引起较大反响的科研成果，含专著、论文、内部报告、咨询报告、译著等。这些成果中包括多项中国社科院重大课题、重点

① 参见中国拉丁美洲研究网，http：//ilas. cass. cn/cn/index. asp。

课题，国家社科基金及来自外交部、商务部、财政部、国家统计局、国家开发银行、中国进出口银行等中央和国家有关部门的研究项目，获得了大量学术奖项，得到了中央领导同志的多次批示，充分发挥了中国拉美研究核心学术机构和国家新型专业智库的骨干功能。经过多年的不懈努力，拉美所在保持原有的国别、动态和系统文献搜集等学术传统的同时，更加凸显了学科规范化、基础研究多层次化、对策研究多元化，呈现出文献资料积累深厚、理论和方法前沿、研究成果具有前瞻性、战略性等特点。

20 世纪 70 年代后，拉美地区同中国建交的国家日益增多，至 1979 年已增至 12 个。为适应形势迅速发展的需要，全面深入开展对拉美国家政治、经济、科学、文化等方面的研究，拉美所于 1979 年 11 月创办《拉丁美洲丛刊》，是中国第一份研究拉美问题的学术刊物，开始为季刊，1982 年起改为双月刊。至 1986 年，已拥有相对稳定的读者群和学术知名度的《拉丁美洲丛刊》更名为《拉丁美洲研究》。为了加强领导，《拉丁美洲研究》设立编委会。编委会负责刊物的办刊方针和规划制定，其办事机构是《拉丁美洲研究》编辑部。《拉丁美洲研究》是目前国内唯一一份向国内外发行的拉美研究专业学术刊物，受到学界的普遍关注和广泛好评，获得了中国社科院院内外多项荣誉。

拉美所还与国内外学术界展开了广泛的学术交流。拉美所与国内相关政府部门、科研机构、专家学者以及企业部门建立了稳定而长期的合作关系。特别是近几年，积极支持其他高校和学术机构的拉美研究活动，促进建设国内的拉美研究网络，取得了较为显著的社会效果。同时，拉美所与国外拉美研究学界的交流也迈上了新台阶。与联合国拉美经委会、拉丁美洲开发银行、美洲开发银行、加州大学圣地亚哥分校美洲协会、墨西哥国立自治大学（UNAM）、智利发展大学、秘鲁太平洋大学、阿根廷布宜诺斯艾利斯大学、巴西圣保罗大学等机构的学术合作稳步推进。特别是中拉高层智库论坛、中国社科院国际论坛、中拉能源论坛等合作机制体现了中国拉美研究的话语权，提升了中国社科院拉美所在国际拉美研究学界的声望。

2009 年以来，为了加强国别重点地区研究，拉美所先后成立了巴西研究中心、古巴研究中心、墨西哥研究中心、中美洲和加勒比研究中心、阿根廷研究中心。这些跨研究室非实体研究中心是国别和地区综合研究平台，对提升国别研究水平和整合国内外拉美研究资源发挥了重要作用。

在中拉关系迅速发展的新时期，拉美所坚持以马克思列宁主义、毛泽东思想和中国特色社会主义理论体系为指导，深入贯彻习近平总书记系列重要讲话精神，围绕中央“四个全面”战略布局和中国社科院“三个定位”目标要求，坚持正确的政治导向，打造具有中国特色的拉美研究智库，服务于中国改革开放事业和对外合作总体布局，为实现“两个一百年”目标作出应有的贡献。

四　北京大学拉丁美洲研究中心①

北京大学是中国最早开始拉美教学和研究的高校之一。早在20世纪60年代，罗荣渠教授就率先在北大开设拉美历史课程，撰写了中国第一部拉美历史教材，培养了第一批拉美研究人才，发表了一系列研究论文。改革开放以来，北大的拉美研究得到进一步发展，罗荣渠教授曾任中国拉美史研究会理事长，林被甸教授曾任常务副理事长，董经胜教授现任副理事长。近几年，中拉关系的迅速发展进一步推动了北京大学的拉美研究。2003年成立的北京大学拉丁美洲研究中心是一个跨学科、跨院系（所）的综合性研究机构。中心成员来自历史学系、国际关系学院、外国语学院等不同院系，教学和研究方向各有侧重。中心在协调全校拉美教学和研究、推动与国内外学术交流等方面发挥了良好的作用。在北大亚太研究院、国际合作部等机构以及各成员所在院系的支持下，中心定期举行研讨会、讲座等丰富多彩的学术活动。来自拉美各国的留学生也与拉美研究中心合作举行大使讲座等各种活动。

北大拉美研究中心的成员承担了国家社科基金、教育部、北京大学等多项研究课题，出版了一系列学术著作，如《拉丁美洲史》《冲突与融合——拉丁美洲文明之路》《拉丁美洲的殖民化与全球化》《玛雅人的后裔》《巴西现代化道路研究》等等，并在《世界历史》《史学理论研究》《拉丁美洲研究》《国际政治研究》，*Revista de Estudios Internacionales*（智利），*Nueva Sociedad*（阿根廷）等国内外知名刊物上发表了大量学术

① 有关北京大学拉丁美洲研究中心的内容根据北京大学历史系、北京大学拉丁美洲研究中心董经胜教授提供的资料改写而成。

论文。

除了进行基础研究外，北大拉美研究中心还走出校门，与国家相关部门合作，开展应用性的研究，直接为国家的外交和经济建设服务。例如，中心与国家开发银行合作，开展了加勒比地区旅游业基础设施发展规划研究，给中国企业在加勒比旅游业等领域的投资合作提交了研究报告。中心与上海恒源祥（集团）有限公司合作，对乌拉圭的文化个性、投资环境等进行了研究。

五　南开大学拉丁美洲研究中心①

南开大学历史系拉丁美洲史研究室建立于 1964 年，梁卓生先生被任命为研究室主任。1966 年研究室遭“文化大革命”冲击被迫停办。1991 年独立建制的拉丁美洲研究中心成立，洪国起教授为第一任中心主任，王晓德教授为第二任中心主任，王萍教授为现任主任。南开大学拉丁美洲研究中心 2002 年之前属于独立的实体研究机构，实行学院制之后归属于南开大学历史学院。1999 年中心成为中国拉丁美洲史研究会秘书处所在地。洪国起教授在 1991—1999 年任该研究会副理事长，1999—2007 年任理事长。2007 年至今，王晓德教授担任研究会理事长，韩琦教授担任常务副理事长。2012 年后，王萍教授开始担任副理事长，董国辉同志担任秘书长。

拉丁美洲研究中心现有专职研究人员 4 名，其中教授 2 名（含博士生导师 2 名），副教授 2 名。研究中心聘请中国著名美国史学家杨生茂教授（已故），原中国驻西班牙、巴西大使、全国政协外事委员会副主任原焘，原中联部副部长、全国政协外事委员会副主任李北海为顾问，还先后聘请冯承柏教授（已故）、梁吉生教授、王晓德教授、谭融教授、王翠文博士、李巨轸博士等为兼职研究人员。

拉美中心结合历史和现状、基础研究和国家亟待解决的现实问题，研究拉美地区主要国家的历史、经济、政治和社会文化，兼及美洲其他问题。协助原国家教委社科司起草了“八五”“九五”拉美重点课题规划，

---

① 有关南开大学拉丁美洲研究中心的内容根据南开大学拉丁美洲研究中心主任王萍教授提供的资料改写而成。

参与了原国家教委社科发展研究中心社会主义跟踪研究等方面工作。中心研究人员先后承担了原国家教委人文社会科学“八五”规划项目2项，“九五”规划项目2项，国家社科“十五”规划项目1项，国家社科基金项目8项，国家教育部“十五”规划项目2项，教育部重点基地重大项目3项。出版专著24部，编著7部，译著2部，发表学术论文200余篇。其中研究成果获得教育部人文社会科学优秀成果二等奖3项，省市级社科优秀成果一等奖2项、二等奖8项，三等奖8项，等等。

1994年起曾成功举办了十余次有关拉美历史与现状的国内外学术讨论会。2008年、2011年、2013年先后参加外交部主办的“拉美形势务虚会”“中美战略与经济对话框架下的第四次中美中拉事务磋商会”和“第一届中拉智库交流论坛”“第二届中拉智库交流论坛”，为国家发展建言献策。

六　中国现代国际关系研究院[①]

中国现代国际关系研究院是综合性国际问题研究机构。前身为中国现代国际关系研究所，根据中央关于建立一批国际问题研究机构的指示，于1980年正式成立，2003年更名为中国现代国际关系研究院。研究院下设11个研究所、2个院直属研究室、8个研究中心以及院长办公室等职能部门。研究成果以研究报告、专题资料等形式提供给有关政府部门，或通过学术刊物公开发表，直接为国家的国际问题和对外决策提供智力支持。

中国现代国际关系研究院拉美研究所是从事拉美问题研究的专门机构，也是中国从事拉丁美洲问题研究的重要中心之一。该所秉承“立足拉美，跳出拉美，超越拉美”的所训，主要对拉美的政治、经济、外交、安全等地区性问题进行综合研究；巴西、墨西哥、阿根廷、委内瑞拉、古巴、智利和秘鲁等主要国家的国别研究；中国与拉美各国关系研究；拉美在世界格局中的地位及拉美在联合国改革、新能源、气候变化等问题上的立场的专题研究。研究所与国内众多学术机构保持着密切联系与交流，并与拉美多家研究机构建立了良好合作关系。已完成的学术著作有：《巴西现代化进程透视》；参编的书籍有《简明拉丁美洲百科全书》《当代第三

① 参见中国现代国际关系研究院官方网站，http：//www. cicir. ac. cn。

世界透视》《国际安全与战略形势评估》《国际恐怖主义与反恐怖斗争年鉴》《智利与中国：关于两国全面合作的思考》《21 世纪第三世界的地位与作用》《外国非政府组织概况》等 30 多本；主要译著有《剑桥拉丁美洲史（第二卷）》（合译）、《独立以来拉丁美洲经济史》（合译）和《国家与民族》（合译）等。

七　复旦大学国际问题研究院拉丁美洲研究室①

复旦大学国际问题研究院成立于 2000 年，目前院下属研究中心的研究领域已经覆盖除中东、大洋洲和非洲以外的世界所有国家和地区，拥有包括拉丁美洲研究室在内的研究中心（或研究室）13 个。

1964 年，国务院外事领导小组会同中国社科院和高等教育部，经批准，在全国成立一批国际问题研究机构，其中确定在复旦大学历史系创立拉丁美洲研究室。由程博洪任研究室主任，党、政由历史系代管，有独立的资料室、编制和经费，外汇由教育部直接拨发，订有外文报刊 100 多种，每年直接向国外订购一两批外文图书，并逐年从毕业生中选留研究人员。该室当时的主要任务是研究拉丁美洲政治、经济及历史文化。最早从古巴的《波希米亚》杂志上翻译《格瓦拉在玻利维亚的日记》，随后翻译英文和俄文版的《格瓦拉传》《拉丁美洲游击运动》和西班牙文的格瓦拉《游击战》等书，由上海译文出版社作为内部读物出版。先后共出版了《拉丁美洲史》《拉丁美洲地理透视》《卡斯特罗与古巴》《古巴革命战争回忆录》《秘鲁的民族主义和资本主义——兼对新帝国主义的研究》《庇隆与阿根廷》等著作。另外，从外文报刊上翻译和摘编的文章，以《拉美问题译丛》和《拉美问题资料》的形式由复旦大学出版社出版，共出版了 20 多期。这些书刊的出版在当时中国学术界产生了一定影响。

“文化大革命”后，拉美研究室的成员有近 10 人。整个室的研究重点仍以原定的“对二战后拉美政治、经济、文化等作战略性研究为主，兼及历史”。具体研究工作除继续参加撰写《世界历史长编》，向上海外事部门提供有关资料及承担《辞海》《中国百科》等拉美条目的撰写外，

①　有关复旦大学国际问题研究院拉丁美洲研究室的内容根据复旦大学陈才兴教授提供的资料改写而成。

重点组织研究人员编写《拉丁美洲经济》和《苏联和古巴关系》（1959—1982 年）两书，由上海人民出版社出版。

2001 年 11 月，复旦大学成立国际关系公共事务学院兼国际问题研究院，拉美研究室并入新成立的国际问题研究院，主要研究方向为拉美国际关系、拉美政治、中拉关系、美拉关系以及拉美近现代历史等。2004 年，在朱鸿博的具体组织下召开了拉美研究室成立 40 周年暨中拉关系学术研讨会。翌年，趁复旦百年校庆之机，又同中国社科院拉美所联合举办了美拉关系的大型学术讨论会，并出版了论文集《国际新格局下的拉美研究》。同时，聘请了张森根（程博洪先生的第一个研究生）、徐世澄等几位研究拉美的资深研究人员作为拉美室的兼职研究员。拉美室的研究方向逐渐转向了以研究国际关系为主，出版了《冷战后美国的拉丁美洲政策》《全球化、民族主义与拉丁美洲思想文化》《西半球的裂变》等书。2008 年，复旦大学拉美室邀请中国、美国和拉美的一些学者，组织召开了国际学术研讨会，复旦大学已逐渐成为中国南方拉美研究的一个重要基地。拉美研究室已出版的译著包括《拉丁美洲史》《拉丁美洲地理透视》等；专著包括《墨西哥：文化碰撞的悲喜剧》《拉丁美洲文化概论》等，发表论文百余篇。先后承担教育部、上海市和国家社会科学研究项目 4 项。

然而，令人意想不到的是，2011 年，朱鸿博在北京参加中国社科院拉美所成立 50 周年的庆祝大会期间，因突发心脏病而猝然去世。随着老一辈学者的退休，复旦大学拉美史的科研队伍出现了青黄不接的现象。

八　湖北大学巴西研究中心①

湖北大学不仅是新中国最早进行巴西史研究与教学的高校，也是目前全国为数不多的设立巴西研究中心、从事巴西史研究与教学的科研机构。

20 世纪 60 年代初，在毛泽东的关注和倡导下，中国一些高校开始从事拉美问题研究，其中就包括湖北大学。1964 年秋，在湖北大学历史系世界史教研室黄邦和教授的带领下，世界史教研室的老师们开始涉猎巴西史研究，并形成了一个拥有多名教师的研究团队。这一时期，教研室的重点工作主要是进行巴西史资料的基本建设工作，初步搜集、翻译了一批巴

---

①　有关湖北大学巴西研究中心内容由湖北大学巴西研究中心程晶提供。

西史资料，包括中文、俄文和英文资料。在黄邦和教授的提议下，在有关领导的支持下，湖北大学巴西史研究室（1984 年 9 月改名为拉美史研究室，仍以巴西史作为研究重点。2012 年 11 月改名为巴西研究中心）于 1978 年 10 月正式成立，不拘一格广纳贤才，组成了一个拥有十多名专职研究人员、老中青相结合的研究团队。该研究室成为中国第一个专门研究巴西史的科研机构，“开中国巴西史研究之先河”，黄邦和教授担任研究室的第一任主任。

20 世纪 70 年代末至 90 年代初，湖北大学巴西史研究室翻译、出版了一系列有关巴西史的著述与译作，编印了《马恩列斯毛主席论拉丁美洲》；翻译了葡语、西班牙语、英语、俄语、法语、日语等语种的巴西及其他拉美国家的历史资料约 400 万字，包括《巴西从殖民时期到世界强国》《巴西的经济结构》《巴西的国土和人民》，俄文版的《巴西通史》等；编印、出版了《巴西史资料丛刊》（季刊），共 16 期约 160 万字；编印、出版了《拉美史研究通讯》7 期约 50 万字；参与编写《中国大百科全书·世界历史》卷有关拉美的历史条目 33 条，3 万余字；参与编写《拉丁美洲史论文集》（1986 年）；共同主编《通向现代世界的 500 年：哥伦布以来东西两半球汇合的世界影响》《中外历史名人辞典》《中外关系史辞典》《中外历史简明辞典》等著作；编写了《巴西史年表》约 5 万字；编写、出版了小册子《巴西独立运动》（1985 年）等。

湖北大学巴西史研究室围绕巴西史研究中的一些重要问题，进行了专题研究，承担了多项国家级、省部级和校级科研课题，在《历史研究》《世界历史》《拉丁美洲研究》等重要期刊上发表了 30 多篇有影响力的学术论文，如黄邦和的《巴西宣布独立》（1984 年）、陈海燕的《巴西与第二次世界大战》（1985 年）、张镇强的《巴西种植园制的形成和特点》（1987 年）、方迥澜的《巴西是怎样赢得独立的》（1980 年）、《古代巴西印第安人历史新探》（1990 年）、周世秀的《巴西的发现与开拓对欧洲的影响》（1992 年）、《巴西向西部进军的历史经验》（2000 年）等。

20 世纪 90 年代以来，巴西史研究室重点关注巴西现代化问题，围绕巴西现代化进程中的道路选择、城市化、社会发展等进行了广泛探讨，取得了一系列成果，其中最有代表性的成果是周世秀教授主编的论文集《巴西历史与现代化研究》（2001 年）。该书是巴西史研究室第三任主任周世秀教授围绕巴西历史与现代化这一主题，将研究室的13位师生分别撰写的28篇论文结集而成。该书是21世纪初中国学界研究巴西现代化问题的重要著作之一。

20世纪90年代以来，湖北大学巴西史研究室继续保持与国内外拉美学界的交流。1994年9月，巴西史研究室主办了中国拉丁美洲史研究会第十一届年会——“拉丁美洲现代化及对外关系”。此外，巴西史研究室主编、出版研究会的会刊《拉美史研究通讯》，从1979年至2001年，前后一共编印、出版了37期。

2012年11月，湖北大学巴西研究中心正式揭牌成立，在科研、教学、对外交流等方面已经取得了一些成果。在校内，湖北大学将不同院系中对巴西问题研究感兴趣的老师们凝聚在巴西研究中心，推动中心研究工作的开展。目前，中心有10余名研究人员，研究领域涉及巴西历史、经济、文化、国际关系等诸多方面，在《世界历史》《史学理论研究》《武汉大学学报》《拉丁美洲研究》《湖北大学学报》等重点刊物上发表了多篇论文，并出版了有关著作，如出版了专著《拉美国家美元化问题研究》(2006年)、译著《巴西外交政策：从萨尔内到卢拉的自主之路》（2015年)，发表了论文《从博弈论视角看拉美的“美元化”前景》(2006年)、《城市化进程中拉美国家城市环保的经验及教训》(2007年)、《华侨华人与中国软实力在巴西的提升》(2012年）等。

九　上海国际问题研究院美洲研究中心①

上海国际问题研究所拉美研究中心成立于2006年11月，时任阿根廷外长豪尔赫·塔亚纳在沪为中心揭牌。2008年上海国际问题研究所改名为上海国际问题研究院，拉美研究中心与美国研究室合并为美洲研究中心，主要从事巴西内政外交研究、中拉关系研究及美国的拉美政策研究。

自成立以来，上海国际问题研究院拉美研究中心举办了多次大型国际研讨会，包括2008年“中国、欧洲与拉美：当前议题与未来合作”、2013年“下一个十年的中拉关系”和2015年“中国拉美整体合作：机遇

① 有关上海国际问题研究院美洲研究中心内容由上海国际问题研究院国际战略研究所所长助理、美洲研究中心副主任牛海彬提供。

与挑战”等国际研讨会。该中心研究人员曾配合中国领导人出访拉美以及上海举办世博会等外交需要，提供有关中拉关系和拉美国家情况等决策咨询报告，接受中央电视台、凤凰卫视等媒体的访谈节目。中心研究人员还就金砖国家合作、中巴关系等话题接受德国《明镜》周刊、英国《卫报》和巴西环球电视台等国际媒体的专访，在国内外核心刊物发表中拉关系、欧拉关系、巴西外交、金砖合作等文章10余篇，参与《墨西哥史》等翻译工作，参与在哥伦比亚、巴西、德国、美国等地举行的相关国际学术研讨会。

上海国际问题研究院拉美研究中心每年接待各国有关拉美研究和中拉关系的各界代表团10余批，且数量呈逐年增长趋势，迄今已接受来自德国、美国、智利、比利时等国家的多位访问学者在研究院从事中拉关系研究；同时多次派团赴巴西、阿根廷、墨西哥、古巴和乌拉圭等拉美国家调研，并派学者前往拉美国家参加学术会议或担任访问学者。该院与阿根廷国际关系理事会、拉普拉达大学、墨西哥国立自治大学、巴西金砖政策研究中心、哥伦比亚哈维利亚纳天主教大学和乌拉圭亚太与拉美观察等机构保持机制性合作关系，与世界上主要的拉美研究机构和人员保持着合作关系。

十　对外经济贸易大学拉美研究中心①

为适应中国加入世界贸易组织后对外经济贸易发展的需要，发挥对外经贸大学外语学院语种众多，涵盖国家、地区广泛的优势，2001年9月对外经济贸易大学区域国别研究所成立并挂靠外语学院，下设东亚、俄罗斯与中亚、西亚北非、拉美、欧洲五个研究中心。

2006年10月15日，对外经济贸易大学拉美研究中心与经贸学院联合主办第一届“中国与拉美国家经贸关系研讨会”；2008年11月28日，对外经济贸易大学区域国别研究所拉美研究中心主办第二届“中国与拉美国家经贸关系研讨会——中国与拉美经贸关系：合作与共赢”；2011年5月27日，由对外经贸大学区域国别研究所拉美研究中心主办、经贸学

① 有关对外经济贸易大学拉美研究中心内容由对外经济贸易大学外语学院赵雪梅教授提供的资料改写而成。

院和国际经济研究院协办的第三届中国与拉美国家经贸关系国际研讨会在对外经贸大学召开。2013 年 6 月 5 日对外经贸大学区域国别研究所拉美研究中心与阿根廷二月三日国立自治大学联合举办了以“构建中国—阿根廷新型双边贸易科技合作关系研讨会”为主题的第四届中拉经贸关系研讨会。

2013 年 6 月 6 日，由美国乔治城大学拉美研究中心和多米尼加驻中国代表处共同主办、对外经济贸易大学负责中国会议区的 9 国跨国视频研讨会在对外经济贸易大学举办。此次研讨会的主题是“21 世纪外交：习近平访问美洲”。参加视频研讨会的有来自美国乔治城大学、中国对外经贸大学、墨西哥国立自治大学、哥斯达黎加中美洲自治大学、特立尼达和多巴哥大学、委内瑞拉西蒙·玻利瓦尔大学、厄瓜多尔卡萨·格兰德大学、巴拿马大学、多米尼加民主与发展基金会等 9 个国家的大学和学术机构的学者。中国会议区的两位发言人是曾任我国驻巴西大使和全国政协外事委员会副主任的原焘及对外经贸大学外语学院拉美研究中心主任赵雪梅教授。原焘大使和赵雪梅教授分别就国家主席习近平访问拉美三国对中拉关系的影响和中拉关系的未来趋势做了分析。

自成立以来，对外经贸大学拉美研究中心取得了一系列科研成果，承担国家社科基金一项，参与北京市社科基金两项，参与学校“211”项目下的多个课题，出版了《区域国别商务环境研究系列丛书——拉丁美洲卷》(2012 年)、《巴西商务环境研究》(2014 年)、《拉丁美洲经济概论》(2010 年)、《西班牙—拉美文化概况》(2010 年)、《中国与拉美国家经贸关系国际研讨会论文集》(2011 年) 等 10 余部专著；发表了《外资在拉美和加勒比地区的政策趋势》《拉美加勒比地区国家外资政策的变化趋势》《中国企业在拉美直接投资的产业分布和动因分析》《中国与墨西哥加工贸易利用外资比较分析》《中拉贸易的可持续性增长前景分析》《从阿根廷视角看南方共同市场的政治因素》《中国企业投资拉美的政治和社会风险研究》等 30 余篇论文。

十一　西南科技大学拉美研究中心

西南科技大学拉美研究中心 2010 年 12 月成立，为西南科技大学独立的科研创新重点研究基地。2011 年 12 月被教育部批准为区域和国别研究培育基地，2013 年 5 月被四川省教育厅确立为首批“四川省走出去战略——区域和国别重点研究基地”。中心旨在以高起点、国际化的视野，聚集国内外有志于拉美研究的人才潜心研究，逐步成长为本领域具有专业优势和重要影响的智囊团和思想库，发挥学术研究、人才培养、决策咨询、国际交流等功能，服务于国家外交、地方建设及学校发展。中心现在主要从事拉美经济、政治和中拉人文交流方面的研究。

西南科技大学拉美研究中心与拉美国家的一些高校和研究机构建立了良好合作关系，与拉美国家一些驻华使馆和中国驻拉美国家的一些使馆保持着密切联系与交流。中心成立以来，已与墨西哥国立自治大学北美研究中心等拉美 10 余所大学和研究机构保持着年度交流，与拉美驻华机构有着长期的友好联系；已有 100 余位学者来中心进行学术交流。赴拉美地区高校和机构访问学习交流的师生人数已达 100 余人次，近 10 名拉美经济、法学等研究生在本校攻读研究生学位，已接收 20 余名来自拉美地区的留学生。

中心研究人员已公开出版论文、图书等 100 余篇（部），每年向上级部门提交各类报告 20 余篇。《西南科技大学学报》（哲学社会版）开辟有“拉美研究”专栏。中心定期和不定期举办中外学术会议。2014 年 8 月作为主办方之一，在巴拿马成功举办了纪念巴拿马运河 100 周年的“中巴国际论坛”。

中心现有专兼职研究人员 60 余人，多数具有高级职称或博士学位，其中专职研究人员 13 人，享受国务院特殊津贴专家 2 人，外籍专家 2 人。

十二　天津外国语大学拉美研究中心

2012 年 7 月 17 日，天津外国语大学举行了教育部区域和国别研究培育基地拉美研究中心启动仪式。区域和国别研究培育基地是教育部在全国范围内遴选建设专门从事区域和国别问题研究的机构，首批获准建设的有 31 所高校的 37 个基地。

天津外国语大学是全国较早开设西班牙语专业的高等学府之一，是天津市最早的西班牙语专业人才培养基地。拉美研究中心依托学校西班牙语、葡萄牙语等学术资源，联合中国社会科学院、南开大学的拉美研究力量，发挥外语院校国际合作交流优势，紧密围绕拉美地区国家的政治、经济、社会、文化、历史等范畴，开展系统广泛的研究，努力打造特色鲜明的区域和国别研究基地，为拉美相关问题提供智力支持和决策咨询服务。

该中心自获批建立以来，已相继成立了拉美研究中心管理委员会、专家委员会，研究范围涉及拉美政治、经济、社会问题、国际关系以及文化教育研究 5 个研究方向，明确了“立足天外，内外拓展，积累实力，逐步壮大”的目标定位，制定了 5 年发展规划。未来 5 年内，中心将打造一支包括国内外高水平拉美问题专家、专职研究人员、兼职研究人员在内的相对稳定的 10 人左右常规学术研究团队。不断加强资料库建设，设立天津外国语大学拉美研究中心网页，创立《拉丁美洲纵横》学术期刊，推出电子期刊《天外拉美通讯》。依托西班牙语系现有硕士点招收“拉美问题研究”方向硕士研究生，为社会培养和输送更多拉美研究的专业人才，真正发挥“推动地方经济发展，服务国家外交战略”的作用。

十三　浙江外国语学院拉丁美洲研究所

浙江外国语学院拉丁美洲研究所是浙江外国语学院直属的独立编制的研究所，是在中国社会科学院拉丁美洲研究所、浙江省教育厅、浙江省商务厅等部门的大力支持下，由浙江省财政厅下拨专项财政建设资金，于 2011 年 10 月 28 日正式成立。研究所依托学校改制后的外语类专业的独特优势，立足浙江外向型经济，旨在以高起点国际化的视野，聚集国内外有志于拉美研究的人才潜心研究以服务于国家外交、地方建设及学校发展需要。研究所重点关注中拉之间的经贸往来、文化交往等热点问题，组织各科研人员从政治、经济、教育、社会等领域深入开展拉美领域的基础理论研究和应用对策研究，积极服务浙江经济发展，进而辐射周边省市乃至全国，努力成为浙江省重要的人文社科研究基地和国内重要研究与咨询基地。拉美所成立以来，已经获得国家社科基金项目 1 项，教育部人文社科基金项目 3 项，浙江省软科学研究重点项目 2 项，其他省、厅级项目 10 余项。与国外政府、大学、机构开展国际合作研究 3 项，累计投入建设经费超过 300 万。

十四　安徽大学拉丁美洲研究所

安徽大学拉丁美洲研究所成立于 2013 年 8 月，是苏里南共和国驻华大使馆和安徽大学协议共建的高校实体拉美研究机构。该研究所的建立是安徽大学建设“国内一流、国际知名”大学发展战略的重要举措之一，其定位是科学研究、文化交流、人才培养、学科发展和政府智库五位一体的高水平研究机构。该所下设6个分支研究机构，涵盖了拉美政治经济、历史文化、社会发展、生态、族群和妇女性别方向的研究。研究人才方面，该所充分利用安徽大学的学术和社会影响力，汇聚了国内外知名教授和学者，对拉美开展全方位的研究。

自成立以来，该所紧紧围绕五位一体的定位和建设目标，开展了卓有成效的工作。科研方面，该所设立和承接了多项课题，发表了水平较高的论文和报告，引起了学术界和社会的关注。所长范和生教授的论文《中国应怎样认识拉美》《“中等收入陷阱”，本身就是理论陷阱?》在国内顶级学术论坛发表，并被主流媒体广泛转发，备受关注。文化交流方面，该所同苏里南等拉美国家使领馆和高校保持密切友好联系，并定期进行互访和交流。人才培养方面，该所一方面为学生提供拉美国情、社会文化等全方位的信息，加深学生对拉美的了解，为中拉合作培养人才；另一方面，会同政府部门成立安徽省拉美联盟，为企业和社会提供拉美文化和经贸咨询服务。该所在智库服务方面的工作也得到了政府、社会的认可和重视，所长和主要研究人员已完成政府多项委托项目，并多次接受境内外主流媒体采访和咨询，在中拉关系和拉美研究领域已初步形成了独立的声音。该所成立至今，共举办各类学术报告会10多场，参与国内国际大型学术会议10多次。

附　录

中国拉丁美洲研究专家学者

（以出生年月为序）

李春辉　男，1917年出生，别名若明，湖南邵阳人。中国人民大学清史研究所教授，拉丁美洲史研究专家。1943年西南联合大学毕业。1947年留学美国科罗拉多大学，1950年回国，任教育部留学生管理处副处长。1956年起任中国人民大学历史学系清史研究所教授。李春辉教授是中国拉丁美洲史研究会第一至第三届理事长、名誉理事长，还兼任中国太平洋历史学会副会长，中国华侨历史学会顾问，中国社会科学院拉丁美洲研究所学术委员会副主任，中国国际文化书院常务委员会委员等职。长期从事拉美史研究工作，是中国最早在高等院校开设拉丁美洲通史课程的学者之一。《拉丁美洲史稿》是李春辉教授多年教学、科研工作的结晶，1983年由商务印书馆出版。全书近70万字，内容翔实、资料丰富、条理清晰、文笔流畅，是中国第一部介绍拉丁美洲通史的学术专著，获得中国人民大学第一届优秀科研成果奖。

程博洪　男，1917年出生，湖南醴陵人。复旦大学历史学教授。1942年毕业于西南联合大学政治系。曾任上海《时与文》周刊主编，上海时代文化出版社发行人。新中国成立后历任沪江大学副教授、复旦大学历史系拉丁美洲史研究室主任、中国拉丁美洲史研究会副理事长、中国拉丁美洲学会顾问。主要研究领域是拉丁美洲史及世界近现代史。1964年前曾给本科生开设了《拉丁美洲史》等课程，在中国率先带了两名拉美史研究生。1970年拉美室恢复工作后，他就全身心地投入拉丁美洲的研究工作中。除主校《拉丁美洲史》外，还组织室内外人员编译出版了《卡斯特罗与古巴》《古巴革命战争回忆录》等十多部书，并在复旦大学出版社出版了近20期《拉美问题译丛》和《拉美问题资料》。同时，负责《中国大百科全书》和《辞海》有关拉美条目的撰写和审定。论文有《里约热内卢互助公约的签订和美洲国家组织的成立》等。恢复高考后，他又连续两年招收了7名研究生，把主要精力集中在培养年轻人和指导研究室研究人员撰写《拉丁美洲经济》和《苏联与古巴关系（1959—1982年)》两书上。1987年退休后，应《复旦学报》约请，撰写《联邦辨析》一文。文稿因多种原因，《复旦学报》没有付梓。最后，由张森根教授将其文稿浓缩成两篇文章，分别刊登在《拉丁美洲研究》和中国社会科学院内刊《学术动态》上，文章吁请不要滥用“联邦”称谓，引起了中央领导和有关部门的重视。

黄邦和　男，1920年出生，江西兴国人。先后担任湖北大学巴西史研究室第一任主任、中国拉丁美洲史研究会副会长、秘书长，湖北省世界史学会副会长，是英国剑桥《国际名人辞典》第23卷的入选者、美国1994年《五百国际名人传记》的入选者。1940—1943年就读于国立中正大学政治系（第一届)，后转学就读于国立中山大学直到毕业。从抗日战争时期开始在《大刚报》工作，担任过记者、编辑、副总编。1952年武汉《大刚报》并入《长江日报》，先后担任编委、总编室主任、编辑部主任、国际部主任等职。1962年被调至湖北大学历史系。1964年开创了中国巴西史研究的先河。1978年，在湖北大学历史系筹建了巴西史研究室，担任第一任主任。1978年与国内拉美史研究的老前辈们共同创立了中国拉丁美洲史研究会，先后担任副理事长、秘书长一职，主持研究会秘书处的工作，定期编印会刊《拉美史研究通讯》。在科研上，先后在《世界历史》等重要期刊上发表了多篇论文，主编《通向现代世界的500年：哥伦布以来东西两半球汇合的世界影响》《中外历史名人辞典》《中外关系史辞典》《中外历史简明辞典》等著作，担任《中国大百科全书·世界历史》卷拉美史编辑之一。在教学上，从1978年开始在历史系本科生中开设拉美史专业选修课，从1985年开始担任拉美史硕士生导师，先后一共培养了10多名拉美史硕士研究生。

罗荣渠　男，1927年出生，四川荣县人。著名历史学家、北京大学教授、博士生导师、当代中国现代化理论与比较现代化进程研究的主要开创者，是中国世界现代化史学的奠基人，他的一系列开拓性的论著有力地推动了对拉美现代化进程的研究。他所撰写、编著、翻译的著作共 16 部，发表学术论文近百篇。1945 年秋考入西南联大。1946 年夏，组成西南联大的三校回迁原址，罗就读于北京大学历史学系。1949 年秋毕业，就职于中苏友好协会总会。1956 年冬调回北大历史学系任教员。随后主攻拉丁美洲史、美国史、世界近现代史等。1980 年秋到美国密西根大学进行学术研究，1982 年年初返京。1985 年冬晋升教授，次年为博士生导师，而后兼任北京大学世界现代化进程研究中心主任、北京大学校务委员会及学术委员会委员、全国政协委员、中国史学会理事、北京市历史学会副会长、中国拉丁美洲史研究会会长等。罗先生治学领域广泛，其中尤以现代化、美洲史、世界近现代史、史学理论等学科的研究见长。曾主编《世界现代化进程研究丛书》等，著有《现代化新论》《现代化新论续篇》《美洲史论》《伟大的反法西斯战争》等。

涂光楠　男，1928 年 1 月出生，湖北武汉黄陂人。中国社会科学院拉丁美洲研究所译审。1950 年 5 月获美国明尼苏达州麦卡那斯特大学文学士学位。同年 10 月回国，先后在外交部欧非司、国际关系研究所、中国科学院哲学社会科学部拉美所、中联部拉美组以及中国社会科学院拉美所工作。1992 年起享受国务院政府特殊津贴。20 世纪 50 年代即在《光明日报》《国际问题研究》《世界知识》等报刊上发表《反独裁斗争的风暴席卷尼加拉瓜》《拉丁美洲反独裁斗争的新发展》以及《美国在加勒比地区制造紧张局势》等文章。主要学术成果：《古巴史和古巴与美国的关系》（合译），《拉丁美洲经济民族主义》（合译），《拉丁美洲的托洛茨基主义》（合译），《中国大百科全书·民族卷》《世界民族大辞典》（副主编），《简明拉美史》（统校全书英译汉稿），《西汉经贸词典》（合编），《中国的拉美研究与中国对拉美的外交政策》（英文论文，载《波多黎各泛美大学加勒比拉美研究中心论文集》），《发达与不发达问题的政治经济学》（合译）。还发表有关拉美民族问题的文章多篇，如《巴西内地经济开发与印第安人土地问题》等。1981、1986、1991 年应邀在美国明尼苏达大学、威斯康星大学、匹茨堡大学、俄亥俄大学、波多黎各泛美大学等 10 所大学做有关中拉关系、中国的拉美研究以及中古关系等学术报告。

高　銛　男，1928 年 11 月出生，江苏扬州人。1952 年复旦大学外文系毕业。中国社会科学院拉丁美洲研究所研究员，享受国务院政府特殊津贴。20 世纪 60 年代中期调入拉丁美洲研究所，主要从事拉美和第三世界研究与翻译。1988—1990 年被美国圣母大学凯洛格国际问题研究所授予“杰出研究员”的称号，2002 年中国翻译工作者协会授予“资深翻译家”称号。主要学术成果：《拉丁美洲经济》《拉丁美洲发展战略》《第三世界发展理论探讨》（专著）；《从发展角度看拉丁美洲的政治思想》、《拉丁美洲的经济民族主义》《拉丁美洲的托洛茨基主义》《霸权与反霸权：全球化的局限与地区化进程》（译著）等。

毛相麟 男，1931 年 3 月出生，四川宜宾人。中国社会科学院拉丁美洲研究所研究员，享受国务院政府特殊津贴。1953 年毕业于四川大学外文系，后被分配到中共中央对外联络部。1962 年调至拉美所至今，其间 1971—1977 年调至中联部工作。现任拉美所古巴研究中心顾问，中国社科院世界社会主义研究中心特邀研究员，美国《拉美研究手册》国外通讯编辑。主要著作有：《世界格局变化中的古巴》《古巴社会主义研究》《古巴：本土的可行的社会主义》《拉丁美洲的共产主义运动》（三人合著）等。其中《古巴社会主义研究》是中国第一部系统阐述古巴社会主义制度的专著，曾应卡斯特罗主席要求由古方出资将全书译成西班牙文，2014 年在中国正式出版。

陈芝芸 女，1935 年 11 月出生，江苏无锡人。中国社会科学院拉丁美洲研究所研究员，享受国务院政府特殊津贴。1955—1961 年就读于苏联莫斯科大学历史系，回国后被分配到拉丁美洲研究所工作。历任中美洲与加勒比地区研究室主任、拉美所学术委员会主任，并兼任中国社科院研究生院教授、硕士生导师，中国国家体制改革委员会国外司特约研究员和农业部信息中心特约研究员等职。长期从事拉丁美洲经济和墨西哥问题研究。主持并参加过多项国家社科基金项目和社科院重点科研项目，所主持的国家“七五”规划重点科研项目《拉丁美洲对外经济关系》获中国社科院首届优秀科研成果奖。主要学术成果：《中国社会科学院学者文选——陈芝芸集》、《墨西哥》（合著）、《墨西哥经济》（主编）、《发展中的新大陆——拉丁美洲》（主编）、《北美自由贸易协定—南北经济一体化的尝试》（主编）、《拉丁美洲和中拉关系：现在与未来》（合著）、《西半球区域经济一体化研究》（合著）等 10 余部著作及学术论文 130 多篇。

林被甸 男，1936 年 5 月出生，浙江象山人。北京大学历史学系教授，博士生导师。曾任北京大学历史学系副主任（1986—1991 年）、北京大学世界现代化进程研究中心副主任（1991—1996 年）、北京大学图书馆馆长（1993—1999 年）、北京大学世界现代化进程研究中心主任（1996—2000 年）、北京大学拉丁美洲研究中心主任（2003—2012 年），兼任中国拉丁美洲史研究会副理事长等职。长期在北京大学从事世界历史和拉丁美洲史教学和研究工作，出版《简明世界史》（合著）、《拉丁美洲史》、《冲突与融合：拉丁美洲文明之路》等多部著作，在《世界历史》《历史研究》《拉丁美洲研究》《北京大学学报》等刊物发表学术论文。主持教育部社科规划项目“拉美国家的现代化道路”等。

苏振兴　男，1937 年 4 月出生，湖南汨罗人。中国社会科学院拉丁美洲研究所研究员，中国社会科学院学部委员，享受国务院政府特殊津贴。1959—1960 年在北京外国语学院留苏预备部专修俄文一年；1960—1964 年在北京大学西语系学习西班牙语。1964—1980 年在中共中央对外联络部工作。1974—1977 年在中国驻阿根廷大使馆任文化专员。1981 年起到中国社会科学院拉丁美洲研究所工作，主要研究领域为拉美经济与政治，先后任南美研究室主任，副所长（1982—1985 年），所长（1985—1996 年），党组书记，《拉丁美洲研究》杂志主编，第 9 届全国政协委员，中国拉丁美洲学会副会长、会长。1990—1991 年在联合国拉美和加勒比经委会做访问学者，1996—1997 年在秘鲁太平洋大学、阿根廷贝尔格兰诺大学任客座教授。独著：《苏振兴文集》《苏振兴集》。合著：《走向 21 世纪的拉丁美洲》《发展模式与社会冲突》。主编：《巴西经济》《拉丁美洲国家经济发展战略研究》《拉丁美洲史稿（第三卷）》《拉丁美洲的经济发展》《拉美国家现代化进程研究》《拉美国家社会转型期的困惑》《中国与拉丁美洲：未来 10 年的经贸合作》。合译：《外围资本主义》。先后有 6 项科研成果获中国社会科学院优秀成果奖。

洪国起　男，1937 年 8 月出生，北京人。1963 年毕业于南开大学历史系，先后任南开大学历史系助教、讲师、副教授和教授，博士生导师。曾任国家直属高校拉美研究协调小组组长（1991 年组建）、南开大学拉美研究中心主任（1991—2001 年）、中国拉丁美洲史研究会理事长（1999—2007 年）、中国拉美学会顾问（2003—2007 年）。主要研究领域：拉丁美洲史、美拉关系史等。主要论著：《拉美国家社会贫困化的历史根源刍议》《革命·改革·融入国际社会——20世纪拉丁美洲社会变迁的路径及思考》《浅谈现代化进程中发展中国家政府职能的定位——以拉丁美洲国家为例》《二十世纪拉丁美洲史学研究与中国社会变迁》《玻利瓦尔主义与拉丁美洲一体化》等。

曾昭耀　男，1937年12月出生，湖南洞口县人。中国社会科学院拉丁美洲研究所研究员，享受国务院政府特殊津贴。1960年北京师范大学历史系毕业。后在北京大学历史系拉丁美洲史研究班及拉美史专业进修三年。曾先后任北京师范大学历史系世界现代史助教，北京师范大学外国教育研究所副研究员，中国社会科学院拉丁美洲研究所研究员，博士生导师，拉丁美洲研究所政治研究室主任，中国社会科学院研究生院拉丁美洲系系主任，中国拉丁美洲史学会副会长，中国拉丁美洲史研究会和北京大学拉丁美洲研究中心顾问，北京历史学会理事。主要从事拉丁美洲史和拉丁美洲政治的教学与研究。主要论著：《政治稳定与现代化——墨西哥政治模式的历史考察》《列国志：玻利维亚》《拉丁美洲发展问题论纲——拉美民族200年崛起失败原因之研究》（获第六届中国社会科学院离退休人员优秀科研成果二等奖），《现代化战略选择与国际关系——拉美经验研究》（主编，获拉美所优秀成果一等奖），《世界教育大事典》（主编，拉美卷，获第十三届中国图书奖），《战后拉丁美洲教育研究》（主编，获拉美所优秀成果二等奖）等。主要论文有《500年的一桩公案和500周年纪念》（获拉美所优秀成果一等奖），《论墨西哥的政治现代化道路》（获拉美所优秀成果一等奖），《民主化巩固时期拉美政治发展的特点》（获拉美所优秀成果一等奖），《经济全球化：现代化进程面临的新挑战——阿根廷发展危机的理论思考》（获第二届中国社会科学院离退休人员优秀科研成果二等奖），《现代化与民主——拉美史学习偶得》（获第四届中国社会科学院离退休人员优秀科研成果二等奖）等。

徐宝华　男，1937年出生，广东丰顺县人。中国社会科学院拉丁美洲研究所研究员。1963年毕业于北京大学历史学系，1963年8月至1969年5月在中国科学院拉丁美洲研究所工作，1969年6月至1976年6月在中联部工作，1976年6月至1997年10月在中国社会科学院拉丁美洲研究所工作。主要从事哥伦比亚和拉美地区一体化问题的研究。专著：《列国志：哥伦比亚》《拉美经济与地区经济一体化发展》。主编：《发展中的

“新大陆”——拉丁美洲》（两主编之一）、《拉美地区一体化进程——拉美国家进行一体化的理论和实践》。合著：《拉丁美洲国家经济发展战略研究》《拉丁美洲国家教育》《农业基础设施建设》《世界各国商务指南：拉美卷》《各国农业概况（3）》《西半球区域一体化研究》《世界发展调研：经济与社会》等等。论文有：《八十年代拉美国家经济发展战略的调整》《哥伦比亚发展农村经济的战略选择》《关于拉美地区一体化的几个问题》《哥伦比亚经济持续稳定发展的启示》《哥伦比亚对外政策的调整》《浅析拉美国家的西半球经济合作战略》《拉美国家对外经济关系多边化趋势》等近百篇，其中多篇获优秀科研成果奖。

张森根　男，1937 年 12 月出生，上海市人。中国社会科学院拉丁美洲研究所研究员。1961 年和 1964 年毕业于南京大学历史系（本科）和复旦大学历史系拉丁美洲史专业（研究生）。1965 年起先后在中国科学院哲学社会科学部和中央对外联络部拉丁美洲研究所工作，主要从事拉美经济和拉美经济史研究。历任经济室副主任、主任和社会文化室主任，拉美所学术委员会副主任，中国社会科学院研究生院教授、博士生导师、拉美系系主任、中国拉丁美洲历史研究会顾问、中国国际经济关系学会常务理事、美国洛杉矶加州大学拉美研究中心《拉丁美洲统计辑要（SALA）》丛书名誉编委和美国 PROFMEX 研究中心特邀研究员。代表作：《中拉经贸关系现状和潜力》《走进一个真实的拉丁美洲》《不要总拿拉丁美洲说事》《拉丁美洲的经济民族主义》（合译）、《拉丁美洲的托洛茨基主义》（合译）、《中美洲史》（合译），以及多卷本中文版《剑桥拉丁美洲史》（项目主持人兼校订者之一）。

毛金里　男，1937 年 4 月出生，江苏人。中国社会科学院拉丁美洲研究所译审。1955—1959 年，北京外国语学院（现北京外国语大学）西班牙语系学习；1959 年 9 月至 1984 年 9 月，北京外国语学院西班牙语系任教，从事西班牙语教学 25 年，历任教学小组组长、高年级教研室主任及西班牙语系党总支副书记。1966 年 11 月至 1968 年年底借调中共中央马列主义编译局翻译《毛泽东选集》。1984 年 9 月至 2002 年 4 月在中国社会科学院拉丁美洲研究所工作，其中 1985 年 4 月至 1988 年年底借调外交部在中国驻墨西哥大使馆工作，任一等秘书、调研室主任。1999 年 11 月 30 日，荣获阿根廷政府授予的“五月勋章”。主要学术成果：《现代西汉汉西词典》(编者之一)、《西汉经贸词典》(主编，获拉丁美洲研究所科研成果一等奖),《汉西经贸词典》(主编，获拉丁美洲研究所科研成果一等奖和第六届中国社会科学院优秀科研成果三等奖),《新时代西汉大词典》(编者之一)，以及《长笛与利剑：何塞·马蒂文选》(合译，获拉丁美洲研究所科研成果一等奖) 等。

杨衍永 男，1937 年 11 月出生，山东黄县（今龙口）人。中国社会科学院拉丁美洲研究所译审。1960 年毕业于北京外国语学院（现北京外国语大学）西班牙语系，1961 年 9 月在中国社会科学院拉丁美洲研究所编译室工作。翻译作品有：《拉丁美洲的危机与民主》《古巴纠偏进程的原因和对经济的影响》《科塔萨尔的秘密武器》；《玻利瓦尔文选》（合译)，秘鲁长篇小说《青楼》（合译)，《拉丁美洲的文明与文化》（合译),《帝国主义与依附》(合译),《印卡王室述评》(合译)。工具书编著:《西汉经贸词典》(合作),《汉西经贸词典》(合作)。

张宝宇 男，1938 年 1 月出生，辽宁丹东人。中国社会科学院拉丁美洲研究所研究员。1963 年吉林大学经济系毕业，后被选送到中国社会科学院拉美所工作。曾任拉美所经济室副主任，国别室主任，所学术委员会主任。1972—1976 年在中共中央对外联络部拉美局工作。1995—1997 年在中国驻巴西里约热内卢总领馆工作，任领事。退休后社会兼职为北京大学巴西文化中心特邀研究员，湖北大学兼职教授，澳门亚太拉美交流促进会北京代表，巴西里约热内卢中国与亚太研究所特邀研究员。主要从事巴西研究，主要著作有:《巴西现代化研究》《张宝宇集》《拉丁美洲外债简论》(合著)、《澳门桥——通向拉丁美洲》（主编)。主要论文包括:《巴西产业政策》《巴西对落后地区开发》《负债发展战略刍论》《巴西的通货膨胀与反通货膨胀经验》《巴西生产力布局内地化趋势》《关于巴西民族形成和资本主义产生问题之管见》、《巴西外交历史演变及发展趋势》等。

石瑞元 男，1939 年 2 月出生。中国社会科学院拉丁美洲研究所研究员。1960—1964 年在北京大学西方语言文学系西班牙语言文学专业学习四年。1964 年起先后在拉丁美洲研究所（1964—1969 年)、中联部拉美处（1971—1975 年)，以及驻阿尔巴尼亚使馆工作（1976—1978 年)。1979 年又回到拉丁美洲研究所工作，研究方向是拉美经济，主攻委内瑞拉经济。主要代表作：《委内瑞拉经济》《委内瑞拉的经济发展战略》《委内瑞拉资本主义的发展》《委内瑞拉教育》《墨西哥教育》《拉丁美洲的一体化进程》《拉丁美洲的对外经济合作》。

陈才兴　男，1940 年出生，上海浦东人。复旦大学教授，1964 年毕业于上海师范学院（现上海师范大学）中文系，到北京语言学院（现北京语言大学）外语系进修西班牙语。1968 年作为出国储备师资到复旦大学历史系拉丁美洲研究室，从事拉丁美洲经济和拉美与东亚现代化比较的教学和研究。曾任拉美研究室副主任，中国拉丁美洲学会理事和中国拉丁美洲史学会顾问。参加撰写的著作有：《战后世界历史长编》（1954 年卷）、《外国著名政治活动家》等。主持完成国家教委“八五”规划项目：“巴西、墨西哥等国吸收外资比较研究”。发表《墨西哥吸收外资的得失及其启示》、《拉美与东亚利用外资的比较分析》和《拉美主要国家吸收外资的成效、教训和启示》等论文数十篇。2001 年，主持撰写国家社科基金项目《二战后拉美主要国家发展道路研究和比较》，先后发表了《拉美国家现代化为什么迟迟启而不动》《试论二战后拉美国家工业化发展中的非经济因素》《二战后巴西与韩国工业化发展道路比较研究》以及《二战后巴西和智利应对西方危机之路的比较》等论文。

李明德　男，1940 年 12 月出生，河北徐水县人。中国社会科学院拉丁美洲研究所译审。1965 年 7 月毕业于南开大学外国语言和文学系；1965 年 7 月至 1986 年 9 月任中国科学院外事局项目官员、副处长、中美政府基础科学合作联合委员会中方执行秘书，1986 年 9 月至 1990 年 10 月任中国驻美国大使馆一等秘书、代理参赞，1991 年 3 月至 1996 年 3 月任中国社会科学院外事局副局长，1996 年 3 月至 1996 年 11 月任美国研究所和拉美研究所联合党委书记，1996 年 11 月至 1998 年 10 月任美国研究所和拉美研究所联合党委书记兼拉美所所长，1998 年 10 月至 2000 年 12 月任拉美所党委书记兼所长；2000 年 12 月至 2002 年 5 月任拉美所所长。1997—2002 年兼《拉丁美洲研究》主编，曾任中国拉丁美洲学会副会长等。主要学术成果：《美国科学技术的政策、组织和管理》（专著）、《一个中国人对美国科技政策的评述》（英文版专著）、《拉丁美洲和中拉关系》（合著）、《简明拉丁美洲百科全书》（主编）、《中拉关系的新发展》（论文）、《拉丁美洲的科学技术》（合著）等，论文约 100 篇。曾先后在美国康乃尔大学（1981 年 6 月至 1982 年 6 月）、诺特丹大学（1985 年 8 月至 1986 年 8 月）、斯坦福大学胡佛研究所（2002 年 3 月至 2002 年 7 月）、南方大学（2002 年 8 月至 2002 年 12 月）做访问学者和教授。

白凤森　男，1941 年出生，北京市人。中国社会科学院拉丁美洲研究所译审，享受国务院政府特殊津贴。1965 年毕业于北京大学西语系西班牙语言文学专业，1965 年 9 月至 1978 年 8 月在国际关系学院任教，1978 年 9 月进入中国社会科学院拉丁美洲研究所，从事专业翻译和研究工作，先后任编译室和社会文化研究室主任。1988 年、1994 年以访问学者身份访问墨西哥和秘鲁。被秘鲁帕尔马大学授予荣誉博士称号。代表作：《秘鲁传说》（1999 年获第四届全国优秀外国文学图书二等奖，2000 年获第三届中国社会科学院优秀科研成果二等奖）、《秘鲁经济》（合著）、《列国志：秘鲁》、《拉丁美洲历史词典》、《简明拉丁美洲百科全书》（副主编）。

刘文龙　男，1942 年出生，安徽桐城人。复旦大学教授，长期在复旦大学历史系（1968—2000 年）、国际问题研究院（2000—2002 年）从事拉美历史与文化的教学与研究。1964 年毕业于上海师范学院（现上海师范大学）中文系，到北京语言学院（现北京语言大学）外语系进修西班牙语。1968 年作为出国储备师资到复旦大学历史系拉丁美洲研究室，主讲《当代拉丁美洲》《拉丁美洲文化史研究》《近现代拉丁美洲史》等课程。1983—1985 年在墨西哥学院历史研究中心做访问学者，研究拉美历史文化。主要论著：《墨西哥：文化碰撞的悲喜剧》、《拉丁美洲文化概论》、《世界文化史・近代卷》（主编之一）、《中国与拉丁美洲文化交流志》（合著）、《西半球的裂变》（合著）、《全球化、民族主义与拉丁美洲思想文化》、《墨西哥通史》等，发表论文数十篇。

徐世澄　男，1942 年 5 月出生，上海市人。中国社会科学院拉丁美洲研究所研究员，博士生导师，中国社会科学院荣誉学部委员。1959—1960 年在北京外语学院留苏预备部、1960—1964 年在北京大学西方语言文学系西班牙语专业学习，1964—1967 年在古巴哈瓦那大学文学历史学院进修。1967—1980 年在中共中央对外联络部拉美所、拉美局工作，期间 1972—1976 年在中国驻阿尔巴尼亚大使馆工作。1981 年年初至 2008 年在中国社会科学院拉丁美洲研究所工作，先后任南美研究室主任、经济与国际关系研究室主任、科研处处长、副所长（1985—1995年）。专著：《拉丁美洲政治》《古巴》《墨西哥》《卡斯特罗评传》《查韦斯传》《冲撞：卡斯特罗与美国总统》《墨西哥政治经济改革及模式转换》《墨西哥革命制度党的兴衰》等；主编：《现代拉丁美洲思潮》、《美国和拉丁美洲关系史》（获中国社科院优秀科研成果三等奖）、《帝国霸权与拉丁美洲——战后美国对拉美的干涉》、《拉丁美洲史稿》第三卷（主编之一，获中国社科院优秀科研成果优秀奖）等；译著：《第三次革命》《蒙卡达审判》《为玻利瓦尔辩护》《恐怖帝国》和《菲德尔·卡斯特罗·鲁斯时代的游击队员》等。曾主持国家社科基金项目“美国和拉丁美洲关系史”“拉美左翼和社会主义理论思潮研究”，社科院重点项目“现代拉丁美洲思潮”等。

吴德明　男，1944年5月出生，河南辉县人。中国社会科学院拉丁美洲研究所研究员。1968年毕业于吉林大学。1979年调中共中央对外联络部拉丁美洲研究所工作，1981年1月随拉美研究所划归中国社会科学院。研究领域：苏里南、圭亚那国别研究及拉美政治研究。独著：《拉丁美洲民族问题研究》《圭亚那》《苏里南》；合著：《第二次世界大战后拉丁美洲政治》《当代世界民族与民族政策》《拉美现代化战略选择与国际关系》《帝国霸权与拉丁美洲》《简明拉丁美洲百科全书》《中国大百科全书》（地理卷）等；论文、译文和研究报告等约70篇：《苏里南政变的前因后果》《圭亚那多民族问题初探》《马尔维纳斯群岛战后的英国与阿根廷关系》《拉美毒品问题禁而不止》《浅析巴西印第安人土地政策》《人民圣殿教徒在圭亚那集体自杀始末》《浅析运河回归后的美国与巴拿马关系》《圭亚那缘何发生冲击总统府事件》等。

焦震衡　男，1944年8月出生，北京市人。中国社会科学院拉丁美洲研究所研究员。1962—1967年在北京外国语学院（现北京外国语大学）西班牙语系学习。2004—2008年任墨西哥塔毛利帕斯州立自治大学贸易、管理和社会科学系客座教授、研究员，并在该校学术杂志上发表论文《中国和墨西哥经济和贸易关系发展的原因》。1978年进入中国社会科学院拉丁美洲研究所从事拉美历史和国际关系研究。代表作有：《中国和拉丁美洲关系简史》（合著）、《美国和拉丁美洲关系史》（合著）、《拉丁美洲史稿》（第三卷，合著）、《委内瑞拉》（专著）、《巴西》（合著）、《战后拉丁美洲教育研究》（主编之一）、《拉美和加勒比国家象征标志手册》、《拉丁美洲地名考察》。

王晓燕　女，1944 年 12 月出生，江苏江都市人。中国社会科学院拉丁美洲研究所研究员。1963 年在北京外国语学院（现北京外国语大学）西班牙语系学习。1977 年调入拉美研究所从事智利研究工作。1986—1988 年在智利进修两年，并曾作为访问学者出访墨西哥、阿根廷、秘鲁和西班牙等国家。1993—1998 年任科研处处长。专著：《智利》《列国志：智利》；合著：《拉丁美洲国家的教育》《走向 21 世纪的发展中国家经济——挑战和对策》《拉丁美洲的经济发展》《21 世纪拉丁美洲经济发展大趋势》。

沈安　男，1946 年出生，河北卢龙人。中国拉丁美洲学会副会长，中国拉丁美洲史学研究会常务理事、中国社会科学院拉丁美洲研究所特邀研究员、新华社高级编辑、新华社世界问题研究中心研究员。1985—1987 年任新华社驻纽约记者。1995—1998 年任驻墨西哥分社首席记者，2001—2006 年任驻布宜诺斯艾利斯分社首席记者。经历并报道了墨西哥和阿根廷两国金融危机和政治社会危机及复苏的全过程。曾在智利、巴西、危地马拉、哥伦比亚等拉美国家短期工作或采访。主要研究领域：拉美政治、经济、社会形势及对外关系。曾在新华社内部和公开刊物及《拉丁美洲研究》杂志发表多篇报道及文章。主要著作：《西班牙》《阿根廷危机的回顾与思考》等。

周世秀　男，1947 年出生，湖北郧阳人。曾担任湖北大学巴西史研究室第三任主任、中国拉丁美洲史研究会秘书长。毕业于北京广播学院（现中国传媒大学）葡萄牙语专业，主要从事巴西问题研究。曾赴巴西利亚大学、巴西门德斯大学讲学，在中国驻巴西大使馆担任过一等秘书，并受聘为巴西门德斯大学亚非中心外籍研究员。出版专著《巴西独立运动》、论文集《巴西历史与现代化》，在《历史研究》《世界历史》《拉丁美洲研究》《湖北大学学报》等重要刊物上发表论文 20 多篇。

刘承军　女，笔名索飒，1950 年出生，江苏南京人。中国社会科学院拉丁美洲研究所研究员。1975 年毕业于北京第二外国语学院西班牙语专业，1987 开始在拉丁美洲研究所从事文化研究。长期倡导并实践“尊重文明主体”的研究立场和研究方法，主要研究成果：《丰饶的苦难》

《思想的旅游》《拉丁美洲思想史述略》《彼岸潮涌》《把我的心染棕》。《丰饶的苦难》长期受到读书界关注，向社会普及了有关拉丁美洲文化方面的知识。《拉丁美洲思想史述略》填补了国内学术空白，被有关单位列为专业必读书。自1996年起担任拉丁美洲知名杂志《美洲纪要》（*Cuadernos Americanos*）国际委员会成员。1999年被授予古巴何塞·马蒂文化学会荣誉会员称号。

刘纪新　女，1951年2月出生，江苏南京人。中国社会科学院拉丁美洲研究所研究员，博士生导师。1986年毕业于中国人民大学国际政治系，获硕士学位。毕业后分配到中国社会科学院拉丁美洲研究所，先后在南美室、政治室和社文室从事拉美政治和社会及阿根廷问题研究。2000—2010年任社会文化室主任。1988年1月至1989年1月曾在美国匹兹堡大学拉美研究中心做访问学者。主要研究领域为拉美社会政策、社会保障制度、腐败问题。主要研究成果：《拉美国家养老金制度改革研究》（专著）、《拉美国家的可治理性危机研究》（合著）、《拉美国家的腐败与可治理性问题》《全球金融危机的社会影响与拉美国家的应对之策》《拉美社会凝聚：一个新的政策理念》《对阿根廷腐败问题与反腐体制建设的初步分析》等。

宋晓平　男，1952年出生，河北高阳人。中国社会科学院拉丁美洲研究所研究员，博士生导师。1972—1974年在北京第二外国语学院学习西班牙语。1974—1976年在墨西哥学院学习。1976—1978年在北京第二外国语学院西班牙语专业任教。自1981年，在拉丁美洲研究所工作，从事拉美经济、区域经济合作及古巴、阿根廷、秘鲁、厄瓜多尔等国别研究。1988年获古巴哈瓦那大学经济学硕士学位。先后任研究室副主任、主任，所长助理，副所长（2002—2010年），所纪委书记，中国拉美学会副会长，古巴何塞·马蒂文化协会海外成员，中国与拉丁美洲友好协会常务理事。2010—2012年任中国驻哥斯达黎加使馆外交官。专著：《西半球区域经济一体化研究》（项目主持人）、《列国志：阿根廷》、《列国志：厄瓜多尔》（合著）；译著：《时代游击队员》（第一卷）；论文：《经济全球化与拉美国家参与的启示》《从“走出去”战略高度研究拉美市场开发和投资环境》《从马蒂到卡斯特罗：古巴革命的实践与思想轨迹》《切·格瓦拉的伦理价值观及其影响》《国际巨变下的中国及其发展》《关于古巴经济模式更新：体制变革的视角》。

吴国平　男，1952年9月出生，江苏无锡人。中国社会科学院拉丁美洲研究所研究员，博士生导师，享受国务院政府特殊津贴。1979年1月毕业于北京大学西语系西班牙语专业，同年到中国社科院拉美所工作，曾任国别室和经济研究室主任。1995—1996年在西班牙马德里Complutence大学经济系做访问学者；1984—1986年在墨西哥学习，获经济和国际政治硕士学位。主要研究领域：拉美经济、金融和国际贸易。近年来主要代表作：《变化中的拉美：选择与挑战》《巴西城市化进程及其启示》（合著）、《拉美国家海洋争端及其解决途径》《拉丁美洲经济恶化的根源及展望》《全球化背景下拉美国家竞争力的国际比较》《简析拉美国家的石油资源及其出口安全战略》《21世纪拉丁美洲经济发展大趋势》（主编）等。

郑秉文　男，1955年1月出生，山东掖县（今莱州市）人。中国社会科学院美国研究所所长，中国社会科学院世界社保研究中心主任、研究员、博士生导师，享受国务院政府特殊津贴。1986年和1992年分别毕业于中国社会科学院研究生院，获硕士和博士学位，1992年9月至1995年2月公派赴法进修。1995年2月至2000年10月在中国社科院研究生院先后担任培训中心主任、题库考试中心主任、院长助理、副院长等职务；2000年10月至2004年7月任中国社会科学院欧洲研究所党委副书记、副所长；2004年7月至2014年4月任中国社会科学院拉美所党委书记兼所长，中国拉美学会常务副会长，中国新兴经济体研究会副会长等职务。主要研究领域：西方经济学、社会政策等，是著名的社会保障研究的学者。涉及拉美研究的论文有：《拉美“增长性贫困”与社会保障的减困功能——国际比较的背景》《贫民窟：拉丁美洲城市化进程中的一个沉痛教训》《“中等收入陷阱”与中国发展道路》《拉丁美洲城市化进程中的社会问题与社会政策的得失》《智利：即将走出“中等收入陷阱”的首个南美国家——还政于民20年及其启示》（合著）、《拉美地区落入中等收入陷阱的考察：全要素生产率的分析框架》（合著）、《中国与拉美关系60年：总结与思考》（合著）、《拉丁美洲智库的基本特征与创建中国特色新型智库的三点认识》《拉美智库的一些“故事”和中国智库的一点“解读”》等；主编的代表著作：《社会凝聚：拉丁美洲的启示》《拉丁美洲城市化：经验与教训》《中等收入陷阱：来自拉丁美洲的案例研究》《跨越中等收入陷阱：巴西的经验教训》《住房政策：拉丁美洲城市化的教训》。

赵雪梅　女，1955 年 7 月出生，陕西泾阳县人。对外经济贸易大学外语学院教授，区域国别研究所拉美研究中心主任，北京外国语大学校外兼职博士生导师，中国拉丁美洲学会常务理事，中国拉丁美洲史研究会常务理事。1982 年毕业于对外经济贸易大学西班牙语专业，获经济学学士学位；1984—1986 年在对外经济贸易大学国际经济贸易学院研究生班学习；1986—1988 年在墨西哥经济研究教学中心学习，获经济学硕士学位。1986 年 4—8 月参加联合国人才资源厅在中国举办的“国际贸易研修班”；1992—1994 年在中国驻智利大使馆经商处任二等秘书；1994—1996 年任中国驻多米尼加共和国代表处副代表。主要研究领域：拉丁美洲经济、社会和中拉经贸关系。代表作：《拉丁美洲经济概论》《区域国别商务环境研究系列丛书——拉丁美洲卷》（合著）、《巴西商务环境》（合著）、《商务外语与跨文化商务竞争力研究》（合著）、《西班牙语经贸应用文》等。在《对外经济贸易大学学报》《拉丁美洲研究》《国际贸易论坛》等刊物发表学术论文 20 余篇。

王晓德　男，1956 年 2 月出生，山西乡宁县人。1993 年获得南开大学历史学博士学位。福建师范大学社会历史学院教授，博士生导师，社会历史学院院长，美洲史研究院院长，学术兼职为中国拉丁美洲史研究会理事长、中国拉丁美洲学会副会长、中国社会科学院拉美研究所特邀研究员等。学术荣誉有教育部“长江学者”特聘教授、福建省高校领军人才、“闽江学者”特聘教授以及享受国务院特殊津贴专家等。曾在美国哈佛大学、堪萨斯大学等多所国外高校做访问学者。主要研究领域：美国外交史和拉丁美洲史，代表作：《美国文化与外交》《文化的帝国：20 世纪全球“美国化”研究》《美国外交的奠基时代：1776—1860》《挑战与机遇：美洲贸易自由化研究》以及《冲突与合作：美国与拉丁美洲关系的历史考察》等。在《中国社会科学》《历史研究》《世界历史》《美国研究》《拉丁美洲研究》等刊物发表论文 100 余篇，主持多项国家、教育部课题。其著作两次入选国家哲学社会科学文库，研究成果两次获评中国高校人文社会科学研究优秀成果二等奖，多次获评天津市和福建省社科优秀成果一等奖和二等奖。

江时学　男，1956年9月出生，江苏吴江人。中国社科院欧洲研究所副所长，研究员，博士生导师。1980年毕业于上海外国语学院（现上海外国语大学），同年到中联部拉丁美洲研究所工作（1981年1月该所的建制从中联部划归中国社会科学院）。1997年12月至2008年11月任中国社会科学院拉丁美洲研究所副所长、学术委员会主任、中国社会科学院研究生院拉美研究系主任；2008年11月任中国社会科学院欧洲研究所副所长、中国社会科学院研究生院教授委员会执行委员、欧洲研究系主任。兼任中国新兴经济体研究会副会长、中国拉丁美洲学会副会长、中国拉美史研究会副理事长、北京大学拉美研究中心副主任、中国欧洲学会欧盟经济研究分会副会长、中国欧洲学会英国研究分会副会长。代表作：《拉美发展模式研究》（获2000年中国社科院优秀成果二等奖）、《拉美国家的经济改革》（主编）、《拉美和东亚发展模式比较研究》（合著）、《经济全球化与发展中国家：拉美国家的经验教训》（主编之一）、《金融全球化与发展中国家的经济安全：拉美国家的经验教训》、《阿根廷危机反思》（主编）、《发展中国家的发展问题》（主编）、《拉美发展前景预测》（合著）。

韩　琦　男，1958年出生，山东栖霞市人。历史学博士，南开大学拉丁美洲研究中心教授，世界史专业博士生导师，南开大学世界近现代史研究中心常务副主任。兼任中国社科院拉丁美洲研究所特邀研究员，中国拉丁美洲史研究会常务副理事长，中国拉丁美洲学会副会长。主要研究领域：拉丁美洲经济史、拉丁美洲现代化进程。曾主持完成教育部重大攻关课题子课题“拉丁美洲现代化模式”、教育部基地重大课题“拉美主要国家现代化道路”的研究。目前正主持国家社科基金项目“20世纪前半期墨西哥的文化革新运动与现代化”、教育部基地重大课题“拉丁美洲的民族主义与现代化”的研究。在《历史研究》《世界历史》等刊物上发表学术论文90余篇。代表作：《世界现代化历程（拉美卷）》（主编），先后获新闻出版总署2011年第三届“三个一百”原创出版工程奖和教育部2013年第六届高等学校科学研究优秀成果奖（人文社会科学）二等奖；《拉丁美洲文化与现代化》（主编），《拉丁美洲经济制度史论》《跨国公司与墨西哥的经济发展》（专著）等。

吴白乙　男，1959年1月出生，河北霸州人。法学博士，中国社会科学院拉丁美洲研究所研究员、所长、学术委员会主任，兼任中国拉丁美洲学会副会长、国务院应急管理专家组成员，还是国务院发展研究中心世界发展研究所、生态经济研究所、中国改革开放论坛、中国战略文化促进会、中国国际战略研究基金会、中国政策科学研究会国家安全政策研究委员会等机构的常务理事、理事、学术委员会委员、高级研究员。主要研究领域：国际关系理论、大国关系、危机管理和中国外交。除主编《拉丁美洲和加勒比地区发展报告》（2011、2012、2013、2014、2015、2016年）、《共性与差异：中欧伙伴关系评析》《20世纪回顾丛书》，翻译《美国特性探索》等著作外，近年还发表了一批中英文专著、研究论文、评论和报告等，主要包括：《转型中的机遇：中拉关系前景的多视角分析》（合著）、《公共外交：中国外交变革的重要一环》《对中国与发展中国家政治关系的再思考》《中国对美、欧认知的演变》《后冷战时代的中国与欧洲》《对中国外交重心与周边秩序构建的思考》《中国经济外交：与外部接轨的持续转变》（2007/2008年）、《欧盟的国际危机管理转变与理论视角》《国际规范的道德与现实问题》《中国在朝鲜半岛的利益与作用》《中国对“炸馆”事件的危机管理》《中国的安全观念及其历史演变》。

张　凡　男，1961年6月出生，辽宁沈阳人。中国社会科学院拉丁美洲研究所研究员，博士生导师，国际关系研究室主任，中国社会科学院研究生院教授。1991年调入拉美所，曾先后在经济室、政治室、综合理论室、国际关系室从事研究工作。主要研究领域：拉丁美洲政治与国际关系、巴西政治与外交。代表作：《地缘与结构：巴西外交的“地区维度”解析》《巴西外交的“发展”维度》《20世纪90年代以来巴西外交理念的演化》《拉丁美洲公民社会研究要略》《当代拉丁美洲政治研究的主要问题与方法》《拉丁美洲：政治发展与社会凝聚》《拉丁美洲民主化与可治理性问题分析》《欧洲联盟与拉丁美洲的对话》《发展中大国国际战略初探：巴西个案》《巴西政党和政党制度剖析》；《剑桥拉丁美洲史（第九卷）》（合译）、《当代拉丁美洲政治研究》（专著）等。

吴洪英　女，1962年4月出生，湖北黄冈人。中国现代国际关系研究院拉丁美洲研究所所长，中国拉丁美洲学会副会长，中国拉丁美洲史研究会副会长。1988年毕业于湖北大学，获历史学硕士学位。1999年毕业于中国社会科学院研究生院，获历史学博士学位。主要研究领域：拉美政治与经济综合研究、巴西研究、中拉关系、美拉关系、美洲一体化、第三世界地位与作用和世界民族问题等。代表作：《巴西现代化进程透视——历史与现实》《21世纪第三世界的地位与作用》《剑桥拉丁美洲史》（第二卷和第九卷）、《独立以来拉丁美洲经济史》（合译），并先后在《人民日报》《现代国际关系》《拉丁美洲研究》等报刊上发表学术论文200余篇。

贺双荣　女，1963年3月出生，河北冀县人。中国社会科学院拉丁美洲研究所研究员。1985年毕业于北京大学国际政治系国际关系专业，获法学学士学位；1988年毕业于中国社会科学院研究生院拉美系拉美国际关系专业，获法学硕士学位。1988年7月至今，就职于中国社会科学院拉丁美洲研究所，先后在政治研究室、国别研究室和国际关系研究室从事拉丁美洲国际关系研究。2003年7月至2005年5月，任国别研究室主任；2005年5月至2014年10月，任国际关系研究室主任。1997年3月至1998年1月在智利大学国际问题研究所做访问学者；2002年7月至2003年5月在西班牙马德里大学政治系做访问学者。主要研究领域：巴西外交政策及对外关系，拉美与美国、欧盟和中国的关系，拉美地区组织，拉美与全球治理，乌拉圭综合研究等。主要代表作：《文化产业与国际形象：中拉合作的可能性——以影视产业合作为例》《2003年以来巴西与非洲关系的发展》《全球治理：中国与拉美构建伙伴关系的机遇与挑战》《巴西气候变化政策的演变及其影响因素》《国际选举观察：美洲国家组织在拉美的实践》《太平洋联盟的建立、发展及其地缘政治影响》《巴西现代化与国际战略选择》《哥本哈根世界气候大会：巴西的谈判地位、利益诉求及谈判策略》《当代世界毒品大战》（合著）、《现代化战略选择与国际关系》（合著）、《帝国霸权与拉丁美洲》（合著）以及《列国志：乌拉圭》（编著）。

袁东振　男，1963年10月出生，河北固安人。中国社会科学院拉丁美洲研究所研究员，博士生导师，2012年起兼任中国拉丁美洲史研究会副理事长。先后就读于河北师范大学、中国人民大学和中国社会科学院研究生院，2002年获法学博士学位。1987年起在拉美所从事拉美问题研究，其中1997年1月至1998年1月在墨西哥国立自治大学（UNAM）进修；2003年4月至2004年4月在拉美社会科学院智利分院（FLACSO - Chile）做访问学者，2010年6月至2012年8月在中国驻秘鲁大使馆政治处工作。

先后随中国社科院和拉美所学术代表团访问阿根廷、巴西、古巴、哥伦比亚、厄瓜多尔、西班牙等国家。代表作：《拉美国家政党执政的经验与教训》（合著）、《拉美国家可治理性问题研究》（主编）、《拉美国家政治制度研究》（合著），《拉美左翼力量反美倾向的演变》《拉美“21世纪社会主义”发展新动向》《拉丁美洲崛起的世界意义及对中国的影响》《拉美国家民主巩固与转型的趋势与困境》。

王　萍　女，1964年7月出生，天津市人。南开大学拉丁美洲研究中心主任、教授、博士生导师，兼任中国拉丁美洲史研究会副理事长、中国拉丁美洲学会副秘书长、香港国际问题研究院研究员、南开大学外国语学院西班牙语学术带头人。1990年和2002年先后获南开大学历史学拉丁美洲史研究方向硕士和博士学位。1999年12月至2000年12月作为政府公派访问学者在哥伦比亚国立大学国际关系学院研修一年；2008年6月至2009年7月在香港珠海书院做访问学者；2011年9月至2012年9月在美国加州大学圣地亚哥分校伊比利亚与拉丁美洲研究中心做访问学者。主要研究领域：拉丁美洲经济史、拉丁美洲一体化和对外经济关系史。近10年来先后主持国家级、省部级项目8项，主要有：国家社科基金一般项目“拉丁美洲大地产制及其对社会经济结构的影响研究”，科技部项目“对拉美地区科技援助模式研究”，教育部重点研究基地重大项目“拉丁美洲农业与农村社会的变迁”，国家开发银行项目“《中拉合作规划（2015—2019年）》之重点领域、重要国别专项规划”研究，中国水电建设集团委托的合作项目“拉美基础设施互联互通战略”研究。代表作：《走向开放的地区主义：拉美一体化研究》《越南、古巴社会主义现状与前景》（合著）、《世界现代化历程（拉美卷）》（合著）等。在《世界历史》《拉丁美洲研究》《现代国际关系》《南开学报》、*Leaders*等刊物发表学术论文数十篇。

董经胜　男，1964年10月出生，山东青州市人。北京大学历史学系教授，博士生导师，北京大学拉丁美洲研究中心主任。2002年获北京大学历史学博士学位，2002年至今在北京大学历史学系从事教学和研究工作。2005—2006年在荷兰莱顿大学进修。兼任中国拉丁美洲史研究会副理事长、中国拉丁美洲学会常务理事兼副秘书长、天津外国语大学拉美研究中心学术委员、西南科技大学拉美研究中心学术委员等等。代表作：

《玛雅人的后裔》《巴西现代化道路研究》《拉丁美洲史》（合著）等，并在《世界历史》《史学理论研究》《拉丁美洲研究》、*Revista de Estudios Internacionales*、*Nueva Sociedad* 等国内外期刊发表学术论文。主持教育部社科规划项目“现代化进程中的农民和国家：墨西哥经验研究”、国家社科基金项目“拉丁美洲现代化进程中的民众主义研究”、北京大学211项目“殖民化和全球化”等等。

董国辉　男，1968年5月生，湖北武汉市人。南开大学历史学院拉丁美洲研究中心教授，博士生导师，地区史教研室主任，兼任中国拉丁美洲史研究会秘书长，中国拉丁美洲学会常务理事，南开大学人权研究中心专职研究员。1986年考入南开大学历史系世界史专业，先后获得历史学学士、硕士和博士学位。2006—2007年，作为富布赖特研究学者，赴美国伊利诺伊大学香槟分校做访问学者。主要研究领域：拉丁美洲史、拉美经济思想史和阿根廷现代化道路研究。主要研究成果：《劳尔·普雷维什经济思想研究》《阿根廷现代化道路研究——早期现代化的历史考察》（专著），《人权·主权·霸权——透视美国人权外交》《世界现代化历程（拉美卷）》和《拉丁美洲文化与现代化》（合著、编著）等，在《世界历史》《拉丁美洲研究》《史学集刊》等刊物上发表学术论文20多篇，其中6篇被人大报刊复印资料全文转载。2016年主持国家社科基金项目“马克思主义在拉丁美洲的传播及其影响研究”和国家人权教育与培训基地重大项目“拉丁美洲人权发展道路研究”，参与国家社科基金重大项目、教育部重大攻关项目、教育部人文社科重点研究基地重大项目多项。

柴　瑜　女，1968年10月出生，甘肃兰州人。中国社会科学院拉丁美洲研究所研究员，世界经济专业博士生导师。1993年获西北大学经济管理学院经济学硕士学位，1996年7月获南开大学国际经济研究所经济学博士学位。2002年起在中国社会科学院亚太所工作，先后任经济室、区域合作室主任。2009年9月调到拉美所工作，任拉美所所长助理、经济研究室主任。2017年1月调入中国社会科学院俄罗斯东欧中亚研究所，任副所长。主要研究领域：国际贸易与外国直接投资、区域经济一体化及拉丁美洲经济。近年来主要代表作：《外国直接投资对拉美和东亚工业化国家（地区）资源配置效率的影响》《太平洋联盟：拉美经济一体化的新发展》（合著）、《人民币国际化与拉美作为区域对象的考察》《中国哥伦比亚自贸区协定研究》(合著)、《拉美国家贸易开放度研究》等。任墨西哥 Guadalajara 大学学术刊物《墨西哥与太平洋盆地》(*México y la Cuenca del Pacífico*)编委。曾在《经济研究》《管理世界》《世界经济与政治》《世界经济》《拉丁美洲研究》《当代亚太》、*China and World Economy*、*China Economist* 等学术刊物发表论文。获得安子介国际贸易研究奖、全国外经贸研究成果奖、国家发改委宏观经济研究院优秀成果奖、中国社科院优秀信息(要报)一等奖、中国社科院世界经济与政治研究所优秀成果奖、拉丁美洲研究所优秀成果一等奖、亚洲太平洋研究所优秀成果奖等。曾为中国外交部、商务部、财政部、国家发改委、世界银行、美洲开发银行、中国进出口银行、国家开发银行等单位智库咨询专家。

谢文泽　男,1969 年出生,山东蒙阴人。中国社会科学院拉丁美洲研究所研究员。1995 年 7 月至今,中国社会科学院拉丁美洲研究所经济研究室。2009 年毕业于中国社会科学院研究生院,获经济学博士学位。2004 年 2 月至 2005 年 2 月,在墨西哥国立自治大学(UNAM)经济研究所做访问学者;2012 年 9 月至 2013 年 9 月,美国福特基金访问学者(加州大学圣迭哥分校);2015 年 9—11 月,在巴西瓦加斯基金会巴西经济研究所做访问学者。主要研究领域包括纵向研究:拉美产业经济(制造业)、投资环境、财政体制改革、城市化与收入分配、拉美“三农”问题;区域研究:巴西经济、安第斯国家经济、太平洋联盟。主要代表作:《墨西哥农业改革开放研究》《拉美地区粮食增产前景及中拉农业合作重点》《城市化、固定资产投资与拉美地区的长期经济增长》等等。

刘维广　男,1970 年 3 月出生,山东沂南人。中国社会科学院拉丁美洲研究所编审。2011 年 10 月至今,《拉丁美洲研究》编辑部主任。1997 年 7 月毕业于西北大学世界史专业,获历史学硕士学位,2003 年 2 月至 2004 年 3 月在墨西哥国立自治大学(UNAM)做访问学者,2006 年 7 月在中国社会科学院研究生院获法学博士学位。主要研究领域:国际政治、国际关系、古巴研究。代表作:《拉丁美洲和加勒比发展报告》(副主编,2011 年、2012 年、2013 年、2014 年、2015 年)、《古巴社会主义经济建设与发展》《墨西哥国家行动党的渐进式改革以及党政关系的非传统模式》等。

杨志敏　男,1971 年 10 月出生,内蒙古呼伦贝尔人。中国社会科学院拉丁美洲研究所研究员，学术委员会委员，综合研究室主任，墨西哥研究中心执行主任，中国社会科学院研究生院教授。2006 年 7 月毕业于中国社会科学院研究生院，获世界经济专业经济学博士学位。1998 年 7 月进入中国社会科学院拉美所工作，先后任经济研究室副主任，美洲自由贸易区研究中心副主任、秘书长，中美洲和加勒比研究中心秘书长。曾分别在英国学术院（British Academy）、韩国对外经济政策研究院（KIEP）、美国加州大学圣迭戈分校（UCSD）和布朗大学做访问学者或培训；2010—2011 年，国家公派墨西哥国立自治大学经济系留学。主要研究领域：世界经济、国际贸易、区域经济一体化、中国与拉美地区的经贸合作关系等。代表作：《中国与拉美经贸合作中三个“行为体”的重要作用分析》（英文）、《美国“重返”拉美战略评析》《中国与拉丁美洲经贸合作战略研究》（合著）、《中国与拉丁美洲：未来 10 年的经贸合作》（合著）、《从近期社会动荡看巴西劳工党执政十余年来的经济改革成效》等。

房连泉 男，1973 年 7 月出生，山东禹城人。中国社会科学院拉丁美洲研究所研究员，社会文化室主任。2006 年毕业于中国社科院研究生院，获经济学博士学位。2007—2009 年在北京大学经济学院做博士后，2010—2011 年在哈佛大学肯尼迪学院做访问学者。主要研究领域：拉美社会、公共政策、社会保障。代表作：《智利养老金制度研究》（专著）、《庇隆时期的社会政策——兼论阿根廷福利民粹主义传统的影响》《中国、美国和智利三国养老金制度的再分配效果比较》《阿根廷私有化社保制度“国有化再改革”的过程、内容与动因》《瑞典名义账户养老金改革探析》《社会分化、贫富差距与社会保障：拉美国家福利体制变革的经验教训》。

岳云霞 女，1977 年 1 月出生，山西晋城人。中国社会科学院拉丁美洲研究所研究员。2005 年 7 月毕业于对外经济贸易大学国际贸易专业，获得经济学博士学位，同年进入中国社科院拉美所工作。主要研究领域：拉美经济、国际贸易、国际直接投资、公司治理。代表作：《哥伦比亚服务贸易开放度及其对中哥自贸协定的启示——基于自贸协定的比较分析》《对拉美援助分析：国际现状与中国模式》《中智自贸协定贸易效应评价——基于引力模型的事后分析》《中拉经贸合作潜力与环境研究》《中国与墨西哥双边贸易的发展趋势及其面临的问题》《“中国—哥伦比亚自由贸易协定”研究》《巴西的反危机经济政策调整及其效果》《中国与拉美关系60年》《拉美外向型发展模式对中国的启示》《拉美国家能源政策的调整及其影响》《拉美跨国公司在中国》《中拉贸易摩擦与对策》《APEC贸易自由化的发展与评价》《“中智自由贸易协定”评价》。曾获得省部级奖项3次，包括中国社会科学院优秀对策信息奖2次。现为第12届全国青联委员（2015—2020年）和第5届中央国家机关青联委员。